检察官办案责任制改革研究

严然 著

武汉大学出版社

图书在版编目(CIP)数据

检察官办案责任制改革研究/严然著.—武汉：武汉大学出版社，2020.11
ISBN 978-7-307-21843-7

Ⅰ.检… Ⅱ.严… Ⅲ.检察官—责任制—研究—中国 Ⅳ.D926.3

中国版本图书馆 CIP 数据核字(2020)第 194773 号

责任编辑：张　欣　　责任校对：李孟潇　　版式设计：马　佳

出版发行：武汉大学出版社　（430072　武昌　珞珈山）
（电子邮箱：cbs22@whu.edu.cn　网址：www.wdp.com.cn）
印刷：武汉邮科印务有限公司
开本：720×1000　1/16　印张：17.25　字数：240 千字　插页：1
版次：2020 年 11 月第 1 版　　2020 年 11 月第 1 次印刷
ISBN 978-7-307-21843-7　　定价：68.00 元

版权所有，不得翻印；凡购我社的图书，如有质量问题，请与当地图书销售部门联系调换。

目　录

绪论 …………………………………………………………………… 1
　一、研究问题的背景 ………………………………………………… 1
　二、研究动机与目的 ………………………………………………… 6
　三、国内外研究现状 ………………………………………………… 7
　四、研究的内容与方法 ……………………………………………… 13

第一章　检察官办案责任制改革概述 …………………………… 14
　第一节　检察官办案责任制改革的内涵 ………………………… 15
　　一、责任、司法责任和办案责任的含义 ………………………… 15
　　二、检察官办案责任制概念的分歧及厘清 ……………………… 18
　　三、检察官办案责任制改革的内涵 ……………………………… 21
　　四、与法院司法责任制改革的区分 ……………………………… 21
　第二节　本轮检察官办案责任制改革的动因检视 ……………… 24
　　一、外部动因 ……………………………………………………… 24
　　二、内部动因 ……………………………………………………… 29
　第三节　检察官办案责任制改革的理论依据和价值取向 ……… 32
　　一、理论依据 ……………………………………………………… 32
　　二、价值取向 ……………………………………………………… 35
　第四节　检察官办案责任制改革的内在义理和制约因素 ……… 39
　　一、内在义理 ……………………………………………………… 39
　　二、制约因素 ……………………………………………………… 41

第二章 我国检察官办案责任制改革的源与流 ················ 44
第一节 主诉（办）检察官办案责任制改革 ··············· 44
一、基本情况 ··· 45
二、主要价值 ··· 48
三、问题与反思 ······································· 49
第二节 主任检察官办案责任制改革阶段 ················· 52
一、基本情况 ··· 52
二、主要价值 ··· 57
三、问题与反思 ······································· 59
第三节 检察官办案责任制改革阶段 ····················· 61
一、基本情况 ··· 61
二、主要特点 ··· 66
第四节 检察官办案责任制改革三个阶段的比较分析 ······· 68
一、相同之处 ··· 68
二、不同之处 ··· 69
三、我国检察官办案责任制改革的发展趋势 ··············· 72

第三章 检察官办案责任制改革的主要内容 ················ 77
第一节 健全检察机关办案组织及配套运行机制 ··········· 77
一、健全检察机关办案组织形式 ························· 77
二、建立检察官联席会议制度 ··························· 80
三、建立入额领导干部直接办案制度 ····················· 84
四、改革检察机关内设机构 ····························· 85
五、完善检察委员会运行机制 ··························· 88
第二节 明确检察人员职责权限 ························· 90
一、明确检察官办案决定权的范围 ······················· 90
二、区分检察官与检察官助理的职责权限 ················· 93
三、区分主办检察官、部门负责人与检察官的职责权限 ······ 95

第三节　健全检察管理和监督机制 …………………… 96
　　一、建立检察官业绩考核评价制度 ………………… 96
　　二、完善案件分配机制 ……………………………… 100
　　三、建立案件流程监控和办案质量评价机制 ……… 101
第四节　健全司法责任认定和追究机制 ………………… 102
　　一、司法责任的种类和条件 ………………………… 102
　　二、各类司法人员的责任区分 ……………………… 104
　　三、司法责任追究的程序 …………………………… 109

第四章　检察官办案责任制改革的理论思考 …………… 112
第一节　检察官性质理论 ………………………………… 112
　　一、关于检察官性质定位的主要观点 ……………… 112
　　二、我国检察官的性质定位之确定 ………………… 116
　　三、责任制改革对检察官司法官特性的影响 ……… 121
第二节　检察官地位理论 ………………………………… 123
　　一、我国检察官的诉讼地位 ………………………… 123
　　二、检察官缺乏独立诉讼地位的后果 ……………… 125
　　三、责任制改革对检察官诉讼地位的影响 ………… 126
　　四、确立检察官独立诉讼地位的重要意义 ………… 126
　　五、域外检察官诉讼地位及决定权之借鉴 ………… 128
　　六、完善我国检察官诉讼地位的建议 ……………… 131
第三节　检察官权力来源理论 …………………………… 132
　　一、检察官决定权的来源 …………………………… 132
　　二、授予检察官办案决定权的正当性 ……………… 135
　　三、授予检察官办案决定权的法律限制 …………… 136
第四节　检察一体与检察官独立关系理论 ……………… 137
　　一、我国检察指令内涵和外延之澄清 ……………… 138
　　二、限制检察指令权行使之合理性 ………………… 143

三、我国检察指令行使的现状 …… 146
　　四、域外限制检察指令权行使之借鉴 …… 149
　　五、规范检察指令权行使的建议 …… 153
第五节　检察环节司法责任定性理论 …… 158
　　一、结果责任、行为责任抑或主客观统一责任 …… 158
　　二、法律责任抑或混合责任 …… 161
　　三、追责和惩戒之界限 …… 162

第五章　检察官办案责任制改革的实证考察 …… 164
第一节　检察官办案责任制改革的主要成效 …… 165
　　一、规范和保障检察权运行的制度体系基本建立 …… 166
　　二、检察权运行更加符合司法规律 …… 167
　　三、检察官办案主体地位得到强化 …… 167
　　四、员额制改革目标基本实现 …… 168
　　五、办案效率得到提升 …… 169
　　六、办案质量得到提高 …… 171
第二节　检察官办案责任制改革中的主要问题 …… 173
　　一、在改革制度设计方面 …… 173
　　二、在落实改革部署方面 …… 196
　　三、在改革预期成效方面 …… 205
第三节　存在问题的原因剖析 …… 209
　　一、我国检察制度的复杂性 …… 209
　　二、检察机关宪法地位未落实 …… 210
　　三、外在制度环境的影响 …… 211
　　四、普通检察人员在改革中的参与不足 …… 212
　　五、检察官享有较高地位、待遇未获普遍认可 …… 212
　　六、改革的理论研究不充分 …… 213
　　七、部分改革制度执行不到位 …… 214

第六章　深化检察官办案责任制改革的应有进路 …… 216
第一节　外部良好条件之创造 …… 216
一、改变社会各界对检察官责任制改革的错误认识 …… 216
二、中央层面继续加大改革支持和投入 …… 218
三、优化检察官助理制度的顶层设计 …… 221
四、完善我国检察官惩戒委员会制度 …… 227
第二节　内部主观能动性之发挥 …… 237
一、完善检察官权力清单制度 …… 237
二、明确可配备员额的检察院内设机构标准 …… 243
三、破解领导干部直接办案难题 …… 247
四、将检察资源向办案部门和业务倾斜 …… 252
五、解决检察官办案组织组建和运行中的问题 …… 253
六、严格追究检察官办案责任的条件和程序 …… 253
七、完善检察官办案责任制改革的配套机制 …… 254

参考文献 …… 256

绪　　论

一、研究问题的背景

（一）宏观社会背景

近年来，司法公信力不高问题较为突出，人民群众对司法不公、司法腐败、冤假错案等问题反映较为强烈。尤其是近年来发生的聂树斌案、呼格吉勒图案等冤假错案引起了人民群众强烈不满。这些问题的产生，有司法观念陈旧、司法人员素质不高等浅层次的原因，但深层次的原因在于司法管理体制和司法权运行机制方面存在一系列问题。就检察机关自身来看，改革前检察机关长期实行"三级审批"的办案模式，内部对案件层层把关、逐级审批，造成"审者不定、定者不审"，不仅不符合司法办案规律，而且导致办案效率低下，职责不清，错案责任追究很难得到落实。正如龙宗智教授指出的，"在'三级审批制'下，只有检察长负责制，而无真正意义上的检察官责任制"[①]。党中央在部署新一轮司法体制改革时，明确提出司法责任制是司法改革的核心。党的十八届三中全会全面部署了司法体制改革，其虽然仅提出要完善主审法官、合议庭办案责任制，但实际上也包括了对检察机关落实司法责任制的要求。为落实该次全会的要求，中央深改组审议通过了《关于深化

[①] 龙宗智：《检察官办案责任制相关问题研究》，载《中国法学》2015年第1期。

司法体制和社会体制改革的意见及贯彻实施分工方案》，对深化司法改革的目标、原则等予以了明确，部署在上海、广东、湖北、吉林、青海、海南等省市开展以司法责任制改革为核心的"四项改革试点"工作，并明确了改革的路线图、时间表。中央深改组第三次会议审议通过了《关于司法体制改革试点若干问题的框架意见》，确立了完善办案责任制，加大司法公开力度，强化监督制约机制等重点难点问题的政策导向。党的十八届四中全会则明确提出要完善主任检察官办案责任制，落实谁办案谁负责。随后，中央又出台了《关于贯彻落实党的十八届四中全会决定进一步深化司法体制和社会体制改革的实施方案》，对实行办案质量终身负责制和错案责任倒查问责制等予以了部署。在第一批7个省份开展四项司法体制改革试点的基础上，2015年5月，江苏、福建、重庆、内蒙、宁夏等第二批11个试点省份全面启动改革试点工作。2015年12月9日，中央批准在全国全面铺开包括司法责任制改革在内的四项司法体制改革试点工作。随着改革的不断深化，党中央对司法责任制在整个司法体制改革中的地位和意义的认识越来越清晰，对这项改革的重视程度也越来越高。2015年3月份，习近平总书记在中央政治局第21次集体学习时，明确提出"要紧紧牵住司法责任制这个牛鼻子"。司法责任制改革作为十八届三中、四中全会部署的重要任务，在全面深化司法体制改革中具有基础性、全局性地位，是公正司法的重要保障，是权责统一原则的必然要求。目前司法责任制改革面上的任务虽然已经完成，但还有很多深层次的问题没有解决，特别是其中一些改革内容涉及整个社会体制如干部管理制度、社会保障制度等，牵一发而动全身，改革难度大，进展较为缓慢。

(二) 微观改革背景

检察机关的办案责任制改革经历了一个不断深入探索的过程。20世纪90年代末，部分地区检察机关针对现有办案模式存在的定审分离、责任不明等问题，开始探索主诉检察官制度。为适应1997年修订的

《刑事诉讼法》对诉讼制度及控辩对抗庭审方式改革的要求，培养高素质的公诉人，赋予他们更大的权力和责任以适应庭审对抗，1997年前后，河南、上海等地检察机关率先探索主诉检察官制度。最高人民检察院经过调研论证，于1999年公布了试行主诉检察官办案责任制的相关工作方案，决定在我国上海、北京等地检察院公诉部门试点主诉检察官办案责任制；经过试点，2000年最高人民检察院又出台方案，决定在全国各地检察院公诉部门推行主诉检察官办案责任制，赋予主诉检察官部分办案决定权，同时由其承担相应的办案责任。与此同时，部分地区检察机关也在侦查监督、反贪、反渎等部门尝试开展主办检察官办案责任制改革。然而，由于法律障碍或业务性质的制约，如法律明确规定批准逮捕必须由检察长决定，职务犯罪侦查绝大部分事项不适合由主办检察官决定等，导致侦查监督、职务犯罪侦查等部门推行主办检察官办案责任制意义不大，故全国没有普遍推开主办检察官办案责任制，主诉检察官办案责任制的影响也不大。

客观来看，主诉（办）检察官办案责任制改革在发挥检察官能动性、提高办案效率、明确办案责任等方面取得了一定成效，但由于缺乏职业保障、单独职务序列等配套制度支撑，也没有明确的法律依据，主诉（办）检察官办案责任制改革推进过程中暴露出了很多问题，如主诉（办）检察官责权利不统一，即赋予了主诉（办）检察官一定的权力，让主诉（办）检察官承担了较大的办案责任，但主诉（办）检察官却没有与权力和责任相匹配的政治和经济待遇；主诉（办）检察官的定位不明确，相应地在赋予主诉（办）检察官何种权力，以及如何处理主诉（办）检察官与检察长、检察委员会特别是业务部门负责人的关系方面随意性很大；该项改革也没有从根本上解决行政化的问题，主诉（办）检察官仍然要审批组内普通检察官办理的案件，等等。2007年左右，除案多人少矛盾特别突出的少数地区外，主诉（办）检察官办案责任制基本停止。

针对主诉检察官办案责任制长期存在的效率不高、责任不明、人才稳定性不足等问题,2007年北京市检察院第一分院在原来实行的主诉检察官办案责任制的基础上,在公诉部门探索实行了主任检察官办案责任制,其主要做法是将公诉部门划分为几个组,由主任检察官为办案组组长,主任检察官具有副处长身份,主任检察官具有一定的案件决定权。为缓解案多人少的压力,解决办案行政化以及办案责任不清的问题,打造职业化、专业化的检察队伍,从2011年起,上海市检察机关开始试点主任检察官制度,其基本做法就是从办案能力较强的资深检察官中选任主任检察官,并配备若干检察官、书记员组成办案组,在检察长和检察委员会领导下,由主任检察官对授权范围内的案件独立行使决定权并承担相应办案责任。[1] 湖北省检察机关在调研论证的基础上,于2013年8月正式出台了《主办检察官办案责任制试点工作的实施方案》(以下简称《试点实施方案》)[2],在包括湖北省检察院、武汉、黄石、宜昌、咸宁、随州市检察院和汉江分院等在内的59个检察院启动主办检察官办案责任制试点工作(实质为主任检察官办案责任制)。为落实中央本轮司法改革"谁办案谁负责"的要求,在总结北京、上海、湖北等地探索主任检察官办案责任制改革经验的基础上,2013年12月,最高人民检察院印发了《检察官办案责任制改革试点方案》,决定在重庆、广东等7个省份开展主任检察官办案责任制改革试点。改革试点的主要内容包括五个方面内容:(1)配备主任检察官,主任检察官实行员额制。(2)整合内设机构,建立办案组织。(3)明确主任检察官职责权限。依法划分主任检察官、部门负责人、检察长及检察委员会的职责权限。(4)完善监督制约机制。(5)落实主任检察官待遇[3]。

---

[1] 参见林中明、徐蕾蕾、蔡顺国:《上海:主任检察官制度提升办案质效》,载《检察日报》2013年4月9日第1版。
[2] 参见《关于印发〈关于开展主办检察官办案责任制试点工作的实施方案〉的通知(鄂检发〔2013〕72号)》,载http://www.hbjc.gov.cn/ejwj/2013/201312/t20131203_513996.shtml,2017年9月3日18时访问。
[3] 参见徐盈雁、许一航:《检察机关将试点开展检察官办案责任制改革》,载《检察日报》2013年12月27日第1版。

主任检察官办案责任制改革的价值在于：在主任检察官的选任方面做了很多有益的探索，在确定主任检察官的授权范围，处理主任检察官与检察长、部门负责人以及检察委员会的关系方面积累了经验，在建立主任检察官的职业保障机制方面进行了探索。然而，主任检察官办案责任制改革也存在不少问题：（1）办案组内其他检察官没有办案决定权，仍然一定程度上违背了办案的亲历性原则，也不利于主任检察官办案组内其他检察官主动性的发挥。（2）缺乏职业保障、单独职务序列等配套制度的支撑，仍然没有从根本上克服以往主诉检察官办案责任制改革存在的问题。（3）主任检察官制度没有法律依据，主任检察官缺乏相应的法律地位。

主任检察官办案责任制改革试点开始后不久，2014年上半年，中央政法委部署了包括司法责任制改革在内的四项司法体制改革试点工作。试点中的一项重要改革内容就是实行员额制改革，员额内的检察官数量不得超过中央政法专项编制的39%。客观来看，选任39%的员额内检察官与主任检察官办案责任制改革在现有检察官中选任1/3左右的主任检察官的目的和做法完全契合。在这种情况下，不少地方检察院建议最高人民检察院将开展主任检察官办案责任制改革改为开展检察官办案责任制改革。最高人民检察院在深入研究并征求各方意见的基础上，同意了上述建议，于2015年9月份印发了《关于完善人民检察院司法责任制的若干意见》（以下简称《检察院司法责任制意见》），决定在前期开展主任检察官办案责任制改革的基础上，开展检察官办案责任制改革。

检察官办案责任制改革一直在摸索中前进、深化，但至今改革中一些问题尚未能完全解决，如上下级检察院和上下级检察官是领导关系，必须遵循上命下从的原则，而检察官办案责任制则要求废除三级审批制，让"办案者决定，由决定者负责"，这无疑在一定程度上存在矛盾。应如何协调这种矛盾，或者说检察指令权的边界该如何确立，是此项改革需要解决而实践中又尚未完全解决的问题；再如，最高人民检察院印发的《检察院司法责任制意见》等文件虽然对检察官和检察官助理的职责进行了区分，然而相关规定对检察官助理职责和检察官职责的区分并不明确，如何区分检察官和检察辅助人员的职责权限仍然是值得深入研究的问题。又如，实行检察官办案责任制的重要改革内容是赋予检察官办案决定权，各地也做了很多探索，然而到底赋予检察官哪些权力更为合适，各地仍然做法不一，检察官与检察长、分管副检察长、内设机构负责人以及检察委员会的职责权限如何划分，等等，这些问题仍然有待进一步探索。

二、研究动机与目的

司法体制改革问题是司法制度研究应当关注的重点之一。司法责任制改革则是当前司法体制改革的核心，是司法体制改革的"牛鼻子"。因此，检察官办案责任制改革应当是当前司法制度研究的重点内容。遗憾的是，从学界的研究成果来看，系统研究检察官办案责任制改革的成果不多，有深度的研究成果也不多，其中的不少研究成果是以主诉检察官办案责任制和主任检察官办案责任制为研究对象的，随着司法实践中检察官办案责任制改革的推进，不少研究成果已经过时。而且，从改革实践中的情况来看，随着检察官办案责任制改革的不断推进，各地检察院在推进检察官办案责任制改革过程中都遇到了很多困惑和问题，如前面所提及的如何划分检察官和检察官助理职权，如何组建不同业务类型检察官办案组织，以及如何确定检察官的授权范围，等等，这些困惑和问题很大程度上影响了改革的深入推进。因此，本书拟通过对检察官办案责任制改革的系统研究，丰富司法责任制改革方面的研究成果，同时澄清对检察官办案责任制改革的一些错误认识，希望能够为各地解决检察官办案责任制改革中遇到的一些困难和问题提供参考和指引。鉴于监察体制改革开展后，检察院的职务犯罪侦查、预防职能被剥离，故本书在具体问题的研究上不涉及原隶属于检察院的职务犯罪侦查、预防部门的检察官办案责任制改革问题。

三、国内外研究现状

(一) 国内检察官办案责任制改革研究综述

在研究过程中,笔者以"司法责任制""办案责任制""司法责任""主任检察官""主诉检察官"为关键字进行文献搜索。检索情况分主题综述如下:

1. 关于主诉(办)检察官办案责任制改革的研究

这些研究成果或是采用实证研究的方式以某个地区开展主诉(办)检察官办案责任制的实践为样本进行研究,总结主诉(办)检察官办案责任制改革的经验做法和取得成效,分析主诉(办)检察官办案责任制改革存在的问题,并提出完善建议,或是从主诉(办)检察官办案责任制的某一个角度,如依据、实施条件、主诉(办)检察官的权力范围、主诉(办)检察官与相关人员的关系等角度出发,对主诉(办)检察官办案责任制改革进行研究。代表性的有龙宗智教授在《人民检察》2000年第1、2、3期上发表的关于主诉检察官办案责任制的三论,即《为什么要实行主诉检察官办案责任制——论主诉检察官办案责任制》《主诉检察官办案责任制的依据和实施条件——二论主诉检察官办案责任制》《主诉检察官的权力界定及其活动原则——三论主诉检察官办案责任制》,以及江宪法《主诉检察官办案责任制若干制度建设的思考》(《上海市政法管理干部学院学报》2001年第5期);上海市人民检察院公诉处《主诉检察官办案责任制在改革中推进发展——上海市实施主诉检察官办案责任制三年情况调查》(《人民检察》2003年第8期);陈建军、彭勇《主诉检察官办案责任制的实践与对策》(《国家检察官学院学报》1999年第3期);肖萍《关于深化主诉检察官办案责任制改革的调研报告——以广东省检察机关的试点为例》(《人民检察》2007年第12期);余双彪《论主诉检察官办案责任制》(《人民检察》2013年第17期),等等。

2. 关于主任检察官办案责任制改革的研究

这些研究成果也是或者从实证研究的角度，以某个地区开展主任检察官办案责任制改革的实践为研究样本对一些具体做法进行理论解析，分析存在的问题，并提出相关建议，又或者选取某些角度，如主任检察官与普通检察官的关系，主任检察官办案组与业务部门的关系，主任检察官的性质定位，主任检察官的理论和现实困境等，对主任检察官办案责任制改革进行研究。如胡卫列、韩大元主编《主任检察官办案责任制：第十届国家高级检察官论坛论文集》（中国检察出版社2014年版）中的系列文章，以及谢佑平、潘祖全《主任检察官制度的探索与展望——以上海闵行区人民检察院试点探索为例》（《法学评论》2014年第2期）；万毅《主任检察官办案责任制改革述评——以S区人民检察院的改革方案为中心》（《中国刑事法杂志》2015年第3期）；高保京《北京市检一分院主任检察官办案责任制及其运行》（《国家检察官学院学报》2014年第2期）；樊崇义、龙宗智、万春《主任检察官办案责任制三人谈》（《国家检察官学院学报》2014年第6期）；林必恒《主任检察官办案责任制实践思考与路径选择》（《人民检察》2014年第11期）；天津市静海县人民检察院课题组《主任检察官办案责任制改革探究》（《天津法学》2015年第2期）；王守安《完善主任检察官办案责任制》（《检察日报》2014年12月19日）等。

3. 关于检察委员会的功能定位

这类文章大都认为检察官办案责任制中检察官独立决定与检察委员会决策权之间不存在根本性冲突，但认为需要对检察委员会职能定位进行修正，以更好地适应检察官办案责任制改革的需要。相关论文如邹开红《司法改革背景下检察委员会制度改革研究》（《河南社会科学》2015年第10期）；张自超《检察官办案责任制与检察委员会决策制的冲突与协调》（《河南社会科学》2015年第9期）；周理松、沈红波《办案责任制改革背景下检察委员会与检察官关系的定位》（《人民检察》2015年第16期）；王立华《办案责任制改革与检察委员会功能定位》

(《人民检察》2015年第17期）；连小可、李薇薇、田萍《主任检察官办案责任制改革视野下检察委员会制度的完善与创新》（胡卫列、韩大元主编：《主任检察官办案责任制：第十届国家高级检察官论坛论文集》，中国检察出版社2014年版）。

4. 关于检察官办案责任制改革的基础理论问题

总体来看，关于检察官办案责任制改革基础理论问题的研究成果不多，研究内容也较为分散，绝大部分问题没有形成学术争鸣的局面。学术界大致研究了检察官办案责任制改革以下几个方面的理论问题。（1）司法责任制的理论基础。王迎龙《司法责任制理论问题探析——基于"两高"关于完善司法责任制的两份意见》（《社会科学家》2016年第6期）提出司法责任制的理论基础是人民主权理论、权责统一理论和司法廉洁理论。（2）司法责任制的核心要义。张文显教授在《论司法责任制》（《中州学刊》2017年第1期）一文中提出，司法责任制的核心要义是"让审理者裁判，由裁判者负责"，并对"让审理者裁判，由裁判者负责"进行了解读。（3）关于司法责任的本质。葛琳的《追究意义上的司法责任有三个特点》（《检察日报》2016年3月30日第3版）认为司法责任不是一种责任形式，而是一种责任体系，与法律责任、行政责任等内涵明确法律术语相比，司法责任不是规范意义上的法律术语。陈希国的《司法责任制中的"责任"如何理解》（《人民法院报》2017年3月31日第2版）认为司法责任不能完全等同于法律责任和错案责任。陈光中、王迎龙的《司法责任制若干问题之探讨》（《中国政法大学学报》2016年第2期）则认为司法责任就是一种法律责任，具体承担形式表现为刑事、民事和纪律责任。（4）关于司法责任制与司法民主制的关系。张文显教授在《论司法责任制》（载《中州学刊》2017年第1期）一文中提出司法民主是我国司法制度的基石，司法责任制与司法民主制是相辅相成的，如果扭曲司法责任制必将导致司法民主制破产，如果司法民主制破产，司法改革也就失败了。在司法责任制改革中出现了"去司法民主"的严重错误倾向，必须坚决捍卫司法民主；(5) 关于检察官决定权的依据或来源。主要有两种观点：一种观点，如万毅的《检察改革"三忌"》(《政法论坛》2015 年第 1 期) 认为，检察官办案责任制改革中检察官享有一定的办案决定权来源于法律的直接赋予，而非检察长授权；另一种观点，如龙宗智《检察官办案责任制相关问题的研究》(《中国法学》2015 年第 1 期) 认为，我国诉讼法并未认可检察官在诉讼法上具有独立地位，当前赋予部分问题的决定权和检察官相对独立的地位，检察长授权性质较大。(6) 关于检察一体与检察官独立行使决定权的界限。对于这个问题学界的研究成果相对较多，这些研究成果基本上都看到了检察一体与检察官独立行使职权之间的矛盾，提出要在检察官独立和检察一体之间确立一个适当的界限。如陈卫东、李训虎《检察一体与检察官独立》(《法学研究》2006 年第 1 期) 一文提出，要区分检察事务与检察行政事务，对于检察事务要防止上级对下级权力的侵犯和限制，对于检察行政事务则贯彻上下一体；郑青《论司法责任制改革背景下检察指令的法治化》(《法商研究》2015 年第 4 期) 一文提出，要通过法律明确检察指令行使的原则、范围和程序等，防止检察指令权的滥用；杜磊的《论检察指令权的实体规制》(《中国法学》2006 年第 1 期) 主张从检察指令权适用的积极事由、消极事由和检察指令权的效力三个方面对检察指令权的适用予以规制。谢鹏程《论检察官独立与检察一体》(《法学杂志》2003 年第 3 期) 则主张检察指令只能是书面指令，并且检察官有权拒绝执行违法指令来防止检察一体对检察官独立行使职权的破坏。(7) 关于办案责任的性质。金泽刚《司法改革背景下的司法责任制》(《东方法学》2015 年第 6 期) 认为，我国同时存在错案责任追究和违法审判责任追究，其中前者强调的是结果责任，而后者强调的是行为责任。

(二) 关于域外检察官办案责任制的研究综述

由于司法制度等方面的原因，国外没有严格意义上的检察官办案责任制，也没有检察官办案责任制改革，但毫无疑问，国外检察官办案中出现滥用职权等情形时也要承担相应的责任，因此，在此意义上说，国外也有相应的检察官办案责任制。在大陆法系国家，虽然强调"检察一体""上命下从"，但并不意味着检察官在办理案件时不具有独立性，相反，检察官办案时更强调司法属性，重视检察官的独立性。德国、日本等国家的刑事诉讼法明确规定了检察官诉讼主体地位和检察官决定的诉讼法效力。除案件重大复杂超出能力范围外，德国检察官独立行使职权时不需要向上级检察官请示。日本检察官执行检察事务时则被称之为独立的官厅，每个检察官都处于相对独立的地位。① 日本《检察厅法》和刑事诉讼法授权的对象是检察官而非检察首长。检察厅仅是统一管理检察事务的官署，没有诉讼权限，行使检察职权的诉讼主体是检察官。② 法国检察官隶属于司法部，检察官甚至可以转任为法官，③ 这充分说明了检察官的司法属性。

为保障检察官依法独立行使权力，大陆法系国家都严格限定检察指令权行使的条件。如法国《刑事诉讼法》第36条明确规定，司法部长有权向检察长揭露其知悉的违法情况，可以书面指示检察长接受案件。这表明，司法部长作出指示是有条件的，且作出的指示必须是书面的。④ 就德国的情况来看，尽管司法部是检察院的主管部门，但司法部只是负责制定司法政策和对司法人员进行行政管理，司法部长也只是负责一般性的指导，除特殊情况外，检察官在法庭上以及其他检察活动中

---

① 陈治军、马燕：《大陆法系国家和地区检察官办案责任制比较研究》，载《人民检察》2015年第3期。

② 参见张永进：《日本检察官办案责任制及对中国的启示》，载《日本问题研究》2015年第6期。

③ Jacqueline Hodgson, Guilty Pleas and the Changing Role of the Prosecution in French Criminal Justice, Oxford University Press, 2012, p.51.

④ 参见胡淑萍：《检察官办案责任制度比较研究——以法国、德国检察官办案责任制为视点》，载胡卫列，韩大元主编：《主任检察官办案责任制：第十届国家高级检察官论坛论文集》，中国检察出版社2014年版，第788~798页。

都是独立行使职权，不受干预。① 法国《刑事诉讼法》第 31 条、第 32 条规定了检察官的职权，检察官的主要职权有：在诉讼程序开始阶段，指挥、监督司法警察的活动；在刑事法庭上，提起刑事起诉并出庭，适用追诉替代程序，宣布裁决时必须检察官在场；提起上诉；保证判处的刑罚得到执行。日本检察官在刑事诉讼中的职权包括：侦查权、公诉权、正当适用法律请求权、指挥和监督裁判执行权。②

与大陆法系国家相比，英美法系国家检察机关虽然也属于行政机关，但是检察长和检察官之间并非上命下从关系，检察长虽可以领导和指挥检察官的工作，但是不能就具体案件对检察官进行指挥，不能干涉检察官的个案处理。③ 除了负责处理检察机关内部的行政事务之外，英国皇家检察院的总检察长、检察长、地区检察长自身也要履行办案职能，对于管辖范围内的案件独立进行处理，在履行办案职责过程中，他们与办案检察官一样行使权力和承担责任。④ 美国检察官在刑事诉讼中权限非常广泛，尤其是在起诉决定权方面，检察官的自由裁量权很大，几乎不受任何限制。对于已向法院起诉的案件，只要在审判前检察官都可以随时撤回起诉。与此相适应，美国检察官还有与被告辩诉交易的权利。⑤ 为免除检察官履职的后顾之忧，美国还建立了检察官豁免制度，赋予了检察官履行职责时的民事责任豁免权。⑥

---

① 参见周理松：《法国、德国检察制度的主要特点及其借鉴》，载《人民检察》2003 年第 4 期。
② 参见张永进：《日本检察官办案责任制及对中国的启示》，载《日本问题研究》2015 年第 6 期。
③ 蔡巍：《检察官办案责任制比较研究》，载《人民检察》2013 年第 14 期。
④ 参见樊崇义、吴宏耀、种松志主编：《域外检察制度研究》，中国人民公安大学出版社 2008 年版，第 12 页。
⑤ 参见柯宾：《美国检察官的权限》，载《人民检察》1994 年第 11 期。
⑥ 参见莫丽华：《美国检察官豁免制度与启示》，载《人民检察》2016 年第 1 期。

四、研究的内容与方法

第一,文献研究法。利用中国知网、各类图书馆以及购买书籍等形式搜集检察官办案责任制改革有关文献资料,在对文献进行归纳、整理、分析的基础上,对检察官办案责任制改革进行系统研究。

第二,实证研究法。搜集各地检察机关开展检察官办案责任制改革中的相关方案或做法,对这些方案和做法进行比较、分析;就检察官办案责任制改革的一些问题访谈了部分检察人员,了解检察人员对这些问题的看法;在检察机关内部采用问卷调查的方式了解检察官办案责任制改革的情况,对问卷调查结果进行统计分析,从而明确我国检察官办案责任制改革中存在的问题,并提出相应的解决思路。

第三,比较研究法。将我国检察官办案责任制,与域外国家和地区的相关制度进行比较,分析优劣,为我国检察官办案责任制改革提供借鉴和参考。

第一章　检察官办案责任制改革概述

司法权是一种重要的政治权力，司法活动则是政治活动的重要组成部分。司法在政治生活中也发挥着重要作用，一方面，司法承载着规范政治权力行使的功能。正如有学者所指出，规约政治权力是政治制度化的核心命题，而规约政治权力则是现代司法的重要功能性特征。① 另一方面，司法还承载着保护现行政治制度免遭破坏的功能。司法保护现行政治制度主要是通过惩罚破坏现行政治制度的行为来实现。司法体制改革涉及司法制度与党的关系，涉及司法制度与国家权力之间的关系。② 这些情况决定了司法体制改革属于政治体制改革的重要内容，同时也对政治体制改革起着重要的推动作用。这正是不少学者主张将司法体制改革作为政治体制改革突破口的重要原因。③ 按照中央的部署，我国司法体制改革的目标是建设公正高效权威的社会主义司法制度，让人民群众在每一个司法案件中感受到公平正义。实际上，我国司法体制改革的上述目标可以概括为为了更好地实现司法公正。而实现司法公正的基本前提则是司法官依法独立行使办案决定权，并承担相应的司法责任，这正是检察官办案责任制改革的预期目标。这种状况决定了包括检察官办案

---

① 参见程竹汝：《论现代司法的政治制度化功能》，载《政治学研究》2002年第2期。

② 参见徐显明：《中国司法体制改革的特点和目标》，载《法制日报》2017年8月23日第9版。

③ 参见章武生：《我国政治体制改革的最佳突破口：司法体制改革》，载《复旦学报（社会科学版）》2009年第1期。

责任制改革在内的司法责任制改革不仅在司法体制改革中，而且在政治体制改革中都起着举足轻重的作用。

第一节 检察官办案责任制改革的内涵

研究检察官办案责任制改革，首先要解决检察官办案责任制改革是什么的问题，这是研究检察官办案责任制改革的基本前提。

一、责任、司法责任和办案责任的含义

根据现代汉语词典的解释，责任通常是指做分内应做的事，或者是没有做好分内的事，而应当承担的过失。① 而责任作为一个法律概念，则有以下两种解释：（1）责任是受他人权力、法律规则支配，要求做或不做某事这样一个法律概念，责任既可产生于自愿行为，也可由于某些法律规则的强制力而产生，责任有时也指制裁或惩罚本身。② （2）责任在很多意义上使用，最常见的是作为义务或作为受处罚的责任。上述第一种责任实际上是指主体现在或未来应尽的积极义务。第二种责任则指主体对自己已实施的行为承担的责任。③ 本书研究的责任是检察官办案责任制改革中的"责任"，是法律概念上的责任，不是一种义务，而应当是一种不利后果，故本书的责任应当是指行为人对自己行为所应承担的不利后果。

在《汉语大词典》《辞海》等工具书中均找不到司法责任的词条。关于司法责任的含义，理论界也有不同认识。有人认为，司法责任是一

---

① 参见中国社会科学院语言研究所词典编辑室：《现代汉语词典》，商务印书馆2005年版，第1702页。

② 参见[英]沃克著；李双元等译：《牛津法律大词典》，法律出版社2003年版，第697页。

③ 参见孙国华主编：《中华法学大词典：法理学卷》，中国检察出版社1997年版，第501页。

种法律责任，可从两个层次理解其内涵：其一是司法机关、司法辅助机构及司法从业人员依法应当承担的法定职责，属于角色义务；其二是因其职业行为不当引起的依法应当承担的不利法律后果。① 也有学者认为，司法责任是指司法责任主体基于其司法职责，在履行职责时因为存在违法违纪行为而应承担的法律上的不利后果。② 司法责任是指司法机关及其工作人员因法律适用的失误或渎职而造成对当事人合法权益的损害所应承担的责任，包括国家赔偿责任和个人责任。③ 司法责任是指司法人员在执行职务过程中，故意或过失地违反法律规定，造成重大执法错误所引起的法律责任或纪律责任。④ 司法责任是司法机关及司法人员对在行使司法职权过程中实施的司法违法行为所应承担的法律责任。⑤ 司法责任是指司法责任主体因不法行为违反法定职责所引起的制裁之规范效果。⑥

分析上述几种观点，可以发现上述观点在司法责任的主体、内容、种类、前提等方面存在不同认识。从司法责任的主体看，上述观点的主要分歧在于司法责任的主体仅限司法人员，还是也包括司法机关以及司法辅助机构；从司法责任的内容看，上述观点的主要分歧在于司法责任仅指不利后果，还是也包括法定职责；从司法责任的种类来看，上述观点的分歧在于司法责任仅包括法律责任，还是也包括纪律责任；从司法责任的前提来看，上述观点的分歧在于责任主体承担司法责任时是否需要具有主观过错。

---

① 参见董治良：《司法责任制的建立与实践》，载《人民法院报》2015 年 5 月 6 日第 5 版。
② 参见陈光中、王迎龙：《司法责任制若干问题之探讨》，载《中国政法大学学报》2016 年第 2 期。
③ 蔚冈、邵骅：《司法体制改革的构想和建议》，载《现代法学》1988 年第 1 期。
④ 郝银钟：《完善公诉程序结构制约机制刍议》，载《法学》1994 年第 7 期。
⑤ 刘后务：《论司法责任》，载《广西社会科学》2001 年第 3 期。
⑥ 王迎龙：《司法责任制理论问题探析——基于"两高"关于完善司法责任制的两份意见》，载《社会科学家》2016 年第 6 期。

笔者认为，在司法责任制改革的语境下，就司法责任的主体看，司法责任制改革的目的之一是明确司法活动中各类人员的责任，司法责任归根结底要落实到个人身上，而非追究司法机关的责任，实践中也没有追究司法机关或司法辅助机构司法责任的先例（国家赔偿并非机关的责任），故司法责任的主体应当限于司法人员；就司法责任的内容看，司法责任制改革中的"司法责任"强调的是一种不利的后果，而非法定职责；就司法责任的类型看，根据最高人民检察院出台的《检察院司法责任制意见》和最高人民法院出台的《关于完善人民法院司法责任制的若干意见》的规定，检察人员和审判人员应承担的司法责任同时包括法律责任和纪律责任；就司法责任的前提来看，根据上述"两高"完善司法责任制意见的规定，司法办案活动中有错案发生，但司法人员对此有故意或重大过失的才承担司法责任。据此，司法责任应当指司法人员因故意或重大过失造成错案所应承担的法律责任或纪律责任。

办案责任是一个口语化的词汇，在相关词典中均查不到"办案责任"这个词条，从搜索中国知网的情况看，也没有发现有学者专门对办案责任作出解释。笔者认为，一般意义上办案责任的主体应包括各类办案人员，不仅应包括法官、检察官，还应包括公安干警以及行政执法人员；办案责任的内容应指一种不利的后果；办案责任的种类应当包括法律责任和纪律责任；办案责任的前提则应当是办案人员存在主观过错。因而，一般意义上的办案责任是指办案人员因执法办案活动中存在主观过错而应承担的法律或纪律责任。

就责任、司法责任和办案责任的关系来看，责任的范围最为广泛，可以涵盖司法责任和办案责任，办案责任的范围次之，办案责任不仅包括了司法责任，还包括其他非司法人员如行政执法人员办案过程中应承担的责任。但检察官办案责任制改革中的"办案责任"限于检察人员的办案责任，实际指的是司法责任。

二、检察官办案责任制概念的分歧及厘清

司法责任制包括检察系统的司法责任制和法院系统的司法责任制。检察系统的司法责任制即检察官办案责任制①,法院系统的司法责任制即人民法院司法责任制。因此,对检察官办案责任制进行界定必须首先厘清司法责任制的内涵。

从以"司法责任制"为关键词搜索中国知网文献的情况看,2014年以前无法查到题目包含"司法责任制"的任何文献,类似的只有题名包含"司法官责任制""司法责任"等内容的文献,只有2014年中央部署开展以司法责任制改革为核心的四项司法体制改革试点以后,"司法责任制"这个概念才被正式提出。中央司法责任制相关改革文件中并未对司法责任制的内涵进行界定,理论界也仅有少数学者对司法责任制的内涵问题予以了关注。如有学者指出,司法责任制是基于司法属性产生的一种责任体系,其同时包括了法官责任担当和责任追究,以及法官享有独立司法裁判权两方面内容。② 这种观点有一定的合理性,但对象和内容都不够全面,对象只包括了法官,没有包含检察官,内容只涉及了司法责任的相关内容,没有涉及作为一种责任制度相应的权利和保障,而且将司法责任制仅归结为一种责任体系似乎也有欠妥当。有学者认为,司法责任制是指司法官(法官、检察官、侦查员)因其不当行权并产生严重后果而承担责任的制度,其目的在于达到"权责统

---

① 根据最高人民检察院《关于完善人民检察院司法责任制的若干意见》的规定来看,检察系统的司法责任制虽然重点在授予普通检察官一定办案决定权,并让普通检察官独立承担相应的司法责任,但也涉及检察机关的其他主体如检察长、副检察长、检察委员会委员以及司法辅助人员的司法责任问题,而检察官办案责任制的表述只涉及检察官,不能涵盖其他主体,在此意义上说,检察官办案责任制的表述本身不够准确。

② 金泽刚:《司法改革背景下的司法责任制》,载《东方法学》2015年第6期。

一"，实现司法的公平公正。① 这种观点将侦查员纳入司法官的范畴，过于扩大到了司法官的范围，且该种观点虽然注意到了"权责一致"问题，但其实际上主要强调的是司法官的司法责任，不符合目前我国司法责任制强调司法官享有办案决定权的实际情况。有学者指出，司法责任制至少包含了权限、问责和保障三方面内容，还包含审判管理和监督。② 这种观点形式上虽然符合了中央和最高人民法院、最高人民检察院关于司法责任制的文件精神，但没有厘清这些内容的关系。权限、问责与保障、监督并非并列关系，司法责任制的核心在于权限和问责，即司法官享有办案决定权，并承担司法责任，至于保障和监督则是从属于权限和问责的，是为了保障司法官独立行使办案决定权和追究司法责任实现的措施。因此，我们可以将司法责任制概括为法官、检察官享有一定办案决定权，并承担相应司法责任的一种制度安排。

司法责任制包括法院司法责任制和检察院司法责任制两部分内容，检察官的司法责任制即检察官办案责任制。关于检察官办案责任制的具体内涵，学界主要有以下几种观点：（1）检察官办案责任制，是指以检察官为主体的办案组织享有一定办案决定权，独立承担责任，并受到监督制约和享有职业保障的检察业务工作机制。③（2）检察官办案责任制，是指作为基本办案组织的检察官，在履行办案职责过程中形成的组织关系和工作机制，以及为了保障检察官独立行使职权而建立的保障和监督机制。④（3）检察官办案责任制是指通过选配检察官，在法律规定范围内，通过检察长授权，赋予这些检察官一定的办案决定权，改

---

① 崔永东：《司法改革与司法公正》，上海人民出版社2016年版，第9页。
② 傅郁林：《司法责任制的重心是职责界分》，载《中国法律评论》2015年第4期。
③ 谢鹏程：《关于检察官办案责任制的综合研究报告》，载中国检察学研究会检察基础理论专业委员会编：《诉讼法修改与检察制度的发展完善——第三届中国检察基础理论论坛文集》，中国检察出版社2014年版，第13页。
④ 参见蔡巍：《检察官办案责任制比较研究》，载《人民检察》2013年第14期。

变传统的行政化的办案模式，建立以检察官为办案主体的检察权运行机制，建立相应的办案组织，以及检察官的选配、管理、职业保障等一系列制度的总和。① 上述三种观点都肯定了以下几点：检察官是检察官办案责任制的主体；建立办案组织是检察官办案责任制改革的要求；赋予检察官办案决定权是检察官办案责任制的要求；需要建立检察官履行职责的保障和监督机制。上述观点的分歧之处在于：检察官办案责任制改革到底是一种工作机制，还是制度的总和，抑或既是一种工作机制，也是一种组织关系；检察官办案责任制的内容是否包括选配检察官。

笔者认为，正确理解检察官办案责任制的内涵，必须对检察官办案责任制与检察官办案责任制改革予以区分。检察官办案责任制的本质是一种工作机制或制度，而检察官办案责任制改革的本质则是一项"改革"，是包括建立工作机制等在内的一系列改革措施的总和（检察官办案责任制改革的具体内涵下文再述）。上述第三种观点实际上较为全面地概括了检察官办案责任制改革的内容，其概括的内容已经超出了工作机制或工作制度的范畴，因而，这种观点实质上是检察官办案责任制改革的定义，而非检察官办案责任制的定义。上述第二种观点所界定的组织关系不能为工作机制或制度所包含，也超出了检察官办案责任制的范畴，而且其关于"以检察官为基本办案组织"的表述也不够准确，因为检察官办案责任制改革中的办案组织包括独任检察官和检察官办案组，独任检察官办案组织由独任检察官和检察辅助人员组成，检察官办案组由主办检察官、检察官和检察辅助人员组成，无论哪种办案组织都不是单独由检察官组成。上述第一种观点较为全面地反映了检察官办案责任制的特征，但其关于办案组织享有决定权并承担办案责任的表述不准确。检察官办案责任制中承办案件的虽然是办案组织，但享有办案决定权及对案件处理决定负责的是检察官而非办案组织，而且，检察官行

---

① 参见天津市人民检察院第一分院课题组：《检察官办案责任制改革研究》，载胡卫列、韩大元主编：《主任检察官办案责任制——第十届国家高级检察官论坛论文集》，中国检察出版社2014年版，第99~100页。

使权力享有相应职业保障和受到监督制约只是确保检察官依法独立行使决定权并承担相应司法责任的保障措施,而非检察官办案责任制的根本特征。根据上文的分析,笔者认为,检察官办案责任制应当是指以检察官为主体的办案组织承办案件,在此过程中检察官依法独立行使部分办案决定权,同时承担相应司法责任的制度安排。

三、检察官办案责任制改革的内涵

检察官办案责任制改革的根本目的是改变以往长期实行的"三级审批制"的办案模式,让检察官真正成为办案的主体,由检察官行使办案决定权,并承担相应的司法责任。简言之,检察官办案责任制改革的目的是实行检察官办案责任制。实际上,检察官办案责任制改革中的所有改革举措归根结底是为了实行检察官办案责任制,如建立检察官权力清单制度是为了保证检察官真正享有办案决定权;实行员额制是为了挑选出有能力独立行使决定权的检察官;配备检察辅助人员、建立检察官办案组织是为了让检察官从事务性工作中解放出来,更好地行使办案决定权;建立检察官惩戒制度是为了防止检察官滥用办案决定权,让检察官行使办案决定权的同时承担相应的司法责任。根据《汉语大词典》的解释,改革有三种含义:(1)变更、更新,现常指改变旧制度、旧事物;(2)革除恶习劣行;(3)删改诗文。① 本书中的改革显然是在第一种意义上使用。因此,检察官办案责任制改革应当是指为实现检察官在一定范围内独立行使办案决定权并承担相应司法责任的目标,而对检察机关办案机制及相应的配套制度进行的一系列调整和完善。

四、与法院司法责任制改革的区分

对人民法院司法责任制改革和检察官办案责任制改革进行区分有利

---

① 汉语大词典编辑委员会、汉语大词典编纂处:《汉语大词典》,汉语大词典出版社1997年版,第2908页。

于对检察官办案责任制改革的正确理解。两者的异同具体如下：

（一）相同之处

1. 从性质上看，都是中央主导的新一轮司法责任制改革的重要组成部分，都是体制性改革而非机制性改革。中央主导的新一轮司法责任制改革，实际上只包括检察官办案责任制改革和法院的司法责任制改革。从中央相关会议精神和出台的文件来看，中央将检察官办案责任制改革和法院司法责任制改革放在同等位置，一同设计、一起部署。中央对检察官办案责任制改革和法院的司法责任制改革都进行了整体设计，不再局限于以往机制性的修修补补，如在中央的推动下，法院实行法官员额制改革，建立了法官单独职务序列，建立了法官权力清单制度，完善了法官职业保障制度，检察院则实行检察官员额制改革，建立了检察官单独职务序列，制定了检察官权力清单，完善了检察官的职业保障制度。

2. 从目的上看，解决司法责任不明确以及司法行政化问题都是改革的重要目的。无论是法院司法责任制改革还是检察官办案责任制改革，直接目的都是为了解决长期以来存在的司法权运行行政化，违背司法规律，导致司法责任不明确，责任难以追究的问题。就人民法院司法责任制改革来看，其主要针对的是以往法官、合议庭办案要经过庭长、副院长审批，造成"审者不定，定者不审"，违背司法规律，导致司法责任难以追究的问题，目的是为了实现"由审理者裁判，让裁判者负责"，让法官定案，由法官负责。就检察官办案责任制改革来看，主要针对的是以往检察机关办案长期实行"三级审批制"，造成办案者和决定者分离，违背司法亲历性原则，导致司法责任不明确的问题，其目的也是为了实现"由办案者决定，让决定者负责"，赋予检察官办案决定权，让检察官对自己的决定负责。

3. 从改革路径上看，都是要赋予办案主体更大权力的同时让其承担相应的办案责任。按照法院司法责任制改革的要求，各省级人民法院制定了审判人员权力清单，赋予法官和合议庭更多的定案权，禁止院、庭长干预个案的实体审判，同时也明确法官和合议庭对自己决定的案件负责。按照检察官办案责任制改革的要求，各省级人民检察院制定了检察官权力清单，赋予检察官更多的办案决定权，让检察官成为检察权行使的主体，同时也明确检察官在决定的范围内承担相应的司法责任。

4. 从制度保障来看，都建立了一系列配套的制度或采取一系列措施来确保改革的推进。为确保司法责任制改革的顺利推进，法院和检察院都建立了人员分类管理制度、职业保障制度、权力清单制度、绩效考评制度、惩戒制度，检察系统还推进了内设机构改革。

（二）不同之处

1. 办案组织形式不同。检察官办案责任制的办案组织形式是独任检察官和检察官办案组，不同部门采用的办案组织形式有所差异。法院司法责任制的办案组织形式是独任庭和合议庭，每个业务部门采用的组织形式基本一样。

2. 对法官检察官授权的情况不同。受"检察一体"、检察官性质地位等的制约，与法官相比，对检察官的授权幅度较小，以检察院名义提出纠正违法意见、检察建议、提出（提请）抗诉、终结审查等，基本上依然由检察长、分管副检察长或检察委员会决定。且由于各类检察权的内容、对其他执法司法机关的影响等不同，故对不同部门的检察官授权范围差异较大。而总体来看，法院对法官的授权幅度较大，且由于各业务庭的职能都是审判，故不同业务庭的法官授权范围基本相同。

3. 改革基础和改革阻力不同。除执行权外，法院审判权组成相对单一，是典型的司法权，长期以来大部分案件实际上就是由法官决定，故法院司法责任制改革的基础相对较好、阻力较小，而检察院检察权的组成较为复杂，检察权既有司法属性又有行政属性，而且由于长期实行"三级审批制"的办案模式，这就导致检察官办案责任制改革的基础较差，阻力较大。

4. 改革后法院院长与检察院检察长决定权的大小不同。法院司法责任制改革后，除经过法院审委会讨论决定的案件外，法院院长、副院长不再审核签发未直接参加审理的案件的裁判文书。法院院长、副院长也不能对法官和合议庭办理的案件进行审核，也无权改变法官和合议庭的决定。而检察官办案责任制改革后，以检察院名义制作或发出的法律文书，一般仍由检察长或分管副检察长签发，检察长、分管副检察长还有权审核独任检察官、检察官办案组承办的案件，如果不同意检察官的处理意见，则既可以要求检察官复核或提请检委会讨论决定，也可以直接作出相关决定。

第二节 本轮检察官办案责任制改革的动因检视

任何一项改革的进行都有其内在和外在的动因，检察官办案责任制改革的进行同样有着内部和外部的动因。我国检察官办案责任制改革是政治、经济、社会、文化等外部动因和检察规律的客观需要、检察人员的主观要求、检察制度的发展趋势等内部动因共同作用的结果。

一、外部动因

（一）政治方面

政治动因往往是引起司法改革的重要原因，改革开放以来，我国经济制度方面的改革要远远快于政治社会制度方面的改革，政治和社会制度改革方面的滞后在很大程度上使得中国的总体制度越来越难以消化由经济发展带来的消极后果。[①] 在这种形势下，政治体制改革问题越来越引起中央的高度重视。从党的十二大首次提出政治体制改革以来，历次党代会报告都对政治体制改革作出具体部署，如党的十八大报告从支持

---

① 参见郑永年：《保卫社会》，浙江人民出版社2011年版，第17页。

和保证人民通过人民代表大会行使国家权力、全面推进依法治国等七个方面对政治体制改革作出了部署。党的十九大报告也从坚持党的领导、人民当家作主、依法治国有机统一，加强人民当家作主制度保障和深化依法治国实践等六个方面对政治体制改革作出了部署。我国政治体制改革曾有将机构改革、党政分开、完善人民代表大会制度、加强基层民主建设、干部人事制度改革作为政治体制改革突破口的选择意向，① 但由于种种原因，这些改革都没有能够真正成为政治体制改革的突破口。司法体制改革是政治体制改革的重要组成部分，将司法体制改革作为政治体制改革的突破口有助于加强社会主义法制建设，有助于政治体制改革的平稳进行并推动我国政治的发展②，而且司法体制改革涉及面较窄，不会对社会造成较大的冲击，也容易取得成效。因此中央选择了将司法体制改革作为了政治体制改革的突破口。有力的例证就是：党的十八大以来包括十九大部署的政治体制改革措施中，真正力度较大、取得明显进展的只有司法体制改革和监察体制改革，而监察体制改革实际上也和司法体制改革有密切关系。而包含检察官办案责任制改革在内的司法责任制改革是司法体制改革的核心，这正是中央对包含检察官办案责任制改革在内的司法责任制改革极为重视的根本原因。

(二) 经济方面

"人们在自己生活的社会生产中发生一定的、必然的、不以他们的意志为转移的关系，即同他们的物质生产力的一定发展阶段相结合的生产关系。这些生产关系的总和构成社会的经济基础，即有法律的和政治的上层建筑竖立其上并有一定的社会意识形式与之相适应的现实基础。……随着经济基础的变更，全部庞大的上层建筑也或快或慢地发展

---

① 参见何卓文：《加快推进政治体制改革——当前党政领导干部关注的重大思想现实问题》，载《科学社会主义》2004 年第 2 期。

② 参见章武生：《我国政治体制改革的最佳突破口：司法体制改革》，载《复旦学报（社会科学版）》2009 年第 1 期。

变革。"① 经济基础的变革必然要求作为上层建筑的法律制度与之相适应，自然会引起司法改革。② 经济基础与司法变革的关系表现为：经济基础要求司法提供有效的服务和保障，要求与其相适应的司法，从而引起司法改革，司法改革同整个法律上层建筑一起为经济基础服务。③ 经济基础的变化是司法体制改革的根本原因。司法体制改革严重滞后于经济体制改革，会导致司法难以有效地发挥维护社会公平正义的作用。新的经济体制与现行司法体制之间的矛盾日益突出，必然要求司法体制进行相应改革。④ 如日本的第三次司法改革就与其国内的经济状况密切相关。改革开放以来，我国在经济发展方面取得了举世瞩目的成就，目前已成为世界第二大经济体。各方面的经济基础也发生了巨大变化。然而，长期以来我国的司法体制没有随着经济基础的变化作相应的调整，或者虽然做了部分调整，但只是机制性的修修补补。随着经济基础的进一步变化，这种对司法体制的修修补补已经不能满足经济基础变化的需要。"中国自改革开放以来出现的经济市场化，对我国司法体制的变革提出了内在的要求。"⑤ 市场经济的发展迫切需要更加公正、高效、权威的司法体制，这就对推进包括检察官办案责任制改革在内的司法体制改革提出了要求。

（三）社会方面

法治是一种实践的事业，其所要回应和关注的是社会的需要。⑥ 在

---

① 马克思、恩格斯：《马克思恩格斯全集（第 2 卷）》，人民出版社 2009 年版，第 591~592 页。
② 参见高丽蓉：《我国刑事司法改革研究》，中国检察出版社 2015 年版，第 11 页。
③ 参见李建明：《刑事司法改革研究》，中国检察出版社 2003 年版，第 6~8 页。
④ 参见姜小川：《中国司法改革动因检视》，载《法学杂志》2005 年第 5 期。
⑤ 张卫平等：《司法改革：分析与展开》，法律出版社 2003 年版，第 5 页。
⑥ 参见苏力：《道路通向城市 转型中国的法治》，法律出版社 2004 年版，第 31 页。

法律覆盖社会生活主要过程的情况下，各种矛盾冲突都表现为应当或者可以受到法律评价的事实。当这些矛盾冲突无法调和时，矛盾冲突的主体往往会选择通过司法途径解决问题。这就导致社会上累积的以及因社会变革引起的各种矛盾冲突都需要通过司法手段化解。① 当前我国正处于社会变革过程中，社会不同阶层和不同社会主体之间的矛盾冲突极为复杂，而这些矛盾冲突最终都会提交司法机关处理，司法机关需要顾及矛盾的方方面面，导致在处理这些矛盾冲突过程中地位尴尬。② 当前我国已经进入了社会转型期，经济体制、社会结构、利益格局、思想观念都深刻调整或变动，这就导致了社会矛盾呈现易发、多发和复杂、多样的态势。社会矛盾冲突问题成为影响经济社会发展的突出问题，这就客观上要求一种更加公正、高效、合理的司法机制来化解社会矛盾。开展检察官办案责任制改革，减少案件审批环节，让亲历案件办理、熟悉案件中矛盾纠纷具体情况的检察官直接决定如何处理，正是适应这种需要，及时有效化解社会矛盾的有力举措。随着社会的发展，人民群众的法治观念不断增强，人民群众对社会公平正义有了更高要求，而旧的司法体制以及旧司法体制所提供的司法产品不能满足人民群众的期待和要求，尤其是近年来媒体报道的重大刑事冤假错案引起了人民群众的强烈不满，严重影响了司法机关的司法公信力。社会普遍期待建立符合司法规律的检察权运行机制，同时追究违法办案司法人员的司法责任。检察官办案责任制改革正是中央适应这种社会期待而部署开展的。

(四) 文化方面

文化的含义在广义和狭义上有所不同。广义上的文化是指人类在社会实践中所获得的物质、精神的生产能力和创造的物质、精神财富的总和。狭义上的文化则是指精神生产能力和精神产品，包括一切社会意识

---

① 参见顾培东：《从经济改革到司法改革》，法律出版社 2003 年版，第 5 页。
② 参见顾培东：《中国司法改革的宏观思考》，载《法学研究》2000 年第 3 期。

形式：自然科学、技术科学、社会意识形态。① 我国有学者认为，所谓文化是指人类生存和进化的特殊过程、方式及其结果，包括人类生存和发展所需要所依靠的一切用品、手段、工具和方式，可以分为物质文化、规范文化和精神文化。② 英国人类学家泰勒则将文化与文明予以等同，其认为文化是包括知识、法律、艺术、道德、信仰、风俗以及作为社会成员的人所具有的其他一切能力和习惯在内的一个复杂的整体。③ 法国学者莫里斯则认为，文化是协调行动方式、思维方式、感觉方式的整体，它们构成能够确定人的集体行为的角色。④ 无论对文化如何定义，毫无疑问的是，文化会对社会成员的活动产生巨大影响。司法活动也是社会成员活动的一种，故司法活动也必然受到文化的影响。正如有学者所指出，司法制度运作是社会文化的反映，司法改革受到文化的影响和制约，司法改革的价值目标、立法方式、实际运行都受到文化的影响。一方面，我国传统文化促使了检察官办案责任制改革的开展。⑤ 我国传统文化中蕴含大量的公正理念。如《荀子·正论》指出，"故上者下之本也，上宣明则下治辨矣；上端诚则下愿悫矣，上公正则下易直矣"⑥，其中"上公正则下易直矣"的意思就是说上级客观公正，依法判断是非，下级也会正直无私。《管子·任法》中说："上以公正论，

---

① 辞海编辑委员会：《辞海》，上海辞书出版社2009年版，第2379页。《辞海》关于文化的解释，还有三种意义：（1）泛指一般知识；（2）中国古代封建王朝所施的文治和教化的总称；（3）考古学上指同一个历史时期的不依分布地点为转移的遗迹、遗物的综合体。这三种解释显然与上文中文化的意思不符。

② 参见刘进田、李少伟：《法律文化导论》，中国政法大学出版社2005年版，第74页。

③ ［英］泰勒：《原始文化》，蔡江浓编译，浙江人民出版社1988年版，第1页。

④ ［法］莫里斯·迪韦尔热：《政治社会学——政治学要素》，杨祖功、王大东译，东方出版社2007年版，第58页。

⑤ 参见谭世贵、周丽娜：《司法改革的文化思考》，载《海南大学学报（人文社会科学版）》2002年第4期。

⑥ 方达评注：《荀子》，商务印书馆2016年版，第306页。

第二节 本轮检察官办案责任制改革的动因检视

以法制断,故任天下而不重也。"① 就是说君王只要执法不偏不倚,依法办事,治理天下就能得心应手。民间也有大量关于海瑞、包青天等清官的故事和传说。传统的公正文化要求司法机关和司法人员客观公正的处理案件纠纷,然而,现实中司法不公正的情况时有发生,人民群众对此反应强烈。人民群众对司法公正满意度不高的情况与我国传统的公正文化产生了冲突,这给国家的决策者和司法机关造成了较大压力,迫使决策者和司法机关采取措施促进司法公正。检察官办案责任制改革正是这种背景下的产物。另一方面,西方的法律文化也对我国开展检察官办案责任制改革起到了推动作用。"我国的司法发展经历了一个从前近代社会条件下孤立的内向的自然演化过程到近代以来在全球化浪潮冲击下逐步纳入全球司法文明发展轨道的历史性转变过程",② 在此过程中,西方先进的法治理念和文化,如司法官的独立决定、人权保障、程序正义等不断影响着我国的司法制度和司法活动。从某种程度上说,检察官办案责任制改革正是对这些先进司法理念和文化的借鉴和吸收。

二、内部动因

(一) 检察规律的客观需要

检察规律,即检察工作规律,是指检察机关为实现宪法和法律赋予的法律监督职责,在具体运行上应当遵循的基本规律。③ 检察规律是司法规律在检察工作中的反映。长期以来,我国检察机关实行的是三级审批制的办案模式,在这种办案模式下,亲历了案件办理全过程的检察官

---

① (唐) 房玄龄注;(明) 刘绩补注;刘晓艺校点:《管子》,上海古籍出版社 2015 年版,第 317 页。

② 参见公丕祥:《全球化背景下的中国司法改革》,载《法律科学》2004 年第 1 期。

③ 罗堂庆:《检察工作规律与检察管理研究》,中国检察出版社 2013 年版,第 5 页。

没有办案决定权,所有案件都由没有亲历案件办理的检察长决定,这违背了司法亲历性原则,违背了检察工作规律,也导致了检察工作中责任不清、检察官主动性难以发挥等一系列问题。检察工作规律要求由承办案件的检察官作出案件处理决定,同时承担相应的办案责任。推进检察官办案责任制改革,实现由"办案者决定,让决定者负责",正是适应检察工作客观规律,解决检察工作中存在的一系列问题的正确举措。

(二)检察人员的主观要求

如前所述,在长期的检察工作中,检察机关实行"三级审批制"的办案模式,承办检察官没有办案决定权,所有案件由检察长决定。这种办案模式导致了检察工作中的一系列问题,也引起了普通检察官和检察长的普遍不满。一方面,就检察长来看,"三级审批制"的办案模式下,所有案件都需要检察长审批,大大增加了检察长的工作量,而且在案件量大的地方,检察长根本没有足够的时间和精力对所有案件进行审查把关,对很多案件只能委托部门负责人审查,自己只是形式上予以签发。但既然是检察长签发,其就应当承担相应的司法责任。这就造成检察长特别是案件量大的地区检察院的检察长对这种状况非常不满,他们希望能够改变这种办案模式,下放部分办案决定权。另一方面,就普通检察官来看,其亲历了案件的全过程,案件办理的所有事项其都要亲自完成,却只能提出处理建议,无法决定案件的最终处理,这严重挫伤了普通检察官的积极性,影响了普通检察官的成就感。因此,普通检察官也有获得办案决定权的主观愿望和要求。普通检察官有获得办案决定权的要求,而检察长则有放权的愿望,他们的这种主观愿望和要求也是我国开展检察官办案责任制改革的重要原因。

(三) 检察制度的发展趋势

我国检察制度也面临着发展完善的问题。这些问题需要通过改革解决。① 检察官有一定办案决定权是世界法治国家和地区检察制度的通例。赋予检察官一定的办案决定权是我国检察制度发展完善的必然要求，也是我国检察制度发展的必然趋势。自 20 世纪 90 年代开始，我国部分地区检察机关先行探索后最高人民检察院在全国检察机关予以推广的主诉（办）检察官办案责任制改革就是这种发展趋势的体现。主诉（办）检察官办案责任制改革的主要做法是在公诉、反贪等部门选拔主诉（办）检察官，赋予其一定办案决定权，让其承担相应的办案责任。由于种种原因该项改革失败后，随后最高人民检察院主导开展的主任检察官办案责任制改革，是通过选拔主任检察官并赋予其一定的办案决定权，来解决传统"三级审批制"办案模式存在的问题。而主任检察官办案责任制改革也是这种赋予检察官办案决定权的检察制度发展趋势的体现和必然结果。主诉（办）检察官办案责任制改革和主任检察官办案责任制改革都是最高人民检察院主导的，最高人民检察院能够调动的资源有限，没有能力解决改革的法律依据、检察官单独职务序列、检察官职业保障制度等改革中的重要问题，这是主诉（办）检察官办案责任制改革和主任检察官办案责任制改革难以成功的根本原因。然而，赋予检察官一定办案决定权的趋势是不可阻挡的。在最高人民检察院主导的改革不能取得预期效果，无法从根本上解决"三级审批制"办案模式带来的一系列问题后，中央不得不亲自主导检察官办案责任制改革。中央主导的检察官办案责任制改革虽然在改革路径和方式上与主诉（办）检察官办案责任制改革和主任检察官办案责任制改革存在很大差异，但与这两轮办案责任制改革是一脉相承的关系。检察官办案责任制

---

① 参见张智辉：《检察制度的起源与发展》，载《检察日报》2004 年 2 月 10 日第 3 版。

改革和这两轮检察官办案责任制改革的本质也是一致的，都是选拔精英检察官，通过赋予其部分办案决定权，并让其承担相应的办案责任，从而解决司法实践中存在的一系列问题。因此，检察官办案责任制改革既是赋予检察官办案决定权的检察制度发展趋势的必然要求，也是这种检察制度发展趋势的反映。

第三节 检察官办案责任制改革的理论依据和价值取向

研究检察官办案责任制改革的理论依据和价值取向是研究检察官办案责任制改革不能回避的问题。检察官办案责任制改革有其自身的理论依据，即司法亲历性原理、司法权独立行使原则和权责统一理论。检察官办案责任制改革也有其自身的内在价值，即公正和效率。

一、理论依据

（一）司法亲历性原理

有学者认为，司法亲历性是指司法人员亲历案件审理的全过程，直接接触和审查各种证据，特别是直接听取诉讼双方的主张、理由、依据和质辩，直接听取其他诉讼参与人的言词陈述，并对案件作出裁判，以实现司法公正。[①] 由于通过司法解决的问题较为微观具体，而又非常重要，而准确认定案件事实较为复杂，故只要亲历才能实现程序公正，只有通过亲历才能形成自由心证，这些因素共同决定了司法必须具有亲历性。[②] 一般认为检察权具有司法和行政双重属性，检察权具有司法属性决定了检察机关的办案活动应当符合司法亲历性的基本要求。在检察机

[①] 参见朱孝清：《司法的亲历性》，载《中外法学》2015年第4期。
[②] 参见朱孝清：《司法的亲历性》，载《中外法学》2015年第4期。

关传统的"三级审批制"的办案模式下,亲历案件办理过程的检察官没有办案决定权,而决定案件如何处理的检察长或检察委员会却没有亲历案件的办理过程,这明显违背了司法亲历性的要求。实行检察官办案责任制,让亲历了案件办理、熟悉案件具体情况的检察官决定案件的处理,让检察长也亲自承办案件并作出处理决定,这些正是在检察工作中落实司法亲历性的必然要求。

(二) 司法权独立行使原则

"如果司法过程不能以某种方式避开社会中行政机构或其他当权者的摆布,一切现代的法律制度都不能实现它的法定职能,也无法促成所期望的必要的安全与稳定。这种要求通常被概括为司法独立原则。"① 司法独立是现代法治和宪政的重要原则,是司法规律的必然要求。司法独立是程序公正的主要内容和司法官准确认定事实,正确适用法律的必要保证,因此,司法独立是司法公正的首要保障;司法官作为法律人只有保持独立才能不屈服于外界的干扰和压力,且有利于当事人和公众谅解司法过程中的小瑕疵,因此,司法独立也是树立司法权威的必要条件②。据学者研究,从19世纪中期到20世纪末,德国检察官在刑事诉讼中一致保持着中立和独立立场。③

司法独立在我国语境下表述为人民法院、人民检察院依法独立行使审判权、检察权。④ 人民检察院依法独立行使职权包括外部独立和内部独立两个方面,检察机关的外部独立是指检察权运行过程遵循自身规律

---

① [美] 埃尔曼:《比较法律文化》,高鸿钧、贺卫方译,三联书店1990年版,第134页。
② 参见陈光中:《比较法视野下的中国特色司法独立原则》,载《比较法研究》2013年第2期。
③ Julia Fionda, Public Prosecutors and Discretion: A Comparative Study, Clarendon Press Oxford, 1995, p.134.
④ 参见陈卫东:《司法独立的本质是依法办案》,载《环球法律评论》2013年第2期。

不受外部非法干涉，检察机关的内部独立即确认检察官在检察机关内部的相对独立性，由检察官独立行使检察权。① 检察活动的司法属性决定了检察官必须相对独立地行使职权。实行检察官办案责任制，赋予检察官一定的办案决定权，让检察官成为办案的主体，正是落实司法权独立行使原则的必然要求。

（三）权责统一理论

在现代民主法治国家，国家公权力运行必须遵循权责统一原则。权责统一理论发端于行政法领域，权责统一是政府行使公共权力必须遵循的基本原则之一。司法责任制是权责统一原则在司法权运行领域的重要表现和必然要求。② 权责统一包括两方面内涵，即权力与消极责任的统一和权力与积极责任的统一。权力与消极责任的统一包括消极责任是对滥用权力的惩罚，责任惩戒应与滥用权力的程度相匹配两方面内容。权力与积极责任的统一则包含着有权必有责和有责必有权两方面的内容；③ 检察机关长期以来实行"三级审批制"的办案模式明显违背了权责统一理论。在"三级审批制"的办案模式下，检察权特别是办案决定权基本上掌握在检察长手中，根据权责统一理论，办案责任应当由检察长承担。然而，实际上检察长很难有精力对所有案件行使办案决定权，在"三级审批制"办案模式下，检察长对很多案件往往是形式把关，没有进行实质审查，在这种情况下由检察长承担全部或绝大部分办案责任明显不合理，也不现实。因而，在"三级审批制"的办案模式下，权责统一原则根本难以实现。实行检察官办案责任制改革后，对相

---

① 参见龙宗智：《论依法独立行使检察权》，载《中国刑事法杂志》2002年第1期。
② 参见陈光中、王迎龙：《司法责任制若干问题之探讨》，载《中国政法大学学报》2016年第2期。
③ 参见麻宝斌、郭蕊：《权责一致与权责背离：在理论与现实之间，载《政治学研究》2010年第1期。

关责任主体司法责任的分配充分体现了权责统一原则要求。如独任检察官承办并作出决定的案件，由独任检察官承担责任；检察长或检察委员会决定的事项，检察官对事实和证据负责，检察长或检察委员会对决定事项负责。这符合了权责统一理论有权必有责、有责必有权的要求。将司法责任分为故意违反法律法规责任、重大过失责任和监督管理责任，对司法办案工作中虽然发生错案，但检察人员不存在故意或重大过失的不追究司法责任，对司法瑕疵按照纪律规定处理，这符合了对权责统一理论对滥用权力的行为进行惩罚，责任惩戒与权力滥用程度相匹配的要求。

二、价值取向

（一）公正

根据《汉语大词典》的解释，公正即正义，即对"政治、经济、法律、道德等领域中制度和行为之合理性的一种道德认识和肯定评价。"① 公平正义是衡量社会制度是否正当、合理的重要标准，是化解社会矛盾的重要方式和维护社会稳定的重要保障，其实现程度是衡量社会文明进步的重要尺度，社会越公平、越正义，表明人类离野蛮状态愈远。② 亚当·斯密指出，正义是撑起整座社会建筑的主要栋梁，普遍失去正义，肯定会彻底摧毁社会。社会不可能存在，除非正义的法律在相当程度内尚被遵守。③ 罗尔斯认为，社会制度的首要价值是正义。④ 博

---

① 汉语大词典编辑委员会、汉语大词典编纂处：《汉语大词典》，汉语大词典出版社1997年版，第2922页。
② 参见云付平：《公平正义是人类的共同价值》，载《学习时报》2016年5月16日第7版。
③ 参见［英］亚当·斯密：《道德情操论》，谢宗林译，中央编译出版社2008年版，第103~104、106页。
④ John Rawls, A Theory of Justice, Harvard Univerity Press, 1997, p.3.

登海默则认为，正义在立法上是一项标准，法律应当同它一致，在司法上则是一种要求，一个处理决定应当是适用一项普遍规则的结果。① 正如有外国学者所指出，法官和检察官都必须按照司法官的方式公正地适用法律，因此，检察官所做出的决定应当是独立的、无偏私的。② 检察官办案责任制改革中的公正即司法公正。关于司法公正的内涵，理论界有一些不同认识。如有学者认为，司法公正是指"国家司法机关在运用特定职权处理各类案件的过程中，以公道正直的态度对待案件参与各方，严格遵循和依照法定程序，公平正确地确认和分配具体的权利义务，且具有良好的社会效果，经得起历史的考验"。③ 也有学者认为，司法公正是指司法人员在司法和审判活动过程和结果中坚持和体现公平和正义的原则，具体是指严格依法裁判，切实保障公民、法人和其他组织的合法权益，真正做到有法必依、执法必严、违法必纠。④ 上述关于司法公正的两种观点虽然存在不少差异，但两者在司法公正同时包括程序公正和实体公正方面的认识是一致的。实体公正即案件处理结果的公正。司法活动的根本目的是为了公平合理的确认和分配权利义务，即实现案件处理结果的公正，因此，实体公正无疑是司法公正的重要内容。程序公正即司法过程的公正，其是实体公正的保障，也会直接影响到人民群众对司法公正的信赖，因此，程序公正也应当是司法公正的核心内容。实际上，正如有学者所指出，程序正义是现代司法制度无法按照"实质正义"标准运作的无奈之举，其对某些具体纠纷的解决可能不够

---

① 参见［美］博登海默：《法理学——法哲学和方法》，张智仁译，上海人民出版社1992年版，第246～247页。
② Peter J. P. Tak, The Dutch Prosecutor: A Prosecuting and Sentencing Officer, in The Prosecutor in Transnational Perspective, ed. Erik Luna and Marianne Wade, Oxford University Press, 2012, p. 205.
③ 陈灿平：《司法改革及相关热点探索》，中国检察出版社2004年版，第5页。
④ 王利明：《司法改革研究》，法律出版社2000年版，第12页。

公正，但从总体上看，在当前社会历史条件下其是一种比实体公正更有效率、更加公正的纠纷解决方式。① 司法是维护社会公平正义的最后一道防线。近年来全国各地曝出的冤假错案引起了社会广泛关注。冤假错案发生的原因非常复杂，但检察机关在刑事诉讼过程中未充分发挥制约把关作用，只是承担了"二传手"的角色无疑是重要原因之一。而检察机关在刑事诉讼中未能充分发挥监督制约作用固然有诉讼制度设计、社会环境等外部原因的影响，但检察机关内部检察权运行机制存在一定问题也是重要原因。正是针对检察权运行中存在的问题，我国开展了检察官办案责任制改革。检察官办案责任制改革的直接目的在于解决检察机关办案中存在的办案者和决定者分离，违背司法规律，导致责任不清等问题，建立权责统一、权责明晰、权力制约的检察权运行机制，根本目的则是为了"让人民群众在每一个司法案件中都感受到公平正义"。实现检察官办案责任制改革的这一根本目的，不仅需要检察环节案件处理结果的公正，也需要办案程序的公正。毫无疑问，实现实体公正是检察官办案责任制改革的应有之意。但检察官办案责任制改革则对检察官办案不仅提出了实体公正方面的要求，也提出了程序公正方面的要求，如明确规定检察官违反法定程序办案但不影响案件处理结论的属于司法瑕疵，按照纪律规定予以处理；检察官故意违反法定程序造成错案的追究相应的司法责任，这些都属于程序公正方面的要求。实际上，检察官办案责任制改革一切制度设计的根本目的是为了更好地实现公平正义，如授予检察官办案决定权，是因为亲历案件办理过程的检察官能够作出更加公正的案件处理决定，建立检察官惩戒制度是为了防止检察官滥用权力作出不公正的处理决定，建立检察官履职保障制度是为了保障检察官公正办理案件。因此，公正是检察官办案责任制改革的根本价值取向。

---

① 参见苏力：《也许正在发生 转型中国的法学》，法律出版社 2004 年版，第 264 页。

(二) 效率

效率是一个经济学词汇,这里的效率指的是司法效率。司法效率即"司法投入和产出之间的比例关系"。① 司法效率是司法公正的基本构成要素,司法资源稀缺使得司法必须注重效率,否则难以完成实现法律公正的使命。② 迟来的正义不是正义。虽然不能笼统地说有效率的司法一定公正,但不公正的司法总体上说是不可能有效率的。③ "正义的第二种涵义——也许是最普通的涵义——是效率。"④ "就同一个法律规则而言,法学家维护的是公正,经济学家维护的是效率。""但在绝大多数的情况下,经济方法和法律方法常常是殊途同归。"⑤ 在司法资源有限的情况下,不可能为实现个案正义而无限投入司法资源,因此,效率无论是对整个国家还是对当事人都有极为重要的意义。对国家而言,高效率的司法意味着节约了司法资源,意味着纠纷得到快速的处理、社会秩序得到快速维护,对当事人而言,司法高效则意味着合法权益快速得到保护。效率作为司法改革的目标,主要是由市场经济性质决定的,也是由我国司法资源严重浪费的现状决定的,还是由公正依赖效率所决定的。⑥ 在检察机关"三级审批制"的办案模式下,所有案件都需要经过承办人、业务部门负责人、检察长三级审批,导致司法效率非常低下,造成了司法资源的严重浪费。解决以往司法效率低下问题,也是检察官办案责任制改革的重要目的之一。实行检察官办案责任制改革,由

---

① 参见陈贵民:《论司法效率》,载《法律科学》1999 年第 1 期。
② 参见刘练军:《司法效率的性质》,载《浙江社会科学》2011 年第 11 期。
③ 参见苏力:《道路通向城市 转型中国的法治》,法律出版社 2004 年版,第 185 页。
④ [美] 波斯纳:《法律的经济分析》(上),蒋兆康译,中国大百科全书出版社 1997 年版,第 31~32 页。
⑤ [美] 罗伯特·考特,托马斯·尤伦著;张军等译:《法和经济学》,三联书店上海分店 1991 年版,第 5 页。
⑥ 参见钱弘道:《论司法效率》,载《中国法学》2002 年第 2 期。

承办案件的检察官直接作出案件处理决定,可以大大减少办案环节,尽快运用司法手段处理矛盾纠纷,从而有效提高办案效率、节约司法资源。因此,效率也是检察官办案责任制改革的重要价值取向。

第四节 检察官办案责任制改革的内在义理和制约因素

研究检察官办案责任制改革的内在义理和制约因素有助于从根本上理解检察官办案责任制改革。检察官办案责任制改革的内在义理可以从检察官办案责任制改革的核心、本质、类型、模式等四个方面把握。检察官办案责任制的制约因素则可以从政治体制、检察制度、检察人员、案件规模四个方面分析。

一、内在义理

检察官办案责任制改革的内在义理可以从以下几个方面进行把握:

(1) 核心是改革检察权运行机制。"检察权运行机制是检察权能得以实现的一系列制度安排,它是法律监督作用于监督对象的权力结构、运作程序和具体方式。"[①] 我国原有检察权运行机制的特征是检察权基本上掌握在检察长手中,所有案件都要经过检察长审批,检察官没有办案决定权。这种检察权运行机制导致"审者不定、定者不审",严重违背司法规律,不利于发挥检察官的主观能动性,也导致司法责任难以追究。检察官办案责任制改革正是针对上述问题进行的,检察官办案责任制改革的核心在于改革检察权运行机制,通过突出检察官在办案中的主体地位,赋予检察官办案决定权,让检察官独立决定,并承担相应的司法责任,从而解决检察权运行过程中存在的一系列问题。

---

① 吴建雄:《检察权运行机制研究》,载《法学评论》2009年第2期。

（2）本质是对中国特色社会主义检察制度的完善和发展。我国检察制度与西方检察制度相比既有共性，也有个性。我国检察制度总体上符合我国国情，基本能满足检察工作发展的实际需要，但在管理体制和办案体制机制等方面确实存在一些影响和制约检察工作开展之处。检察官办案责任制改革是对检察制度中检察权运行机制方面的改革，其虽然吸收了一些域外检察制度的先进经验，但并未改变检察机关的性质定位，更不会从根本上改变我国的检察制度，只是对我国检察制度的丰富和完善。

（3）类型是体制性改革而非机制性改革。中央层面对本次检察官办案责任制改革进行了系统的整体设计，并亲自主导改革进行。本次改革虽然名为检察官办案责任制改革，但改革的范围和内容并未局限于办案机制方面。为了落实检察官办案责任制，中央配套开展了一系列改革，如实行检察官员额制改革，建立了检察官单独职务序列，制定了检察官权力清单，推行了检察院内设机构改革，完善了检察官职业保障制度，建立了检察官惩戒制度，等等。本次检察官办案责任制改革明显不同于以往仅对检察官办案机制进行修修补补，而是对办案机制有关的整个检察体制进行彻底改革，因而，本次检察官办案责任制改革是体制层面的改革，而非机制层面的改革。

（4）模式是增量改革带动存量改革。本次检察改革采用的改革策略是先不触动现有利益格局，在做大增量利益的基础上，以增量改革带动存量改革。如在较大幅度提高检察官待遇的同时，也提高检察辅助人员和司法行政人员的待遇，但注意拉开检察官与检察辅助人员和司法行政人员的待遇差距。在保留原来具有检察官身份但未入额人员的检察官资格的同时，对这些人员按照检察辅助人员或司法行政人员进行管理，明确这些人员只能履行检察辅助人员或司法行政人员的岗位职责。

二、制约因素

（一）现行政治制度

司法体制改革是政治体制改革的重要组成部分，决定了司法体制改革虽然会在一些方面突破现行的司法体制，但必须在现行的政治体制基本框架下进行，必然受到现行政治制度的制约。检察官办案责任制改革属于司法体制改革的重要内容，势必也受到政治制度的约束。本轮司法改革中中央一再强调司法改革要坚持正确的政治方向，这里的政治方向主要指的是基本的政治制度。检察官办案责任制改革中的大量改革举措受到政治制度的约束，如员额制改革中各地检察官遴选委员会都有党委组织部门的人员参与，遴选委员会通过后必须经过检察院党组同意，这些都体现了现行的党管干部制度。检察官惩戒委员会制度设计过程中力图避免冲击现行纪检监察制度。检察官惩戒委员会被定位为对检察官司法责任进行专业性认定的机构，其只能提出应否对检察官进行惩戒的建议，不能作出应否惩戒、如何惩戒的决定，这些都是我国的政治体制决定的。

（二）现行检察制度

检察官办案责任制改革的对象是现行检察制度，势必会改变部分现行的检察制度，但不是对现行检察制度的根本改变，必须在现行检察制度的基本框架内进行改革，必然受到现行检察制度的约束。如我国宪法及相关法律明确规定了人民检察院依法独立行使检察权原则，这是我国检察制度的重要内容。检察官办案责任制改革虽然要强化检察官的办案主体地位，赋予检察官一定的办案决定权，但检察官办案责任制改革不能突破上述的规定。因此，检察官办案责任制改革后依然是检察机关独立行使检察权，而非检察官独立行使检察权。如实行省级检察院人员统一管理后，各级检察院的入额检察官本应由省级人大统一任命，但由于我国现行的检察制度是人民检察院由同级人大产生，对同级人大负责并报告工作，故检察官办案责任制改革中各级检察院的入额检察官依然由同级人大任命。

（三）检察人员素质

检察人员素质也是影响检察官办案责任制改革进行的重要因素。如开展检察官办案责任制改革首先必须选出入额检察官，入额检察官则是从现有检察官中挑选出的业务能力强、综合素质好的检察官。因此，检察人员素质的整体状况决定了检察官入额标准的高低。检察人员整体素质比较高的检察院设定的入额标准会比较高，检察人员整体素质不高的检察院设定的入额标准会比较低。又如检察官办案责任制改革需要授予检察官一定的办案决定权，而授予检察官办案决定权需要考虑检察官有无能力独立行使办案决定权。因此，各省通过制定检察官权力清单授予检察官办案决定权时，都考虑了本省检察官能力素质的实际情况。总体上看[1]，检察官整体能力素质比较高的省份，往往会授予检察官比较大的办案决定权，检察官整体能力素质相对差一些的地区往往会授予检察官相对小的办案决定权。

（四）案件总体规模

案件规模也是检察官办案责任制改革的重要制约因素。在案件规模大的地区，检察长审批案件的压力大，往往会倾向于将更多办案决定权授予检察官独立行使。在案件规模小的地区，检察长审批案件的压力不大，往往倾向于将更多的案件决定权保留在自己手中。因此，案件规模

---

[1] 对检察官的授权范围的大小还受到很多其他因素，如检察院领导的态度、之前主诉检察官办案责任制改革的实践情况、当地案件总体规模等的影响，因而，并非检察官能力素质高的地区对检察官放权的幅度就一定大。

的大小某种程度上决定了对检察官授权范围的大小。另外，案件规模的大小特别是人均办案量的多少还影响了检察官员额比例的高低。虽然中央明确各省检察官员额比例原则上为政法专项编制的39%，但中央同时也明确对办案数量较大、"案多人少"矛盾突出的基层检察院适当放宽员额比例，不搞"一刀切"，因此案件量较大的基层院的员额比例往往会比较高。

第二章 我国检察官办案责任制改革的源与流

梳理检察官办案责任制改革的发展脉络对于正确理解和把握检察官办案责任制改革的原因、重点和方向具有极为重要的意义。我国检察官办案责任制改革主要经历了三个阶段，即主诉（办）检察官办案责任制改革、主任检察官办案责任制改革和检察官办案责任制改革三个阶段。客观来看，这三个阶段改革虽然在性质定位、范围影响等方面差异很大，但不可否认的是，这三个阶段改革仍然是一脉相承的关系，后一阶段都是前一阶段的发展和完善。

第一节 主诉（办）检察官办案责任制改革

20世纪90年代末，部分地区检察机关针对现有办案模式存在的定审分离、责任不明等问题，开始探索主诉检察官制度。为适应1997年修订的《刑事诉讼法》对诉讼制度及控辩对抗庭审方式改革的要求，培养高素质的公诉人，赋予他们更大的权力和责任以适应庭审对抗，1997年前后，河南、上海等地检察机关率先探索主诉检察官制度，后来推广到全国检察机关公诉部门。与此同时，部分地区检察机关也在侦查监督、反贪、反渎等部门尝试开展主办检察官办案责任制改革。然而，由于法律障碍或业务性质等制约，如法律明确规定批准逮捕必须由检察长决定，职务犯罪侦查绝大部分事项不适合由主办检察官决定，导致侦查监督、职务犯罪侦查等部门推行主办检察官办案责任制意义不大，故实践中主办检察官办案责任制没有全面推开，影响也远不如主诉检察官办案责任制大。

一、基本情况

(一) 个别探索阶段 (1997—1999 年 4 月)

早在 1995 年初，郑州市检察院为加强审查起诉工作，曾出台《关于实行主控检察官责任制的若干规定（试行）》，探索实行主控检察官责任制，虽因种种原因搁浅，但为此后开展主诉检察官办案责任制改革积累了经验。1997 年，河南南阳、驻马店等地检察机关开始探索"主诉检察官制度"。上海杨浦区检察院也探索实行"等级公诉人制度"。此后，部分检察院也开始探索，如北京市海淀区检察院 1998 年 3 月开始探索检控分离机制下的主诉检察官办案责任制，其主要是在公诉部门内部设立若干检控办公室，办公室内由主控检察官、事务检察官、检察书记官组成，主控检察官主要负责法庭，事务检察官主要负责对侦查活动进行监督，主控检察官领导整个检控办公室的工作，享有提起公诉权、追诉漏罪、建议适用简易程序权等权力。① 江苏省检察机关于 1998 年 4 月开始在该省 2 个市级检察院 8 个县区级检察院开展主诉检察官办案责任制改革试点，通过竞争选任主诉检察官，赋予主诉检察官首次退回补充侦查决定权、决定适用简易程序建议权等权力，并由主诉检察官对自己决定的检察事务独立承担责任。② 几乎与此同时，个别地区也开始探索主办检察官办案责任制。1996 年河北省平山县检察院制定了《案件主办检察官责任制度》，其后少数地区检察院也开始探索

---

① 参见李玲、王新环、苗生明：《海淀区检察院关于主诉检察官制度改革的探索与实践》，载《政法论坛》1999 年第 4 期。

② 参见江苏省人民检察院审查起诉处：《江苏省主诉检察官制试点情况综述》，载《检察实践》1999 年第 1 期。

"主办检察官责任制",并由自侦部门推广至其他部门。①

(二) 全国试点阶段 (1999年4月至2000年1月)

1999年1月召开的全国检察长工作会议上明确提出,主诉检察官制度是检察机关1999年推出的六大改革举措之一。同年4月召开的检察机关深化改革座谈会也指出,实行主诉检察官制度的目的在于充分发挥主诉检察官在办案中的作用,强化责任,按司法规律办案,减少层次,减少行政色彩,还确定北京、上海、天津、南京、重庆等10个城市检察院为主诉检察官办案责任制试点单位。1999年5月27日,最高人民检察院出台了《关于试行主诉检察官办案责任制的工作方案》,规定主诉检察官办案责任制采取办案组的形式,办案组由一名主诉检察官和若干名其他检察官以及书记员组成。实践中,各地根据自身实际采取了不同的组织形式,有的采用小组制,有的采用搭档制,有的采取检控分离制。在同是采用小组制的检察院,具体办案模式也有所差异,有的小组内的其他检察官可以独立办案,只不过案件需要经过主诉检察官审批,有的则只有主诉检察官可以独立办案。由于最高人民检察院对该项改革较为支持,实践中探索开展主诉检察官责任制改革的检察院数量不断增加,仅到1999年7月份,全国就有181个市级检察院和988个基层检察院开展了主诉检察官办案责任制改革,分别占全国市级检察院数量的49%,基层检察院数量的31%。②

(三) 全面推广阶段 (2000年1月至2007年左右)

2000年1月10日,最高人民检察院检察委员会通过了《关于在审查起诉部门全面推行主诉检察官办案责任制的工作方案》(以下简称

---

① 参见张慧民、闫振国:《试论案件主办检察官责任制度》,载《河北法学》1999年第1期。
② 参见王琰、肖玮:《实践中完善 探索中发展——主诉检察官办案责任制试点情况综述》,载《人民检察》1999年第11期。

《工作方案》),并于 2000 年 2 月 1 日正式公布,决定从 2000 年 1 月起,在全国各级检察机关公诉部门全面推行主诉检察官办案责任制。《工作方案》规定了主诉检察官办案责任制的组织形式、选任程序、主诉检察官的职责、考核以及主诉检察官与检察长、检察委员会、审查起诉部门负责人、助手的关系等内容。在此之后,主诉检察官办案责任制改革在全国检察机关公诉部门普遍开展。

2000 年 5 月 15 日,最高人民检察院办公厅印发了《关于在检察机关侦查部门开展主办检察官办案责任制试点工作的意见》,决定原则上各省、自治区、直辖市都要有一个地市级检察院及其所辖的县级检察院作为主办检察官办案责任制试点单位,选任主办检察官,赋予主办检察官对法律规定应由人民检察院或者检察长决定的事项提出建议;研究提出侦查计划和方案;根据检察长和部门负责人的决定,组织办案组成员实施具体的侦查活动等职责,以明确办案职责,调动办案人员的积极性,提高工作效率,保证办案质量。该意见出台后,各地检察机关也在反贪、反渎等职务犯罪侦查部门开展了主办检察官责任制改革试点。然而,由于职务犯罪工作的特殊性,进行初查、立案,采取强制措施等必须经过检察长批准,不宜授权给主办检察官,而职务犯罪侦查必须靠团体作战,往往需要整个业务部门乃至整个反贪部门或反渎部门参与,一个主办检察官办案组基本上不能胜任。在这种情况下,主办检察官办案责任制在职务犯罪侦查部门用处不大。由于主办检察官办案责任制在职务犯罪侦查部门发挥不了类似公诉部门主诉检察官的作用,该项改革在实践中逐渐不再开展。

在这个阶段各地检察院也探索在侦查监督、民事行政检察、监所检察等部门开展主办检察官制度,然而,就业务量最大的侦查监督部门而言,由于法律明确规定逮捕或不逮捕必须经检察长决定,不能授权给主办检察官决定,这就导致在侦查监督部门主办检察官没有什么实质意义上的决定权,从而在侦查监督部门实行主办检察官制度也就失去了应有的意义,这也是最高人民检察院没有在侦查监督部门推开主办检察官办案责任制的根本原因。而就民事行政检察、监所检察部门而言，相对公诉、侦查监督部门而言，业务量较小，人数相对也较少，这些部门案多人少的矛盾也不突出，因此，主办检察官办案责任制在这些部门慢慢也不再实行。

（四）少数坚持阶段（2007年至2014年左右）

2007年以后，由于主诉检察官办案责任制本身存在的缺陷，实践中绝大部分地方检察院不再实行主诉检察官办案责任制。但少数案件量较大的地方，如广东的珠三角地区，出于缓解案件压力等因素的考虑，一直坚持实行主诉检察官办案责任制。2013年12月，最高人民检察院部署在全国17个检察院开展主任检察官办案责任制改革后，部分原来坚持主诉检察官办案责任制的地区，如广东佛山顺德区检察院，由于部分主诉检察官被选任为主任检察官，主诉检察官制度就完全停止了。坚持实行主诉检察官办案责任制改革的其他检察院，如广州市的12个基层检察院，在实行员额制改革后，选出入额检察官以后，主诉检察官也失去了应有的意义，从而完全停止。

二、主要价值

（1）主诉（办）检察官独立行使职权的实践证明了检察官队伍中的优秀人员有能力独立行使案件决定权并承担相应的办案责任。在实行主诉（办）检察官办案责任制改革的过程中，各地检察院选任的主诉（办）检察官都较好地行使了办案的决定权，在提高办案效率的同时，也保证了办案质量。实践证明，检察队伍中选拔出的优秀检察官完全有能力独立行使案件决定权，这也为后来开展主任检察官办案责任制改革和检察官办案责任制改革提供了基本前提。

（2）主诉（办）检察官办案责任制改革的开展为开展主任检察官办案责任制改革和检察官办案责任制改革在检察官选任、授权、监督以及如何处理办案组内外部关系等方面提供了可借鉴的经验。各地在开展主诉（办）检察官办案责任制改革的过程中，在确定主诉（办）检察官选任条件、选任程序和授权范围，探索对主诉（办）检察官行使职权的监督制约机制，以及如何处理主诉（办）检察官与检察长、检察委员会、业务部门负责人和组内普通检察官、书记员等的关系等方面作了很多有益的探索，为主任检察官办案责任制改革和检察官办案责任制改革在处理类似问题上提供了借鉴。

（3）主诉（办）检察官办案责任制改革为开展主任检察官办案责任制改革和检察官办案责任制改革储备了人才。各地在开展主诉（办）检察官办案责任制改革时选拔了一大批办案经验丰富、业务水平高、责任心强的主诉（办）检察官，随着主诉（办）检察官办案责任制改革的开展，这些主诉（办）检察官在独立行使决定权的过程中也不断成长，其中的不少人在后来主任检察官办案责任制改革和检察官办案责任制改革中又被选任为主任检察官和入额检察官。

（4）主诉（办）检察官办案责任制改革暴露出的问题为开展主任检察官办案责任制改革和检察官办案责任制改革一定程度上指明了方向。主诉（办）检察官办案责任制改革过程中暴露了很多问题，如主诉（办）检察官责权利不统一、激励机制不完善等，这些问题成为主诉（办）检察官办案责任制改革停止的根本原因。后来，各地在开展主任检察官办案责任制改革和检察官办案责任制改革过程中都力图吸取主诉（办）检察官办案责任制改革的教训，避免主诉（办）检察官办案责任制改革遇到的问题。

三、问题与反思

（一）存在问题

关于主诉（办）检察官办案责任制改革存在的问题，理论和实务界都进行了深刻反思，如有学者认为，主诉检察官制度存在的问题主要是没有达成去行政化的目的；没有规范严格的人员准入；主诉检察官权责利未能统一；社会认同与制度规制双重缺失。① 有论者认为，主诉检察官办案责任制改革存在的问题主要是：对主诉制的性质认识不到位、主诉检察官的法律地位不明确；主诉检察官的责权利不统一；制度设计与实际操作不协调；考核机制不健全。② 有论者认为，主办检察官负责制存在的主要问题是法律依据不够充分、制约机制有待完善、主办检察官的素质有待提高。③ 有检察系统的权威人士则认为，主诉检察官办案责任制无法持续，主要是因为规定了主诉检察官的权力、责任，但无法保障其待遇。赋予的权力打折扣，确定的责任比较大，而公务员法实施后，用于激励的津补贴制度被禁止，导致难以调动办案人员积极性。④ 上述几种观点基本概括了主诉（办）检察官办案责任制改革存在的问题，但也存在总结不够全面、提出问题的标准不够一致的问题，有些问题实际上不是主诉（办）检察官办案责任制本身存在的问题，而是在实施层面落实不到位导致的问题，例如考核机制不健全问题，没有规范严格的人员准入问题等。笔者认为，主诉（办）检察官办案责任制改革本身存在问题可以概括为以下几个方面：

（1）主诉（办）检察官责权利不统一。即赋予了主诉（办）检察官一定的权力，让主诉（办）检察官承担了较大的办案责任，但主诉（办）检察官却没有与权力和责任相匹配的政治和经济待遇。在政治待遇上，主诉（办）检察官不是行政职务，没有行政级别，主诉（办）检察官依然要按照行政职级进行晋升。在经济待遇方面，公务员法实施后，主诉（办）检察官没有了津贴补贴，在工资待遇方面与普通检察

---

① 参见谢佑平、潘祖全：《主任检察官制度的探索与展望——以上海闵行区人民检察院试点探索为例》，载《法学评论》2014年第2期。

② 参见彭真军、黄鹏：《当前主诉检察官制度改革中存在的问题和对策》，载《当代法学》2002年第8期。

③ 参见唐学军：《实行主办检察官负责制存在的问题及措施》，载《检察实践》1999年第6期。

④ 参见樊崇义、龙宗智、万春：《主任检察官办案责任制三人谈》载《国家检察官学院学报》2014年第6期。

官完全一样。政治和经济待遇的缺位导致主诉（办）检察官岗位缺乏相应的吸引力。

（2）主诉（办）检察官的定位不明确。在主诉（办）检察官办案责任制改革过程中，各地对于主诉（办）检察官应当具有何种法律地位未形成统一认识，相应地在赋予主诉（办）检察官何种权力，以及如何处理主诉（办）检察官与检察长、检察委员会特别是业务部门负责人的关系方面做法不尽一致。有的地方检察院对主诉（办）检察官，特别是主诉检察官放权幅度较大，有的地方放权幅度较小。有些地方对于一般的公诉案件完全由主诉检察官独立决定，而有些地方还赋予了公诉部门负责人或检察长的程序性审批或审核主诉检察官决定案件的权力。

（3）该项改革没有从根本上解决行政化的问题。虽然实行主诉（办）检察官办案责任制改革的目的之一在于解决司法行政化的问题。然而，一方面，主诉检察官仍然要审批组内普通检察官办理的案件，这依然是一种行政化。职务犯罪侦查权本身是具有较为严重的行政化色彩的工作，主办检察官办案责任制只能服从于职务犯罪行政化的需要，而不可能改变职务犯罪侦查的行政化色彩。另一方面，改革中，也存在检察长不愿放权，主诉（办）检察官因不愿意承担责任而不愿意要权的问题，从而导致放权不彻底，特别是随着改革的进行，不少地方检察院不仅不继续放权，还出现了将本来赋予主诉（办）检察官的权力回收的趋势。

（二）原因分析

（1）缺乏职业保障、单独职务序列等配套制度支撑。主诉（办）检察官办案责任制是在基层检察院探索的基础上，由最高人民检察院自行决定向全国检察机关推广的一项制度。从最初开始，主诉（办）检察官办案责任制改革就缺乏中央顶层设计，也没有与之配套的职业保障、单独职务序列等制度支撑，导致主诉（办）检察官职业预期不明确,责权利也不一致。

(2) 没有明确的法律依据。主诉(办)检察官是实践中检察机关自创的一个概念,我国所有的法律中都没有关于主诉(办)检察官的规定,主诉(办)检察官办案责任制改革从开始就面临合法性危机。法律依据不足导致实践中对主诉(办)检察官的定位争议较大,而定位不明确,相应地又导致对于到底应当赋予主诉(办)检察官哪些权力,如何处理主诉(办)检察官与其他相关主体的关系上缺乏统一认识。在法律缺乏明确规定的情况下,主诉检察官的权力来源就只能来自于检察长的授权,而主诉检察官的权力来自检察长授权势必随意性较大,且检察长可以随时收回。

(3) 对主诉(办)检察官责任制改革本身的设计存在缺陷。总体而言,无论是最初部分地方检察院进行探索时,还是最高人民检察院推广时,主诉(办)检察官办案责任制改革都基本上仅作为一种办案方式改革,基本没有考虑工资待遇、人事管理等制度的配套问题,随着改革的不断深化,而工资待遇、人事制度方面的滞后,就制约了改革的深入推进。

第二节 主任检察官办案责任制改革阶段

一、基本情况

(一) 萌芽阶段——北京市检察院第一分院在公诉部门开始探索

全国首先开始探索主任检察官制度的检察院是北京市检察院第一分院,为解决主诉检察官办案责任制存在的效率不高、责任不明、人才稳定性不足等问题,2007年北京市检察院第一分院在原来实行的主诉检察官办案责任制的基础上,在公诉部门探索实行了主任检察官办案责任制。其主要做法是将公诉部门划分为几个组,由主任检察官为办案组组长,主任检察官具有副处长身份,主任检察官具有一定的案件决定权。然而,北京市检察院第一分院实行的主任检察官办案责任制实际上并未替代原有的主诉检察官办案责任制,甚至可以说两种制度是并行的。因为其主任检察官办案组内往往不仅配置了普通检察官,还配置了主诉检察官。当然,该院实行的主任检察官制度确实在制度定位、权力配置和选任要求上与传统的主诉检察官制度有较大差异。该院实行主任检察官办案责任制以后,简化了审批流程,提高了办案效率,明确了办案责任,提升了办案质量,平衡了检察官的责权利,增加了主任检察官的吸引力。①

该阶段的主要特点:一是只在公诉部门推行,没有在其他业务部门推开。二是主任检察官兼任部门副职身份。三是与主诉检察官同时推行,主诉检察官配置在主任检察官组内辅助主任检察官办案。

(二)发展阶段——上海、湖北检察机关在多个部门进行探索

为缓解案多人少的压力,解决办案行政化以及办案责任不清的问题,打造职业化、专业化的检察队伍,从 2011 年起,上海市检察机关开始试点主任检察官制度,其基本做法就是从办案能力较强的资深检察官中选任主任检察官,并配备若干检察官、书记员等组成办案组,在检察长和检察委员会领导下,由主任检察官对授权范围内的案件独立行使决定权并承担相应办案责任。② 如从 2011 年开始,上海闵行区检察院探索在侦查监督、公诉、金融检察、未成年人检察等刑检部门实行主任检察官制度,在上述部门内分若干大组或小组,大组由 1 名主任检察官

---

① 参见高保京:《北京市检一分院主任检察官办案责任制及其运行》,载《国家检察官学院学报》2014 年第 2 期。

② 参见林中明、徐蕾蕾、蔡顺国:《上海:主任检察官制度提升办案质效》,载《检察日报》2013 年 4 月 9 日第 1 版。

和若干名检察官、书记员约6、7人组成,小组由1名主任检察官、1名检察官和1至2名书记员约3、4人组成,同时也赋予主任检察官一般案件的决定权,主任检察官也可以更改组内普通检察官的处理意见,但需要书面说明理由,并签字,不捕、不诉或经评估为高风险的案件则由主任检察官提出审查意见报检察长决定,主任检察官对自己行使权力的活动承担相应的办案责任。① 该院在主任检察官职权配置上根据不同的检察业务,采用不同的模式:行使批捕、起诉职能的主任检察官,享有三级及以下风险案件的决定权,组内其他检察官办理的案件也由主任检察官审查决定。对于四级以上风险以及特殊风险案件,由主任检察官提出处理意见,报检察长或者检察委员会讨论决定。行使职务犯罪侦查职能的主任检察官,享有程序性权力和一部分较轻案件的实体决定权,重大、复杂、有社会影响的案件,由主任检察官提出处理意见,报请检察长或者检察委员会决定;行使法律监督职能的主任检察官享有普通法律监督案件或者事项的决定权,少数重大、疑难案件或者重大事项的法律监督,由主任检察官提出处理意见后报请检察长或者检察委员会决定。②

为解决检察机关传统"三级审批制"带来的办案效率不高、违背司法规律、责任不清等问题,湖北省检察机关在调研论证的基础上,于2013年8月正式出台了《主办检察官办案责任制试点工作的实施方案》(以下简称《试点实施方案》)③,在包括省检察院、武汉、黄石、宜昌、咸宁、随州市检察院和汉江分院等在内的59个检察院启动主办检察官办案责任制试点工作。除内部整合改革试点基层检察院外,省检察

---

① 参见潘祖全:《主任检察官制度值得进一步探索》,载《检察日报》2013年6月28日第3版。

② 参见最高人民检察院2013年重点课题组:《主任检察官制度研究》,载《中国法学》2015年第1期。

③ 参见《关于印发〈关于开展主办检察官办案责任制试点工作的实施方案〉的通知(鄂检发〔2013〕72号)》,载http://www.hbjc.gov.cn/ejwj/2013/201312/t20131203_513996.shtml,2017年9月3日18时访问。

院、市级检察院和其他基层检察院试点业务范围限于职务犯罪侦查、审查批捕、公诉、民事诉讼监督工作。湖北省检察机关实行的主办检察官责任制和主诉（办）检察官办案责任制时期的主办检察官办案责任制虽然名称相同，但在制度定位、权力配置、应用部门范围等方面有明显区别，其实质上是与北京、上海实行的主任检察官办案责任制类似的一种制度。经检察长授权，主办检察官可以对职权范围内的事项作出决定。从湖北省检察机关《试点实施方案》的规定来看，其与北京、上海检察机关的做法一样，在办案组织形式上也是采取办案组的形式，办案组由主办检察官、其他检察官和检察辅助人员组成，由主办检察官主持、组织工作，并承担相应责任。办案组织的构成根据实际情况采取固定办案组、临时办案组、临时指派办案等三种方式。明确主办检察官实行员额制，选配数量原则上按本院检察官总数的30%到50%配备，还规定了较为严格的主办检察官选任条件和程序，并成立了由检察长任主任的检察官管理委员会及其办事机构，负责主办检察官的管理与考核。《试点实施方案》还以清单的形式明确了主任检察官与检察长和检察委员会之间的权限分工。

该阶段的主要特点体现在：一是适用的业务部门范围更为广泛，不仅适用于公诉，也适用于侦查监督等其他业务部门。二是主任检察官可以更改组内检察官的决定。三是不同类型的业务部门，采用不同的职权配置模式。

（三）推广阶段——最高人民检察院在全国7省17个检察院试点

2013年11月份召开的中央十八届三中全会对包括检察机关司法责任制在内的司法体制改革作了全面部署。为落实中央十八届三中全会精神，在总结北京、上海、湖北等地探索主任检察官办案责任制改革经验的基础上，2013年12月，最高人民检察院出台了《检察官办案责任制改革试点方案》，部署在北京、上海、广东、河北、湖北、重庆、四川

7个省（市）的17个检察院开展以主任检察官制度为主要内容的检察官办案责任制改革试点工作。改革试点的主要内容包括五个方面内容：（1）配备主任检察官，主任检察官实行员额制。（2）整合内设机构，建立办案组织。（3）明确主任检察官职责权限。依法划分主任检察官、部门负责人、检察长及检察委员会的职责权限。（4）完善监督制约机制。（5）落实主任检察官待遇①。

各试点检察院按照试点方案的要求选任主任检察官，截至2015年1月实际选任主任检察官460名，各试点检察院根据实际情况按照1∶2至1∶8的不同比例配备普通检察官和检察辅助人员，建立办案组织。②各试点检察院在整合内设机构方面也作了很多探索，如广东佛山市顺德区检察院将14个内设机构整合为"三局一办"，即公诉局、诉讼监督局、反贪污贿赂渎职侵权局、检察长办公室，实行扁平化管理，并对各部门具体职能进行了调整，从而优化了检察工作流程。河北省邯郸市峰峰矿区检察院将16个内设机构整合为"一局六部"。各地试点检察院还纷纷制定规范性文件，对主任检察官与检察委员会、检察长、业务部门负责人的权限予以了划分，并明确了对主任检察官行使权力的监督制约机制，在强化检察官办案主体地位的同时，也强化了对主任检察官的监督制约。在落实检察官待遇方面，由于中央没有配套的职业保障的措施，只是最高人民检察院在试点方案中提出要建立主任检察官办案责任制配套的激励和保障措施，试点检察院在试点过程中，只能各显神通，在职级待遇、晋升渠道和经费保障等方面争取同级党委政府的支持，给予主任检察官一定的优惠政策，由于各地党委政府的支持力度不同，各地主任检察官在职业保障方面差异很大，而且这种保障具有不稳定性，这也成为各试点地区检察院强烈呼吁最高人民检察院解决的

---

① 参见徐盈雁、许一航：《检察机关将试点开展检察官办案责任制改革》，载《检察日报》2013年12月27日第1版。

② 参见李娜：《460名主任检察官走马上任》，载《法制日报》2015年1月20日第1版。

问题。

总的来看，主任检察官办案责任制试点过程中虽然存在一些问题，但也取得了不少成效。最高检政治部有关负责人在2015年1月20日接受《法制日报》记者采访时认为，本轮主任检察官办案责任制改革的成效主要是：以科学划分权限为基础的检察官执法办案主体地位初步确立；以主任检察官为核心的新型办案组织体系基本形成；以优化检察权运行为目标的办案机制成效初步显现；以强化检察官执法责任为重点的监督体系逐步完善；以构建各归其类、各展其才、各得其所的职业发展通道为方向的人员分类管理制度初步建立；以突出专业化为特征的高素质检察官队伍逐步形成。①

该阶段的特点主要体现在：一是该项改革不再是个别地方检察院自己的探索，而成为最高人民检察院部署的全国性改革试点。二是明确了改革试点的原则和框架，指引了各地探索改革的方向。虽然最高人民检察院并没有就办案模式如何运行、主任检察官权限范围等作出明确规定，但就主任检察官的选任比例在1/3左右，应明确主任检察官的职责权限等提出了要求，确立了试点的原则和框架。三是各地在落实主任检察官待遇方面作了很多努力，向实现主任检察官责权利的统一迈进了大步。四是配套推进检察机关内设机构改革。

二、主要价值

（一）在主任检察官的选任方面做了很多有益的探索

无论在主任检察官办案责任制的萌芽阶段、发展阶段还是推广阶段，相关检察院在主任检察官的选任过程中，都设置了较为规范的选任程序和较为严格的选任条件，采用民主推荐或竞争上岗的方式选任主任

---

① 参见李娜：《460名主任检察官走马上任》，载《法制日报》2015年1月20日第1版。

检察官,确保了业务能力强、综合素质过硬的人员成为主任检察官,为员额制改革的开展积累了经验。

(二) 在确定主任检察官的授权范围方面积累了经验

在主任检察官办案责任制的萌芽和发展阶段,北京、上海和湖北检察机关就在确定主任检察官的授权范围方面进行了探索。在主任检察官办案责任制的推广阶段,最高人民检察院在试点方案中只是原则性地要求各试点检察院合理划分主任检察官与检察长、业务部门负责人等的职责权限,要求除法律规定必须由检察长或检察委员会行使的职权外,其他决定权可以由主任检察官行使。各试点检察院根据各类检察业务的特点以及本院案件数量、人员素质等因素,授予了本院主任检察官一定的案件决定权。客观来看,无论是在萌芽阶段、发展阶段还是在推广阶段,相关检察院在主任检察官的授权范围上具有一致性,大多是将疑难案件决定权和程序终结性权力以外的权力赋予主任检察官行使,如一般都规定不诉、不捕、撤案等决定权则仍由检察长或检察委员会行使,起诉、批准逮捕权等决定权则由主任检察官行使。这也为员额制改革中确定入额检察官的职责权限提供了可参考的经验。

(三) 在处理主任检察官与部门负责人、检察长、检察委员会的关系方面积累了经验

各地在探索主任检察官办案责任制改革的过程中都面临着处理主任检察官与检察委员会、检察长和业务部门负责人的关系问题,在处理这些关系问题上,各地做法都大同小异,即在业务方面,主任检察官只接受检察长和检察委员会的领导,主任检察官的权力来自于检察长的授权,对检察长和检察委员会的决定,主任检察官必须服从,主任检察官在业务方面不用对部门负责人负责,业务部门负责人不能干涉主任检察官办理的案件。在行政管理方面,主任检察官则要同时接受检察长和业务部门负责人的领导。这实际上也为目前所实行的检察官办案责任制改

革所接受。

（四）在主任检察官的定位到底是一种官职还是一种岗位方面进行了有益的探索

北京市检察院第一分院针对主诉检察官办案责任制没有解决"官制"的问题，将主任检察官定位为一种"职位"，将主任检察官与行政级别直接挂钩。而湖北省检察机关则将主办检察官定位为"一种执法岗位和能力席位，而不是检察职务或者内设机构"，① 在推广阶段，各地在试点过程中，基本是将主任检察官视为一种执法岗位，而非一种职位。

（五）在建立主任检察官的保障机制方面进行了有益的探索

如上海浦东区检察院明确规定，主任检察官无重大过错不得免职，其履职行为不受追究。② 闵行区检察院规定主任检察官享受岗位津贴，明确没有行政职级的主任检察官享有不低于部门副职的待遇，规定主任检察官晋职晋级可以优先晋升。③

三、问题与反思

主任检察官办案责任制改革虽然取得了一定成效，一定程度上避免或解决了主诉检察官办案责任制存在的问题，但由于没有检察官单独职务序列、检察官职业保障等政策措施的支撑，主任检察官办案责任制改革也存在不少先天不足。

---

① 参见郑青：《湖北省主办检察官办案责任制探索》，载《国家检察官学院学报》2014年第2期。
② 参见蔡雅奇：《主任检察官制改革探索调查》，载《人民检察》2013年第14期。
③ 参见张晨：《主任检察官制度的体系构建》，载《人民检察》2013年第22期。

（1）办案组内其他检察官没有办案决定权，仍然一定程度上违背了办案的亲历性原则，也不利于主任检察官办案组内其他检察官主动性的发挥。主任检察官办案责任制改革的目的是为了解决检察机关办案行政化，违法司法规律以及由此导致的责任不清等问题，而在主任检察官办案责任制模式下，主任检察官依然还在审批组内其他检察官办理的案件。这实际上只是将原来的"三级审批"改成了"两级审批"，其本质没有变，依然存在行政化的问题，剥夺了其他办案者的决定权，违背了司法的亲历性原则，也没有从根本上解决责任不清的问题。正如有学者所指出，这种模式存在的问题就是，将主任检察官办案组内其他检察官矮化为主任检察官的助理，导致办案权与定案权分离，剥夺了组内检察官的定案权，违反了司法规律。① 忽略了大多数非主任检察官的地位和作用，冲击了检察权运行的基本制度——"承办负责制"，不符合本轮司法体制改革的精神。②

（2）缺乏职业保障、单独职务序列等配套制度的支撑，仍然没有从根本上克服以往主诉检察官办案责任制改革出现过的问题。主任检察官办案责任制改革是在借鉴主诉检察官办案责任制经验和教训的基础上开展的，开展该项改革的检察院也都力图避免陷入主诉检察官办案责任制的窠臼。然而，建立统一的检察官职业保障制度和单独职务序列是中央事权，在中央没有出台相关政策的情况下，各地检察机关只能各显神通，争取当地党委政府支持，给予主任检察官一定的津贴，并试图将主任检察官与现有的行政职级进行衔接，以尽可能地增加主任检察官职位的吸引力，实现主任检察官责权利的统一。然而，由于缺乏明确的依据，给予主任检察官津贴靠的是检察院与当地党委政府的关系，而且受当地财政状况的影响很大，因此，这种津贴政策具有不稳定性和不可持

---

① 参见万毅：《主任检察官制度改革质评》在，载《甘肃社会科学》2014年第4期。
② 参见龙宗智：《检察官办案责任制相关问题研究》，载《中国法学》2015年第1期。

续性。主任检察官与行政职级的挂钩受到行政职数的限制，依然不能从根本上解决问题。因此，各地开展主任检察官办案责任制改革过程中虽然都注意吸取主诉检察官办案责任制改革失败的教训，采取了很多措施，力图避免出现同样的问题，但由于政策条件的限制，无法从根本上解决主任检察官责权利统一和职业发展前景的问题。

（3）主任检察官制度没有法律依据，主任检察官缺乏相应的法律地位。主任检察官是开展改革过程中，各地自创的一个概念，没有获得法律的认可。我国所有的法律包括宪法、检察院组织法、检察官法和三大诉讼法等均没有关于主任检察官的规定。在法律对主任检察官和主任检察官制度没有任何规定，主任检察官没有任何法律名分的情况下，让主任检察官成为行使检察权的主体，赋予主任检察官一定的案件决定权，甚至领导有法律名分的普通检察官办案。无论如何，这种改革的合法性是存在问题的。另外，由于主任检察官制度没有任何法律依据，主任检察官的办案决定权就不可能来源于法律的规定，而只能来自于检察长的授权。正如有论者所指出的，既然是检察长授权，检察长就有随时收回授权的权力。在权力一定的情况下，检察长下放给主任检察官的权力越大，自己的权力就越小，检察长愿意在多大程度上授权随意性太大。[①]

第三节 检察官办案责任制改革阶段

一、基本情况

（一）试点阶段（2014年6月至2015年12月）

2014年6月，中央深改组第三次会议审议通过了《关于司法体制

[①] 参见最高人民检察院2013年重点课题组：《主任检察官制度研究》，载《中国法学》2015年第1期。

改革试点若干问题的框架意见》，明确提出对法院、实行检察人员分类管理，实行法官、检察官员额制。实行检察官员额制是本轮检察官办案责任制改革的标志。不过值得注意的是，由于检察官办案责任制改革的推进经历了一个在主任检察官责任制改革基础上认识不断深化的过程，或者说，检察官办案责任制改革正是在主任检察官办案责任制改革基础上深化的结果。故检察官责任制改革的初期与主任检察官办案责任制改革的推广阶段存在一定的重合。实行检察官员额制的做法实际上与从普通检察官中选出部分作为主任检察官的做法一致，在某种程度上都是实现检察官的精英化。实行检察官员额制以后，进入员额的检察官相当于过去的主任检察官，如果再在入额检察官中选出39%作为主任检察官就失去了意义。当初实践中不少地方检察院将进入员额的检察官就叫做主任检察官，也说明了这个问题。然而，当时国家还没有重视这个问题，有力的证据是，2014年10月召开的十八届四中全会还明确提出要完善主任检察官办案责任制。实际上，此时继续提完善主任检察官办案责任制已经不合时宜。此后，2015年9月，最高人民检察院印发了《检察院司法责任制意见》，首次真正提出检察官办案责任制，并将主任检察官界定为与独任检察官相对应的检察官办案组的负责人。自此之后，主任检察官就与原来的主任检察官具有了不同的含义。也就是说，在员额制改革后，2015年9月《检察院司法责任制意见》出台前，入额检察官就是主任检察官办案责任制改革中的主任检察官，如上海进行员额制改革在2015年3月选出了首批313名入额检察官①，当时其选出的入额检察官实际上还是叫做主任检察官。在2015年9月《检察院司法责任制意见》颁布后，由于主任检察官的含义发生了变化，入额检察官则不一定是主任检察官，只有入额检察官在检察官办案组中担任

---

① 参见：《上海首批313名员额制检察官产生》，载《法制日报》2015年3月9日第5版。

负责人时才是主任检察官。2015年10月,最高人民检察院召开了全国检察机关贯彻落实《检察院司法责任制意见》部署会,会上明确提出今后不再提主任检察官办案责任制,而称之为检察官办案责任制,自此真正意义上的检察官办案责任制改革真正开始。

2014年7月,上海的改革方案获得中央政法委批准,上海率先启动检察官办案责任制改革。2014年9月,上海选任首批58名检察官助理。2014年12月,上海成立检察官遴选(惩戒)委员会。2014年12月,广东、吉林、湖北、海南、青海、贵州试点改革方案全部获得中央政法委批复同意,正式拉开了检察官办案责任制改革试点的序幕。这7个试点省市按照中央批复的改革方案的要求,成立了检察官遴选委员会,开始遴选员额检察官,制定检察官权力清单,授予入额检察官办案决定权,并开始以入额检察官为核心组建办案组织,按照"谁办案,谁决定,谁负责"的模式进行运行。在第一批试点的基础上,2015年5月,江苏、福建、重庆、内蒙古、宁夏等11个试点省(区、市)被纳入第二批试点省份,在借鉴第一批试点省份经验的基础上开始推进检察官办案责任制改革。2015年7月23日至24日,中央政法委在上海召开了司法体制改革试点工作推进会,部署推进司法责任制等四项改革试点工作,进一步推动了检察官办案责任制改革试点工作的深入。

(二)全面推开阶段(2016年1月至2017年10月)

2016年1月,中央深改组第十九次会议决定2016年在北京、天津等13个省(区、市)和新疆生产建设兵团推开司法体制改革试点,至此检察官办案责任制改革在全国所有省份普遍推开。2016年7月18日至19日,全国司法体制改革推进会在长春召开,会议要求坚定不移推动司法责任制改革全面开展。截至2017年1月,全国已有3053家检察院完成入额遴选,占全国检察院总数的85.1%;共产生入额检察官

7.26万名。① 各地纷纷出台了办案组织组建及运行办法,根据最高人民检察院《完善人民检察院司法责任制的若干意见》的规定,成立了独任检察官办公室或检察官办案组,各地克服检察辅助人员不足的困难,积极探索办案组织组建办法。2017年3月,最高人民检察院在总结各地经验的基础上,印发《关于完善检察官权力清单的指导意见》,对入额检察官的授权问题予以了规范。实践中,各地检察院有的将检察官和检察官助理、书记员组成固定团队,有的在同一业务部门内部根据检察官实际办案需要临时调配检察辅助人员,有的则将本院检察官助理和书记员集中管理,根据办案需要统一指派。

各地检察院在建立健全检察官权力清单、领导干部办案、检察官联席会议、检察官业绩评价、司法责任追究等制度或机制的基础上,真正转变办案模式,让入额检察官行使办案决定权,在除职务犯罪侦查以外的公诉、侦查监督、民行、刑事申诉检察等部门基本实现了由"三级审批"向检察官决定案件的转变。截至2017年1月初,上海、浙江、青海等地由检察官审查决定的公诉案件占90%以上。② 2017年7月10日,全国司法体制改革推进会在贵州省贵阳市召开,会议要求遵循权责统一原则,全面落实司法责任制,加快构建权责明晰、监管有效、保障有力的司法权运行新机制。严格执行法官检察官遴选标准和程序,完善员额退出机制,让入额人员多办案、办好案,让不适应办案人员及时退出员额。截至2017年10月,全国检察机关遴选出员额内检察官84444名,占中央政法专项编制的32.78%,其中最高人民检察院机关首批遴选228名员额内检察官,占中央政法专项编制的31.89%,各省级检察院统一制定辖区内检察官权力清单,明确检察委员会、检察长、检察官的职责权限。根据案件类型、复杂难易程度,实行独任检察官或检察官

---

① 参见汤瑜:《全国产生入额法官10.44万名检察官7.26万名》,载《民主与法制时报》2017年1月12日第1版。

② 参见汤瑜:《全国产生入额法官10.44万名检察官7.26万名》,载《民主与法制时报》2017年1月12日第1版。

办案组两种基本办案组织形式，基层检察院85%以上的人力资源配置到办案一线，办案力量增加20%以上。①

(三) 巩固深化阶段（2017年11月至今）

2017年11月1日，在第十二届全国人民代表大会常务委员会第三十次会议上，最高人民检察院曹建明检察长所作的《关于人民检察院全面深化司法改革情况的报告》明确指出，全国检察机关面上的司法责任制改革基本完成，初步建立了权责明晰、监管有效、保障有力的检察权运行新机制。这说明，自2017年11月起，检察官办案责任制改革主要进入了深化阶段，即主要是落实入额领导干部办案要求，加快组建新型办案团队，理顺检察官和检察辅助人员关系，落实入额检察官待遇，落实入额检察官业绩考核，加强对入额检察官的监督，建立不符合条件的入额检察官退出机制等方面。2018年7月24日，全面深化司法体制改革推进会在广东深圳召开，对进一步深化包括司法责任制在内的各项改革进行了部署，要求健全法官检察官、司法辅助人员、司法行政人员分类管理制度，建立法官检察官员额省级统筹机制，完善挂职、交流、晋升、退出等政策，形成"有进有出、能上能下"的员额管理机制，要求全面落实司法人员职业保障政策，推进法官检察官等级按期晋升、择优选升，探索建立与单独职务序列相配套的政治、生活待遇保障制度。，着力破解司法责任制改革"五大难题"：（1）破解责任不实难题，加快健全领导干部办案制度；（2）破解合力不强难题，加快组建新型办案团队；（3）破解监督不力难题，加快构建新型监管机制；（4）破解尺度不一难题，加快推进司法规范化建设；（5）破解激励不足难题，加快完善绩效考核制度。

---

① 参见最高人民检察院《关于人民检察院全面深化司法改革情况的报告》https：//www.spp.gov.cn/zdgz/201711/t20171102_204013.shtml，2020年3月23日访问。

在此期间，相关法律也对检察官办案责任制改革的成果予以了确认。如 2018 年 10 月修订的《人民检察院组织法》和 2019 年 4 月修订的《检察官法》都体现了检察官办案责任制改革成果，对检察院的办案组织、员额制、检察官的权利义务、遴选、职业保障等作出了较为明确的规定。

各级检察院在进一步深化检察官办案责任制改革方面做了很多探索。如在员额管理机制方面，基本都建立了检察官的按期晋升、择优选升、员额退出等工作机制，在领导干部办案等方面也逐渐落实，检察官权力清单也日益完善，检察官的经济、办公、医疗等待遇也逐步得到落实。2019 年 5 月，最高人民检察院印发了《关于检察长、副检察长、检察委员会专职委员办理案件有关问题的意见》，对检察长、副检察长、检委会专职委员办案数量、类型、方式等提出了明确要求。2019 年 7 月"政法领域全面深化改革推进会"在成都召开，会议要求完善权力清单制度、完善领导干部办案机制、完善领导干部监督管理职责、完善统一法律适用机制。各级检察院也进一步完善检察官权力清单，如 2020 年 3 月，日前，广西壮族自治区人民检察院对检察官权力清单进行修订，印发修订后的《广西壮族自治区县级人民检察院检察官权力清单（2019 年版）》《广西壮族自治区市级人民检察院检察官权力清单（2019 年版）》和《广西壮族自治区人民检察院检察官权力清单（2019 年版）》。

二、主要特点

本次检察官办案责任制改革呈现以下几个特点：

（1）中央顶层设计与基层探索相结合。中央深改组审议通过了《关于深化司法体制和社会体制改革的意见及贯彻实施分工方案》和《关于司法体制改革试点若干问题的框架意见》，从顶层设计的角度明确了改革的目标、原则、路线图、时间表以及相关重点难点问题的政策意见或取向。各省市区根据中央改革精神和本地实际，制定本地改革方案，这些方案都体现了基层探索。

（2）根据实践需要对政策进行修正，确保了改革的科学性。检察官办案责任制改革的很多政策经历了一个适当调整的过程，如未入额检察官能否办案问题，开始很多地方都规定原来具有检察官资格但未入额人员可以办案，只是案件要经过入额检察官审批，后来中央明确未入额检察官一律不准办案。如关于员额基数和员额比例的问题，最初中央明确应当以中央政法专项编制为基础，各省、市、区员额比例必须控制在39%以下，后来考虑实际情况进行了微调，规定案多人少矛盾突出的区、县法院检察院可以把事业编制人员纳入员额比例的计算基数，如果这些地区仍存在案件多、办案人员不够问题的，可以把员额比例提高到40%左右。

（3）本次司法责任制改革的受重视程度前所未有。习近平总书记多次强调"要紧紧牵住司法责任制这个'牛鼻子'"，在2016年7月召开的全国司法改革推进会上，时任中央政法委书记的孟建柱同志指出，司法责任制是司法体制改革的基石。中央不仅对每个省的改革方案予以审定把关，还在2014至2017年每年都召开一次全国司法改革推进会部署司法体制改革工作，在每次的司法改革推进会上，司法责任制改革都是重点部署的内容。对入额论资排辈、领导干部入额不办案、办案模式不转变等司法责任制改革中的难点问题，中央密切关注，明确政策要求，督促各地解决。

（4）配套采取了一系列改革措施，解决了以往主诉（办）和主任检察官办案责任制改革没有解决的问题。本次改革改变了以往办案责任制改革只强调责任而忽视待遇、保障的做法，注意配套改革的整体推进，通过检察人员分类管理、检察官职业保障制度等改革的同步推进，解决了检察官责权利不一致所导致的检察官办案责任制改革动力不足的问题。

第四节　检察官办案责任制改革三个阶段的比较分析

毫无疑问，主诉（办）检察官责任制改革、主任检察官办案责任制改革和本轮检察官办案责任制改革是一脉相承的关系，主任检察官办案责任制改革吸收和借鉴主诉（办）检察官办案责任制改革的经验和教训，而本轮检察官办案责任制改革则是对主任检察官办案责任制改革的进一步完善。客观来看，这三轮检察官办案责任制改革既有相同之处，也有很大差异。

一、相同之处

（1）从改革目的上看，都是为了解决司法行政化、办案责任不明确等问题。虽然上世纪90年代中后期河南、北京等地方检察院探索主诉检察官办案责任制改革的直接目的是为了应对刑事诉讼法修改后控辩对抗的需要，提升检察官的庭审对抗能力，但解决检察机关长期实行的"三级审批制"导致的检察官主动性不强、办案责任不清等问题也是改革的重要目的之一。主任检察官办案责任制改革的主要目的就是为了解决司法行政化导致的效率不高、责任不清等问题。而本轮检察官办案责任制改革更是直指司法行政化问题，要求实现"让办案者决定，由决定者负责"。

（2）从办案组织看，都以挑选出的精英检察官为核心构建了办案组织。主诉（办）检察官办案责任制改革中，以主诉（办）检察官为核心组建了办案组织，办案组内配备普通检察官和书记员。主任检察官办案责任制改革中，以主任检察官为核心建立了办案组织，由主任检察官和若干普通检察官、检察辅助人员组成。在本轮检察官办案责任制改革中，则是以入额检察官为核心组建了办案组织。

（3）从授权内容看，都赋予了挑选出的精英检察官一定的办案决定权。主诉（办）检察官办案责任制改革过程中，各地都赋予了主诉（办）检察官对部分检察事务的决定权，尤其是公诉部门赋予主诉检察官对于普通刑事案件决定起诉的权力，让主诉检察官一定程度上成为了检察权行使的主体。主任检察官办案责任制改革过程中，赋予了主任检察官比主诉检察官更多的办案决定权，而且各地检察院普遍制定了规范性文件，以规范文件的形式对主任检察官的办案决定权予以了明确。在本轮检察官办案责任制改革中，中央一再强调放权给入额检察官，做到"谁办案谁决定"，明确要求制定入额检察官权力清单，对每个部门入额检察官的职权一一列明，真正让入额检察官成为了检察权行使的主体。

（4）从实践效果看，都减少了审批环节、提高了办案效率，提升了精英检察官的水平，一定程度上缓解或解决了责任不清的问题。无论是主诉（办）检察官办案责任制，主任检察官办案责任制，还是检察官办案责任制都改变了检察机关长期以来实行的"三级审批制"的办案模式，由主诉（办）检察官、主任检察官或入额检察官决定案件的处理，大大减少了审批环节，提高了办案效率。办案决定权的行使也让主诉（办）检察官、主任检察官或入额检察官得到了锻炼，帮助他们提高了办案水平。由主诉（办）检察官、主任检察官或入额检察官决定案件并承担相应的办案责任，还在一定程度上缓解或解决了检察工作中长期存在的办案责任不清的问题。

二、不同之处

（一）主导改革的机构不同

主诉（办）检察官办案责任制改革的相关文件如《关于在审查起诉部门全面推行主诉检察官办案责任制的工作方案》和《关于在检察机关侦查部门开展主办检察官办案责任制试点工作的意见》都以最高人民检察院办公厅的名义颁布，而最高人民检察院办公厅对外可以代表最高人民检察院发文，但实际上这两项改革实际分别由最高人民检察院公诉厅和反贪总局分别主导，没有在最高人民检察院机关层面对各部门实行主诉（办）检察官办案责任制进行统一部署和规划。主任检察官办案责任制改革是检察机关落实十八届三中全会的重要举措之一，该项改革由最高人民检察院主导，由最高人民检察院政治部和司改办具体推动，而非各业务部门分别主导。相应地，检察机关各内设机构推进主任检察官办案责任制改革也是协同推进，而非各自为政。本轮的检察官办案责任制改革和法院的司法责任制改革则是由中央统一部署的四项司法体制改革中完善司法责任制的重要组成部分。本轮检察官办案责任制改革由中央政法委代表中央进行主导，而非最高人民检察院主导。检察官办案责任制改革的整体框架、基本原则、具体路径以及配套的政策措施都由中央政法委进行统一部署和设计，最高人民检察院只是改革的具体推动者。

（二）改革的性质、定位不同

司法责任制改革是本轮司法改革的核心，而检察官办案责任制改革则是司法责任制改革的重要组成部分，是中央部署的全国性的、真正意义上的司法体制性改革，由中央进行顶层设计，自上而下进行，有一整套配套的制度措施作为支撑；而之前的主诉（办）检察官办案责任制改革和主任检察官办案责任制改革则只是最高人民检察院或其下属业务部门部署的局部性的、机制性的改革。主诉（办）检察官办案责任制改革和主任检察官办案责任制缺乏配套的制度支撑，只是工作机制改革，还不是真正意义上的司法体制改革。

（三）普通检察官在改革中的身份、地位不同

在主任检察官办案责任制改革和主诉（办）检察官办案责任制改革中，办案组内的普通检察官在身份上依然是检察官，依然可以作为案件承办人承办案件，主诉检察官办案组内的普通检察官甚至可以出庭支

持公诉,与主诉(办)检察官和主任检察官的区别只是不享有案件决定权。在本轮检察官办案责任制改革中,办案组内原来具有检察官资格的未入额人员虽然在过渡期内可以保留检察官资格,但由于配套实施了检察人员分类管理改革,其在身份上已经被明确为检察官助理,而不是检察官,其不能作为案件承办人办理案件,也不能作为公诉人出庭,只能办理检察辅助性事务。

(四)挑选出的精英检察官的责权利情况不同

在主诉(办)检察官办案责任制改革中,由于缺乏单独职务序列、职业保障等配套制度支撑,以及认识不到位、法律依据不足等原因,主诉(办)检察官被授予的权力较为有限,也缺乏相应的政治、经济待遇,但却要承担较大的司法责任,主诉(办)检察官的责权利明显不对等。在主任检察官办案责任制改革中,虽然一开始各级检察院就力图避免出现主任检察官责权利不一致的问题,最高人民检察院在相关改革试点方案中也提出要加强主任检察官职业保障,然而,在缺乏中央政策支持的情况下,检察机关一家势必不可能从根本上解决主任检察官责权利的统一问题。不过,不可否认的是,在各级检察院的重视和努力下,主任检察官的责权利一致情况要明显好于主诉(办)检察官。各级检察院大多为主任检察官争取到了一定的津贴,在提拔晋升方面也给了主任检察官一定的优先权。在本轮检察官办案责任制改革过程中,通过制定检察官权力清单,赋予入额检察官较大的办案决定权,同时让入额检察官承担相应的办案责任制,并实行司法责任终身追究。在强化责任追究的同时,中央也配套推进了检察人员分类管理改革,建立各类检察人员的的单独职务序列,推进检察官职业保障制度改革,较大幅度地提高了入额检察官的工资待遇,从而基本实现了入额检察官责权利的一致。

(五)办案组织形式的具体构成有差异

主诉(办)检察官办案责任制改革中的办案组织形式是主诉(办)

检察官办案组,主诉(办)检察官办案组由一名主诉检察官、若干普通检察官和书记员组成。主任检察官办案责任制改革的办案组织形式是主任检察官办案组。主任检察官办案组则包括固定办案组和临时办案组两种形式。固定办案组由一名主任检察官和若干普通检察官、检察辅助人员组成。临时办案组则由若干主任检察官和若干普通检察官和检察辅助人员组成,办案时临时指定一名主任检察官负责。在本轮检察官办案责任制改革中,则是以入额检察官为核心组建了办案组织。检察官办案责任制改革的办案组织形式包括独任检察官和检察官办案组。独任检察官由一名入额检察官加若干检察辅助人员组成。检察官办案组则由若干名入额检察官加若干检察辅助人员组成,并在入额检察官中指定一人为主任检察官负责办案组的工作。当检察长或副检察长为办案组成员时,检察长或副检察长为当然的主任检察官。检察长或副检察长未加入办案组,内设机构负责人为办案组成员时,内设机构负责人为当然的主任检察官。

三、我国检察官办案责任制改革的发展趋势

通过上文对检察官办案责任制改革三个阶段的论述,我们可以分析出我国检察官办案责任制改革的发展趋势:

(一) 检察官精英化程度将不断提高

司法是专业性很强的活动,司法官精英化是社会发展的必然要求。检察工作是司法工作的重要组成部分,检察工作也是专业性非常强的工作。随着社会的发展,检察工作中需要处理的问题越来越呈现复杂化、专业化的趋势。检察官不仅需要具有深厚的法律功底,还需要具有丰富的办案经验和强大的逻辑推理能力。只有精英化的检察官才能适应社会发展的需要。从主诉(办)检察官责任制改革、主任检察官办案责任制改革和本轮检察官办案责任制改革的情况来看,无论是主诉(办)检察官、主任检察官,还是员额检察官实际上都是检察机关为了适应社

会发展的需要而从检察机关内部选出的精英检察官。这三个阶段的改革都体现了检察官精英化的趋势，而且这三个阶段中越往后，检察官精英化的趋势越明显。如果说主诉（办）检察官责任制改革、主任检察官办案责任制改革中未担任主诉（办）检察官、主任检察官的普通检察官还在法律上保留了检察官的身份，那么在本轮检察官办案责任制改革中原来具有检察官身份未进入员额的检察官则在实质上不再具有检察官身份，其在身份上变成了检察官助理，这种精英化显然更为彻底。目前，本轮检察官办案责任制改革中各地的检察官员额比例基本保持在39%左右，但这实际上离真正意义上的检察官精英化尚有一段距离。当然，这与目前我国案件数量较多，案件分流机制不健全，原有检察官基数过大等有一定关系。然而，可以预料，我国未来的发展趋势必然是检察官精英化程度进一步提高，即检察官的员额比例越来越低，检察官的数量越来越少，相应地检察官的能力和素质越来越高。

（二）检察机关办案的司法化色彩将不断增强

虽然一般认为检察权具有司法和行政双重属性，因而片面强调"去行政化"问题似乎不科学，然而，不可否认的是相比其他国家或地区而言，我国检察机关办案活动行政化色彩过于浓厚，司法化程度不高。尤其是实行"三级审批制"办案模式期间，检察官完全没有办案决定权，检察机关办案活动与行政机关办案活动并无二致。主诉（办）检察官责任制改革、主任检察官办案责任制改革和本轮检察官办案责任制改革的重要目的之一都是为了解决长期存在的司法行政化问题，都试图增强检察机关办案的司法化色彩，但在解决司法行政化问题的效果方面，三轮检察官办案责任制改革有较大差异，呈现后一阶段比前一阶段去行政化的力度更大的趋势。就主诉（办）检察官办案责任制改革来看，主诉（办）检察官办案责任制改革中授予主诉（办）检察官一定的办案决定权，由主诉（办）检察官对一些自己承办的案件决定如何处理，体现了司法的亲历性原则，一定程度上实现了去行政化的目标。

然而，主诉（办）检察官办案责任制改革在"去行政化"问题上明显很不彻底，如主诉（办）检察官依然审批组内检察官承办的案件；不少地区业务部门负责人对所有主诉（办）检察官办理的案件均进行程序性审核；大量案件依然要经过检察长审批。就主任检察官办案责任制改革来看，主任检察官较主诉（办）检察官授权范围有所扩大，业务部门负责人也基本不再审核主任检察官决定的案件，因而主任检察官办案责任制改革较主诉（办）检察官办案责任制改革而言，在"去行政化"问题上有明显进步。当然，主任检察官办案责任制改革也存在和主诉（办）检察官办案责任制同样的问题，即主任检察官依然要审批组内普通检察官承办的案件，不少主任检察官承办的案件也依然要检察长审批，这依然是典型的"司法行政化"。就本轮检察官办案责任制改革来看，其在"去行政化"问题上则有了更加显著的进步。一是对入额检察官授予了更多的办案决定权。中央一再强调除法律规定必须由检察长行使的职权外，一律授权给入额检察官行使，并要求以权力清单的形式对入额检察官的职权予以明确，这就使得对入额检察官的授权范围比主任检察官更大。二是避免了入额检察官审批案件。中央明确规定原来具有检察官资格未入额的人员不得办案，只能从事辅助性工作，这就从根本上避免了入额检察官审批组内成员承办案件的问题。需要指出的是，本轮检察官办案责任制改革中仍然规定，部分重大、疑难、复杂案件要经过检察长审批或检察委员会决定，从理论上看，这也违背了司法的亲历性原则，属于司法行政化的表现，也不符合其他国家或地区检察官办案的通行做法①。然而，客观来看，在当前的形势和条件下，这种做法具有现实的合理性。因为即使开展了员额制改革，检察官的整体素质明显提高，但离真正的检察官精英化还有很大一段距离，我国检察官

---

① 其他国家或地区如德国、日本、台湾地区无论案件是否重大、疑难、复杂都由检察官独立决定，检察长、主任检察官也是作为检察官具体承办案件，检察长认为检察官处理不当，检察官不同意更改处理决定时，检察长不能强迫检察官服从，只能通过行使职务收取权或转移权来实现自己的意志。

的整体水平和能力与日本、德国、我国台湾地区等国家或地区检察官还有差距。尤其是我国目前处于一个经济社会体制深刻变革的时期，既面临重大的发展机遇，也面临着各种矛盾和问题，很多重大、复杂、敏感案件的处理往往不仅需要较强的专业能力，还需要较强的政策水平和协调能力，甚至需要调动检察机关外部的很多力量和资源。在这种情况下，对部分重大、疑难、复杂案件由检察长和检察委员会把关具有一定合理性。但无论如何，去行政化、强化司法化是检察机关办案活动发展的必然趋势。可以预料，随着社会的发展，我国检察官能力素质的不断提高，检察机关办案的司法化程度会不断提高。

（三）检察官司法责任追究将不断强化

顾名思义，办案责任制改革必然要强化办案责任的追究。从主诉（办）检察官责任制改革、主任检察官办案责任制改革和本轮检察官办案责任制改革的情况来看，解决司法责任不清的问题都是这三个阶段改革的重要目的之一，同时，后一阶段在前一阶段的基础上对检察官司法责任追究问题更为重视。在主诉（办）检察官责任制改革过程中，检察机关在赋予主诉检察官办案决定权的同时，也让主诉检察官承担相应的办案责任，然而，当时尚未建立完备的责任体系，对办案过程中主诉检察官和部门负责人、检察长等的司法责任如何划分尚不明确。在主任检察官办案责任制改革阶段，检察官司法责任问题得到了进一步的重视和强化，各试点检察院大多制定了追究主任检察官司法责任的相关制度，对主任检察官的司法责任予以明确，但这种司法责任追究还基本停留各个检察院分别制定责任追究制度的阶段。本轮检察官办案责任制改革开始后，检察官的司法责任追究问题一直就是改革的重要内容。最高人民检察院出台的《关于完善人民检察院司法责任制的若干意见》用多个条文规定了司法责任问题，不仅明确了追究检察官司法责任的条件，还对检察官、主任检察官（检察院组织法修改为主办检察官）、部门负责人和检察长的司法责任如何区分问题予以了明确。我国还专门建立了检察官惩戒委员会制度，设立检察官惩戒委员会对检察官的履职行为是否应受惩戒进行专业性判断。这些都意味着对检察官司法责任追究的重视。然而，到目前为止，追究检察官司法责任的情况还不多，各地检察官惩戒委员会虽然成立，但基本上尚未正式运作。可以预料，随着检察官办案责任制改革的不断深化，检察官的司法责任追究问题将被不断强化。

(四) 检察官职业保障程度将不断提高

强化检察官办案的司法化色彩，意味着检察官应当享有相应的职业保障。在主诉（办）检察官办案责任制改革和主任检察官办案责任制改革过程中，由于这两个阶段的改革是由最高人民检察院部署和推动，而最高人民检察院没有能力解决检察官的职业保障问题，故这两个阶段并未建立检察官职业保障制度，只是在改革的过程中，部分试点检察院通过努力，为主诉（办）检察官或主任检察官争取了少量的工作补贴。本轮检察官办案责任制改革是中央主导的，中央在改革之初就高度重视检察官职业保障问题，不仅建立了检察官单独职务序列，实行一定级别内检察官等级的自动晋升，而且建立了检察官单独的薪酬体系，明确检察官可以享有高于普通行政人员的工资待遇，还出台了《领导干部干预司法活动、插手具体案件处理的记录、通报和责任追究规定》和《司法机关内部人员过问案件的记录和责任追究规定》，防止检察官履职行为遭受非法干预。当然，目前中央关于检察官职业保障的相关政策尚未完全落实，如检察官等级对应的政治、退休等待遇基本没有落实，各地基本上还是按照行政级别而非检察官等级对检察官进行管理，退休后的待遇依然与行政级别对应，而非与检察官等级对应，等等。然而，我们也应当看到，相比前两个阶段的检察官办案责任制改革，本轮检察官办案责任制改革中检察官职业保障方面有了翻天覆地的变化，目前存在的这些问题应当也是暂时的。随着检察官办案责任制改革的不断深化，检察官的职业保障程度将不断提高。

第三章 检察官办案责任制改革的主要内容

第一节 健全检察机关办案组织及配套运行机制

检察机关办案组织是检察机关办案部门根据司法办案需要所采取的承办案件和承担司法责任的组织形式。检察权运行的基本组织形式就是检察机关办案组织,完善办案组织和运行机制是检察官办案责任制改革的重要环节。

一、健全检察机关办案组织形式

(一) 检察官办案组织的种类

根据《检察院司法责任制意见》的相关规定,检察机关办案组织形式有检察官办案组和独任检察官两种。检察官办案组又包括固定办案组和临时办案组两类。固定办案组即固定设置的办案组,临时办案组即根据办案需要临时设立的办案组。检察官办案组还可以分为团队制办案组、专业化办案组和专案办案组。团队制办案组主要适用于办理某些需要团队合作的案件;专业化办案组即按照按照专业分工,专门办理某些类型案件的办案组;专案办案组主要适用于重大案件。

（二）检察官办案组织的组建

检察官办案组的设立通常由部门负责人提出意见，报检察长（分管副检察长）决定。对于重大、疑难、复杂案件，检察长或副检察长也可以直接指定相关人员成立检察官办案组。

（三）检察官办案组织的组成

根据《检察院司法责任制意见》的规定，独任检察官办案组织由检察官一名加必要的检察辅助人员组成。检察官办案组则由两个以上检察官加必要的检察辅助人员组成。该意见对于检察辅助人员的具体数量没有明确，只是笼统地规定配备"必要的"检察辅助人员。根据该意见的规定，检察官办案组设一名主办检察官[①]，主办检察官是检察官办案组的负责人。主办检察官应当由司法经验丰富，具有较强办理或指挥办理重大、疑难、复杂案件能力的检察官担任，但原则上任何符合条件的检察官都可以担任主办检察官。部门负责人、检察委员会专职委员、副检察长、检察长参加案件办理的，为当然的主办检察官，上述人员同时参加同一办案组办理案件的，由则职务高的人员担任主办检察官。没有上述人员参加办案组的，由检察长指定一人担任主办检察官。

另外一个值得研究的问题是，检察官办案组织中配备的检察辅助人员有无必要区分检察官助理和书记员的问题。笔者认为，与法院司法责任制改革不同，检察官办案责任制改革中没有必要区分检察官助理与书记员。其主要理由在于：法院法官助理与书记员一直有较为明确的职责分工，即法官助理主要承担业务性辅助工作，介入案件的实质处理；书记员则主要承担事务性辅助工作，不介入案件的实质处理。而且，法院

---

① 《检察院司法责任制意见》规定的检察官办案组负责人为主任检察官，2018年10月26日修订的《人民检察院组织法》则规定检察官办案组的负责人为主办检察官，故本书中除必须使用主任检察官提法的特殊情况外，一般使用主办检察官的提法。

书记员的部分工作如庭审记录,需要具有较强的速记能力,普通法官助理难以胜任。而检察院长期以来并未对检察官助理与书记员的职责进行区分,检察院书记员承担的工作普通检察官助理也可以胜任,因此,检察院办案责任制改革后,区分检察官助理与书记员职责的意义不大。

(四)检察官办案组织形式所适用的案件类型

根据《检察院司法责任制意见》的规定,审查起诉和审查逮捕案件,一般由独任检察官承办,重大、疑难、复杂案件则可以由检察官办案组承办。诉讼监督等法律监督类案件,可以由独任检察官或检察官办案组承办。各省对上述规定予以了细化,如《河北省检察机关办案组织设置运行办法(试行)》规定,审查批捕、审查起诉、请示类案件、批准延长羁押期限案件、减刑假释类案件、指定管辖案件、人民监督员评议案件、检察委员会实体审查案件以及进行办案质量评查案件一般由独任检察官承办,案件重大、疑难、复杂的也可以由检察官办案组承办。刑事抗诉、行政检察、民事检察、刑事申诉以及国家赔偿等案件,可以由独任检察官或检察官办案组承办。对于未成年人案件,则一般由相对固定的独任检察官承办,也可以设立相对固定的检察官办案组负责承办。

《广西壮族自治区检察机关办案组织设置指导意见》规定,对于审查逮捕和审查起诉案件,一般由独任检察官承办,案件重大、疑难、复杂的也可以由检察官办案组承办;对于诉讼监督等其他法律监督案件,则可以由独任检察官承办或检察官办案组承办,对案件量较多的相关类型案件,民事行政检察等诉讼监督部门可以组建专业化检察官办案组;法律政策研究、案件管理部门办理具有司法属性的检察业务,原则上由独任检察官办理;对于民事行政公益诉讼案件,原则上由检察官办案组负责承办;对于未成年人刑事案件,原则上由相对固定的独任检察官负责承办,根据实际工作需要,也可以由相对固定设置的检察官办案组负责承办;派驻检察室业务,原则上由独任检察官承办;上级人民检察院办理请示类案件以及条线指导、管理、监督等事项，原则上由独任检察官承办。

根据上述规定可以大致概括出独任检察官和检察官办案组适用的选择原则：（1）从案件重大难易程度上进行区分，普通案件由独任检察官办理，重大、疑难、复杂案件由检察官办案组办理；（2）从案件类型上进行区分，民事公益诉讼案件原则上由检察官办案组办理，其他案件原则上由独任检察官办理。

（五）办案组织运行时的权力分配

根据《检察院司法责任制意见》的相关规定，独任检察官、主办检察官直接向检察长（分管副检察长）负责，其在职权范围内可以对办案事项独立作出决定。但以检察机关名义提出检察建议、纠正违法意见、不支持监督申请、终结审查或提出、提请抗诉的，则由检察长（分管副检察长）或检委会决定。检察长（分管副检察长）独任承办案件或参加检察官办案组的，可以在职权范围内对办案事项直接作出决定。检察长（分管副检察长）也有权审核检察官办案组和独任检察官承办的案件，不同意他们的处理意见时，可以要求检察官或主办检察官复核或提请检委会讨论决定，也可以直接决定。检察官认为检察长或分管副检察长决定存在错误的，可以提出异议；检察长或分管副检察长不改变决定，或者要求检察官立即执行的，检察官应当立即执行，执行的后果由检察长或分管副检察长承担。

二、建立检察官联席会议制度

检察官联席会议制度是检察官集体就重要案件和业务事项进行研究，为检察官办案及检察工作中重要业务事项提供咨询、参考的制度。建立检察官联席会议制度对于帮助检察官正确行使职权，保证办案质量具有重要意义。

（一）检察官联席会议的研究事项范围

各省关于检察官联席会议议题范围的规定有所差异，如《浙江省检察机关检察官联席会议工作规则（试行）》规定检察官联席会议的议题范围是：（1）提请检察委员会审议的案件或监督事项；（2）独任检察官、主任检察官认为属于重大、疑难、复杂案件或重大监督事项；（3）检察官办案组内有重大分歧的案件或监督事项；（4）检察长（副检察长）、专职委员、业务部门主要负责人认为需要提交检察官联席会议讨论的案件或监督事项；（5）其他需要提交检察官联席会议讨论的案件或监督事项。《江苏省检察机关检察官联席会议规定（试行）》则分别规定了应当和可以提交检察官联席会议讨论的案件。其中下列案件应当提交检察官联席会议讨论：（1）拟提请检察委员会审议的案件；（2）拟请示上级院对口部门的案件，拟答复下级院对口部门的案件；（3）拟作撤销或不起诉处理的案件；（4）事实认定发生重大改变，或者法律适用存在较大分歧，可能影响处理结果的案件；（5）重要、敏感、易引发舆情或者有重大社会影响的案件；（6）部门主要负责人、分管检察长认为需要提交检察官联席会议讨论的其他案件。其中下列案件可以提交检察官联席会议讨论：（1）承办检察官认为属于重大、疑难、复杂案件的；（2）办案组内检察官之间有重大意见分歧的；（3）其他经承办检察官提出、部门主要负责人审核同意的案件。根据《天津市检察机关检察官联席会议制度（试行）》的规定，属于检察官联席会议讨论的案件范围一般为重大疑难复杂或在法律适用上有重大争议的案件，以及拟不批准逮捕、不起诉、附条件不起诉、撤诉、抗诉、提请抗诉、提出再审检察建议、职务犯罪案件不立案、撤案以及诉讼监督活动中书面纠正违法、重大涉检信访等情形。其中需提请检委会审议的案件或事项，应当先由检察官联席会议讨论。《辽宁省检察机关检察官联席会议制度（试行）》则未单独列明检察官联席会议的议题范围，但在第二条有所涉及，其第二条规定，检察官联席会议"会诊解决案件办理中遇到的重大、疑难、复杂、敏感和有重大意见分歧案件"。

从上述规定来看，各省关于检察官联席会议议题范围的规定除在议题是否仅限于案件不同外，在具体案件的范围方面虽然表述上差异较大，但实质差别不大。对于检察官联席会议是否仅限于案件的问题，笔者认为，检察官联席会议是为检察官办案服务的，个案讨论无疑是检察官联席会议的重要议题，但各业务部门在办案过程中经常会遇到与个案处理密切相关、直接影响个案处理的事项，如类案的法律适用问题、类案证据标准的把握问题等，这些事项如果不能作为检察官联席会议的议题，不利于充分发挥检察官联席会议的作用。因此，笔者认为，检察官联席会议的议题应不限于个案讨论，还应包括所有具有司法属性的事项。

(二) 检察官联席会议的功能定位

从各省制定的关于检察官联席会议的规范性文件来看，各省没有明确规定检察官联席会议的功能定位，但大都有所提及。如《江苏省检察机关检察官联席会议规定（试行）》将检察官联席会议界定为"检察机关业务部门组织召开的，由检察官共同参与研究，为承办检察官提供参考意见的专门会议"。《河北省检察机关检察官联席会议制度（试行）》规定，检察官联席会议对重大、疑难、复杂案件和具有司法属性的重要工作事项进行讨论，为承办检察官或检察官办案组提供参考意见。《内蒙古自治区人民检察院关于检察官联席会议的规定（试行）》将检察官联席会议的功能界定为，为检察官办案组或独任检察官办理重大、疑难、复杂案件提供专业咨询，提出类案建议，促进业务交流，保证案件质量。

从上述规定以及检察官联席会议的研究事项范围可以看出，检察官联席会议的功能定位主要体现在以下几个方面：第一，为检察官办理疑难复杂个案提供参考意见，弥补检察官个人知识、能力的不足。第二，通过对类案处理或具有司法属性事项处理的研究，为检察官今后办理类似案件或处理类似事项提供指导。第三,促进业务部门检察官之间的业务交流,帮助检察官提高业务能力。

(三)检察官联席会议决定的效力

最高人民检察院《检察院司法责任制意见》第19条规定,业务部门负责人的职责是负责召集检察官联席会议,组织讨论重大、疑难、复杂案件,为承办案件的检察官办案组或检察官提供参考。这说明检察官联席会议讨论结果对承办案件的检察官并无约束力,仅供承办案件的检察官参考。从实践中各省制定的关于检察官联席会议的规范性文件来看,各省也基本都明确检察官联席会议讨论结果对承办案件的检察官并无约束力。如《天津市检察机关检察官联席会议制度(试行)》规定,参会检察官在检察官联席会议上的发言为参考意见,由提请讨论研究的检察官决定是否采纳,但提请讨论的检察官应在相关审查报告中说明采纳或不采纳的理由。《河北省检察机关检察官联席会议制度(试行)》第2条也规定检察官联席会议对重大、疑难、复杂案件和具有司法属性的重要工作事项进行讨论,为承办检察官或检察官办案组提供参考意见。

(四)检察官联席会议的组成及召开

检察官联席会议一般情况下由某一部门的检察官组成,某一业务部门检察官人数不到3人的,也可以由数个部门的检察官一起组成检察官联席会议。对于检察官联席会议召开的人数条件,最高人民检察院没有明确规定,实践中有的省份如江苏规定检察官联席会议必须由本部门1/3以上检察官参加,最少不少于3人;河北则仅规定参会检察官不少于3名,未规定比例要求,天津则规定检察官联席会议必须本部门1/2以上检察官参加,未规定数量要求。笔者认为,召开部门检察官联席会议应当同时明确参会检察官的比例和数量要求,其中部门检察官联席会议应当至少该部门1/2以上检察官参加,且参会检察官的人数不少于3人。

三、建立入额领导干部直接办案制度

检察院入额领导干部直接办案制度,是指进入检察官员额的检察机关领导干部作为经办人直接承办一定数量案件的制度。在目前入额检察官中领导干部所占比例较高的情况下,建立和落实检察院入额领导干部直接办案制度是检察官办案组织有效运行的重要条件。

(一) 领导干部范围

实践中一般只有副处级以上的人员才被称为领导干部,但入额领导干部直接办案中的"领导干部"并非指副处级以上的领导干部。根据中央有关会议和文件的精神,检察机关领导干部直接办案中的领导干部包括检察长、副检察长、检察委员会专职委员、业务部门的负责人(含业务部门正职和副职),也就是说这里的"领导干部"指的是检察机关内设机构负责人(包括副职)职务以上的人员。

(二) 领导干部办案与直接办案的区分

中央相关会议和文件关于检察院和法院入额领导干部直接办案的提法是"领导干部办案",但上述表述的本意是指领导干部以承办人身份直接办理案件。从各省级检察院制定的关于检察机关领导干部办案的规范性文件的名称来看,有的称之为"领导干部办案"规定,如《北京市检察机关检察官领导干部办案工作规定(试行)》,有的则称之为"领导干部直接办案",如《广东省检察机关院领导、检察委员会专职委员和部门负责人直接办理案件的指导意见(试行)》。从名称的科学性来看,无疑领导干部直接办案的表述更为准确。因为检察官办案责任制改革要求的检察院入额领导干部办案,是指检察院入额领导干部以承办人的身份直接办案。实践中检察机关领导干部办案主要包括两种情形:(1)领导干部审批或审核案件。检察官办案责任制改革以后,对

于疑难、复杂案件则仍需检察长（含副检察长）审批或检委会决定，故检察官办案责任制改革后检察长（含副检察长）必须审批案件，而这部分案件基本上都要经过业务部门负责人审核。这些审批、审核案件也是办案。（2）领导干部以承办人的身份直接承办案件。只有后者才是领导干部直接办理案件。

（三）落实领导干部直接办案的具体要求

1. 领导干部直接办案的方式。即检察院入额领导干部应当以承办人的身份亲自办理案件，亲自承担阅卷、讯问（询问）诉讼参与人、审查案件事实证据、制作审查报告、出席法庭、制作和签发法律文书等职责。

2. 领导干部直接办理案件的类型。中央明确规定检察院入额领导干部应当带头办理重大复杂敏感、新类型和在法律适用方面具有普遍指导意义的案件。

3. 领导干部直接办理案件的类别。限于公诉、侦查监督、民事行政检察、刑事执行检察、控告申诉检察、未成年人刑事检察案件或监督事项，不能以法律政策研究、案件管理等工作代理办案。

4. 领导干部直接办理案件的数量要求。即明确规定各级检察院各类领导干部直接承办案件的最低数量要求。中央《关于严格执行法官、检察官遴选标准和程序的通知》和《关于加强法官检察官正规化专业化职业化建设全面落实司法责任制的意见》，以及各省关于领导干部直接办案的相关文件都对各级检察院各级领导干部直接承办案件的数量要求予以了明确。

四、改革检察机关内设机构

检察机关内设机构改革是司法责任制改革的重要配套措施，检察机关内设机构设置与办案组织组建及运行密切相关。一方面，内设机构过多导致"官多兵少"、一线办案人员过少，且其导致的"一人科、两人科"现象严重影响办案组织的组建;另一方面,内设机构过多也会导致部门负责人管的过多过细,影响办案组织中主办检察官和独任检察官办案决定权的行使,从而妨碍办案组织的运行。目前全国检察机关内设机构基本已经完成。

(一) 减少内设机构数量

中央印发的《关于加强法官检察官正规化专业化职业化建设全面落实司法责任制的意见》规定了基层检察院的内设机构数量,其规定内设机构数量原则上只减少不增加,基层检察院在编制50人(含50人)以下的,设立的内设机构总数一般不超过5个,编制在51至100人的,内设机构总数一般不超过8个,编制在101至200人的,机构总数一般不超过10个,编制在201人以上的,则可以适当增加。还规定员额较少的检察院应设立综合性业务机构,以杜绝1人或者2人庭、科、室现象。实际上,不仅全国基层检察院减少了内设机构数量,最高人民检察院、省级检察院和地级以上市检察院也减少了内设机构数量。最高人民检察院带头开展了内设机构改革,改革后共设置19个内设机构,其中,业务部门12个,行政部门7个。各地检察院都按照中央的要求减少了内设机构数量,如北京市检察院设16个职能部门,其中业务部门13个、行政部门3个;各分院内设机构设置与市检察院基本对应,一、二、三分院设置12个职能部(室),其中业务部门9个,行政部门3个,另设置政治部、机关党委(党建工作处)、机关纪委,铁路运输分院设置7个职能部(室),其中业务部门5个,行政部门2个,另设置机关党委(党建工作处);各基层检察院根据人员编制、案件数量等实际情况,设置四类内设机构,编制301名以上的,设置12个内设机构,其中业务部门9个,行政部门3个;编制201至300名的,设置11个内设机构,其中业务部门8个,行政部门3个;编制在101至200名的,设置10个内设机构,其中业务部门7个,行政部门3个;编制在51至100名的,设置8个内设机构,其中业务部门6个,行政部门2个。① 在2020年1月,甘肃省检察院朱玉检察长向大会作省人民检察院工作报告时说,2019年甘肃省人民检察院全面完成内设机构改革,甘肃省检察机关内设机构总数减少47%。② 上海市检察机关内设机构改革后,机构数量减少了三分之一。③

(二) 梳理整合内设机构职能

一是实行了捕诉合一。即将原来的批准逮捕和审查起诉工作由不同部门负责改为由同一个部门负责批捕和起诉工作,最高人民检察院和各省级检察院普遍设立了普通刑事犯罪检察部、重大犯罪检察部、职务犯罪检察部和经济犯罪检察部,按照罪名划分刑事犯罪的管辖,这是本次内设机构改革的重大特点之一。二是将民事、行政、公益诉讼部门予以分设,打造刑事、民事、行政、公益诉讼四大检察格局。最高人民检察院和各省级检察院普遍单独设立了民事、行政、公益诉讼检察部门,各地级以上市检察院和基层检察院则根据实际情况合并或分别设立民事、行政和公益诉讼检察部门。在全国检察机关内设机构普遍减少的情况下,将民事、行政、公益诉讼检察部门分设,显示出了检察机关强化民事、行政、公益诉讼检察的决心。三是机构职能原则上上下级互相对应。其中省院业务机构原则上与最高人民检察院一一对应,地级市检察院和基层检察院由于机构数量有限,机构不能一一对应,但相关的职能一般也由相应的办案组具体负责。

(三) 规范内设机构名称

内设机构改革初期,各地在探索过程中,内设机构的名称五花八

---

① 参见 https：//baijiahao.baidu.com/s？id=1628129320073422182&wfr=spider&for=pc,2020年3月25日20时50分访问。

② 参见 https：//baijiahao.baidu.com/s？id=1655513615857416400&wfr=spider&for=pc,2020年3月25日21时访问。

③ 参见 https：//baijiahao.baidu.com/s？id=1622958580240073709&wfr=spider&for=pc,2020年3月25日21时10分访问。

门，有的叫检察局，有的叫检察部，有的叫检察处，有的叫检察科，部门负责人的名称也各不相同，有的叫局长，有的叫主任，有的叫部长，有的叫处长或科长。内设改革后期，最高人民检察院对这种情况进行了规范，除最高人民检察院业务机构为厅之外，其余三级检察院业务机构统一叫部，业务机构负责人统一叫主任。

五、完善检察委员会运行机制

作为检察院内部最高业务决策机构，检察委员会长期以来在疑难复杂案件把关、业务决策和指导等方面发挥了重要作用。然而，检察官办案责任制意味着绝大部分案件由检察官独立决定并负责，检察委员会则是集体决定、集体负责，因此，检察官办案责任制与检察委员会原有的运行机制之间不可避免地存在一定冲突。这意味着检察官办案责任制改革中要进一步完善检察委员会运行机制，理顺检察委员会制度与检察官办案责任制之间的关系。

（一）调整检察委员会的功能

根据新修改的检察院组织法第 31 条的规定，检察委员会的职责是总结检察工作经验；讨论决定重大、疑难、复杂案件；讨论决定其他有关检察工作的重大问题。《人民检察院检察委员会组织条例》第 4 条规定了检察委员会的 8 项具体职责。根据上述规定看，检察委员会具有议事和议案两大功能，议事即研究检察工作中的重大问题，议案即审议重大案件。然而，长期以来，实践中各级检察院大多较为重视检察委员会的议案功能，而相对忽视检察委员会议事功能的发挥。检察委员会"重议案轻议事""重个案研究轻业务指导"的情况在基层检察院较为常见。[1] 检察官办案责任制改革过程中，最高人民检察院也注意到了这

---

[1] 参见刘昌强：《检察委员会制度研究》，中国检察出版社 2013 年版，第 151 页。

一问题，最高人民检察院制定的《检察院司法责任制意见》第 11 条规定，检察委员会的功能是对重大案件和其他重大问题进行决策、指导和监督。还规定了检察委员会审议案件的范围主要是重大、疑难、复杂案件，涉及国家安全、外交和社会稳定的案件，以及下一级检察院提请复议的案件。从以上规定看，检察委员会议案和议事的基本功能虽然得到保留，但侧重点有所调整。从"决策、指导、监督功能"的表述来看，检察委员会功能侧重于议事功能，讨论重大案件时也侧重于宏观上进行指导、监督和决策，而非微观上决定案件的具体处理。

（二）调整检察委员会的组成人员

根据《人民检察院检察委员会组织条例》第 2 条的规定，各级检察机关检察委员会组成成员包括本院的检察长、副检察长、检委会专职委员和部分内设机构负责人。同时还规定，检察委员会委员需要具有检察官资格。根据上述规定，检察委员会委员应当有检察官资格，同时具有内设机构负责人以上的领导职务。而根据《检察院司法责任制意见》第 12 条的规定，检察委员会的组成成员为检察长、副检察长、检委会专职委员和部分资深检察员。根据新修订的《人民检察院组织法》第 30 条的规定，检察委员会由检察长、副检察长和若干资深检察官组成。依据《人民检察院组织法》和《检察院司法责任制意见》的规定，没有担任内设机构负责人职务的资深检察员也可以成为检察委员会委员。显然司法责任制改革后检察委员会委员的组成人员有所调整。

（三）调整检察委员会启动和决策程序

1. 明确要求检察委员会对案件表决前进行充分讨论。长期以来，很多地方检察院检察委员会审议案件时存在走形式，或者讨论不充分的情况，这严重影响了检察委员会作用的发挥。针对这一问题，《检察院司法责任制意见》明确要求检察委员会对案件进行表决前应当进行充分讨论。检察委员会对案件表决前进行充分讨论，显然有利于检察委员会委员全面了解案件情况,有助于检察委员会委员对案件进行正确把关。

2.完善检察委员会决策咨询机制。根据《检察院司法责任制意见》的规定,各地检察院应当建立健全包括专家咨询委员会、专业研究小组等在内的检察委员会决策辅助机构,还规定检察委员会审议案件时可以邀请相关专家发表咨询意见。检察委员会决策咨询机制的建立,有助于克服检察委员会委员专业知识不足,检察委员会对部分专业性较强的案件难以进行审议的情况,有助于提升检察委员会决策的科学性。

第二节 明确检察人员职责权限

对检察人员职责权限予以明确,是检察官办案责任制改革的前提条件。只有明确了检察官决定权的范围,检察官才能独立决定并承担相应的司法责任。也只有区分了检察官和检察官助理,以及主办检察官和检察官的职责权限,检察官办案责任制才能有效运行。

一、明确检察官办案决定权的范围

明确检察官办案决定权的范围实际上就是明确检察长的授权范围。目前中央要求省级检察院以权力清单的形式明确省级以下各级检察院检察官办案决定权的范围。通过权力清单对检察官进行授权是我国特有的改革举措。由于域外检察官基本上都有独立的诉讼地位,检察官是直接行使检察权的人员,域外相关法律直接授予了检察官相应的检察职权,故域外不存在也不需要通过权力清单授予检察官决定权。如在法国、德国、日本等国家以及我国台湾地区等,检察官是独立官署和行使检察权的法定主体,因而,这些国家和地区不需要制定检察官权力清单。而由于我国检察官没有独立的诉讼地位,检察官的权力来源于检察长授权,而非法律直接赋予,故我国需要通过权力清单的形式授予检察官办案决定权。

(一) 检察官权力清单的内涵

权力清单制度,是近年来在总结我国部分地区规范和约束政府权力的有益经验基础上试点推行的一项制度。十八届三中全会明确提出,要推行各级地方政府及其工作部门的权力清单制度。在此基础上,十八届四中全会又提出要"推行政府权力清单制度,坚决消除权力设租寻租空间"。自此,权力清单制度进入了公共话题讨论视野。① 目前各省普遍制定了检察官权力清单。检察官权力清单制度最早提出始于2014年7月在青岛召开的大检察官研讨班。在本次研讨班上,最高人民检察院首次提出检察机关将探索建立权力清单制度。我国建立检察官权力清单制度的目的,在于以清单形式明确检察官权力,推动检察官办案责任制改革的进行。从我国建立检察官权力清单制度的目的以及最高人民检察院的要求来看,检察官权力清单是指对检察官在司法办案中的职权进行梳理和统计,规定检察官在办案中的决定权,并对外予以公布的书面文件。

(二) 制定检察官权力清单的意义

制定检察官权力清单的主要意义在于:第一,为检察官独立行使决定权和承担司法责任提供依据。制定检察官权力清单,可以明确检察官办案决定权,从而为检察官独立行使办案决定权提供依据,同时,根据"谁决定谁负责"的原则,检察官对于独立决定的案件和事项承担相应的司法责任。同理,对于检察官权力清单没有授予的权力,检察官无权决定,也不用承担司法责任。在此意义上说,制定检察官权力清单不仅为检察官行使决定权提供了依据,也为检察官承担司法责任提供了依据。第二,是开展检察官办案责任制改革的前提条件和巩固检察官办案

---

① 参见胡税根、徐靖芮:《我国政府权力清单制度的建设与完善》,载《中共天津市委党校学报》2015年第1期。

责任制改革成果的重要方式。检察官办案责任制改革的核心是实现"谁办案谁决定，谁决定谁负责"，其中"谁办案谁决定"是前提，只有让办案者有决定权，让检察官的权力落到实处，检察官才可能对其决定负责，司法责任制才能真正落实。"谁办案谁决定"意味着赋予办理案件的检察官相应的办案决定权，而制定检察官权力清单正是授予检察官办案决定权的主要途径。同样，只有通过检察官权力清单的形式固定检察官的办案决定权，才能避免检察长授权的随意性，避免"办案者不决定，决定者不负责"的局面。因此，制定检察官权力清单也是巩固检察官办案责任制改革成果的重要措施。第三，是规范检察权运行范围和界限的重要举措。检察官权力清单不仅明确了普通入额检察官的权力，而且明确了检察长和检察委员会的权力，这意味着检察官权力清单实际上明确了检察机关内部具有决定权的各类主体的权力边界。这显然也有利于人民群众了解检察权的内容和运行规则，从而有利于加强对检察权运行的监督。

（三）检察官权力清单的特点

我国检察官权力清单具有以下特点：第一，从权力类型看，检察官权力清单规定的是案件处理决定权，而非办案事务性工作决定权或行政性事务决定权。检察工作中的决定权可以分为案件处理决定权、办案事务性工作决定权和行政性事务决定权。由于建立检察官权力清单的目的是通过检察官权力清单授予检察官办案决定权，凸显检察官办案主体地位。这也决定了检察官权力清单的关键内容是检察官办案决定权。第二，从权力主体看，检察官权力清单规定的是检察官的权力，而非检察辅助人员或检察行政人员的权力。顾名思义，检察官权力清单的权力主体是检察官，而非其他检察人员。建立检察官权力清单的目的同样决定了检察官权力清单的重点在于普通入额检察官，而非检察长、副检察长等特殊检察官。由于明确普通入额检察官的办案决定权必须明确普通入额检察官办案决定权与检察长、副检察长和检察委员会案件决定权的界限，因此，检察官权力清单也应列明检察长、副检察长和检察委员会的决定权。第三，从本质特征看，检察官权力清单是授权清单，而非限权清单。如前所述，在我国现行法律框架下，只有检察长是检察院的唯一法定代表，可以独立行使检察权，检察官不是独立行使检察权的主体。检察官独立行使检察权的依据只能来源于检察长的授权。这也决定了建立检察官权力清单的目的在于明确检察官享有的办案决定权，强化检察官的办案主体地位。因此，从本质上看，检察官权力清单应当是检察长授予检察官权力的清单，而不是限制检察官权力的清单。第四，从权力内容看，各级检察机关检察官的权力具有一定差异。各级检察院所办案件的重大、复杂程度不一样，一般而言，上级检察机关办理案件的复杂和重大程度超过下级检察机关，这就决定了通常情况下上级检察院检察官办案决定权相对较小，下级检察院检察官办案决定权相对较大。

值得注意的是，授予检察官办案决定权，并不意味着检察长对检察官决定的案件不能过问，相反，检察长（分管副检察长）可以对检察官决定的案件进行审查，认为检察官处理意见不当的，可以要求检察官重新审查，可以直接提出纠正意见，也可以提请检委会讨论决定。在确有必要的情况下，还可以行使职务收取权和转移权，将案件指派其他检察官办理或收归自己办理。

二、区分检察官与检察官助理的职责权限

（一）重要意义

1. 是深化检察官办案责任制改革的必然要求。本轮检察官办案责任制改革的重要目标是实现"让办案者决定，由决定者负责"，即让检察官不仅是办案的主体，也是决定的主体和司法责任的主体。而如果检察官与检察官助理职责不清，则可能造成检察官不直接办案或很少直接办案，其主要工作变成审批检察官助理办理案件的局面，会导致检察机关办案由原来的"三级审批制"变成检察官"二级审批制"。这明显违

反了检察官办案责任制改革的要求，违背了司法亲历性原则，会导致社会各界包括检察机关内部对检察官办案责任制改革的不认可。因此，合理区分检察官与检察官助理职责是深化检察官办案责任制改革的必然要求。

2. 有利于防止检察官助理群体对办案责任制改革的抵触。检察官办案责任制改革实行后，检察官待遇明显高于检察官助理。检察官待遇应明显高于检察官助理的依据是检察官需要亲自办案、亲自决定、亲自承担责任，而检察官助理则只是辅助办案，承担部分司法责任。如果检察官与检察官助理职责界限不清，检察官将大量本应自己完成的办案工作交由检察官助理承担，势必造成检察官助理的不满，导致检察官助理抵触检察官办案责任制改革。因此，明确检察官助理和检察官的职责分工，有助于防止检察官只享受改革红利不承担义务，从而防止检察官助理对办案责任制改革的抵触。

3. 有利于形成检察官与检察官助理办案的整体合力，保证办案质量。合理划分检察官助理和检察官的职责界限，可以更好地协调两者的关系，既有利于充分发挥检察官的办案主体作用，也有利于充分发挥检察官助理的辅助办案功能，从而有利于形成检察官和检察官助理协同办案的整体合力，保证办案质量。

(二) 区分检察官和检察官助理职责应考虑的因素

笔者认为，区分检察官和检察官助理职责应考虑以下因素：

第一，既注意发挥检察官助理作用，又不能让检察官助理替代检察官办案。对检察官和检察官助理职责进行区分时，应当既有利于发挥检察官助理的辅助办案功能，又应注意避免检察官助理成为检察官办案的替代者，防止检察官成为案件审批者，检察官助理成为案件承办者。尤其是在目前的情况下，既要着眼于长远，看到检察官助理毕竟只是辅助办案者，检察官办案应当遵循亲历性原则，不能让检察官助理承担对作出案件处理决定有重要影响的事项，同时也兼顾眼前，看到检察官助理不少是原来有办案资格且长期办案的人员,在目前很多地方案多人少矛盾较为突出的情况下,在划分检察官助理与检察官职责时,应当考虑这批人员的特殊性,充分发挥这部分人员的作用。

第二,注意检察官和检察官助理工作量的合理分配。在目前检察官与检察官助理配备在1∶1左右的情况下,既要避免因职责划分不合理导致检察官工作量过大,检察官助理过于清闲,也要避免因职责划分不合理导致检察官助理工作量过大,检察官则过于轻松,而应统筹考虑检察官和检察官助理工作量的合理分配。

第三,综合考虑检察人员的心理预期,特别是检察官助理群体的心理接受程度。检察人员对检察官助理应承担哪些工作,检察官应承担哪些工作大致有一个心理预期,在划分检察官与检察官助理职责时,应充分考虑这种心理预期,特别是要充分考虑检察官助理群体心理上的接受程度,避免职责划分超过检察人员尤其是检察官助理的心理预期,导致检察官助理群体的普遍抵制。

三、区分主办检察官、部门负责人与检察官的职责权限

根据《检察院司法责任制意见》的规定,主办检察官在履行检察官职责的同时,还有权对办案组承办案件进行组织、指挥、协调,以及对办案组成员进行管理,在职权范围内有权决定办案事项或提出相关处理意见。业务部门负责人除了作为检察官直接承办案件外,还承担以下工作:组织研究与部门业务相关的法律政策问题;组织对下级检察院业务部门办案工作进行指导;召集部门检察官联席会议,讨论重大、疑难、复杂案件;本部门的相关行政管理工作;其他由部门负责人履行的职责。检察官办案责任制改革后,业务部门负责人的案件审批权限基本取消,业务部门负责人只享有行政管理权,以及对主办检察官或检察官提请检察长审批的案件的审核权。业务部门负责人审核这些案件的过程中,即使与检察官或主办检察官的意见不符,也不能改变主办检察官或检察官的处理意见,或要求主办检察官或检察官改变处

意见。

第三节 健全检察管理和监督机制

向检察官放权是检察官办案责任制改革的核心，而放权给检察官的同时也必须加强对检察官行使权力的管理和监督制约。因此，健全检察管理和监督机制势必也是检察官办案责任制改革的重要内容。

一、建立检察官业绩考核评价制度

建立检察官业绩评价体系是检察官办案责任制改革的重要内容。根据《检察院司法责任制意见》的规定，检察官业绩考核评价结果将作为检察官任职、晋职晋级以及退出员额的重要依据。

（一）检察官业绩考评指标设置

关于如何设置检察官业绩考核指标，2020年4月，最高人民检察院出台了《关于开展检察官业绩考评的若干规定》之前，《检察院司法责任制意见》规定应以履职情况、办案数量、办案质效、外部评价和司法技能等为主要内容。各省尚未制定的检察官业绩考评办法虽然在具体指标设置上有所差异，但大致都围绕上述《检察院司法责任制意见》指标设置。如《北京市检察机关检察官、检察辅助人员业绩考评办法（试行）》规定检察官业绩考评包括业务工作评价、司法作风评价、司法技能评价和职业操守评价，分别占70分、10分、10分、10分。《福建省检察机关检察官绩效考核及奖金分配办法（试行）》规定检察官绩效考核包括检察业务考核、公共目标考核、领导综合评鉴，分别占80分、10分、10分。《广东省检察机关检察官业绩评价指导意见（试行）》则规定各级检察机关应当考核办案质量、办案数量、职业操守、司法技能、理论水平、外部评价、廉政建设等。《江苏省检察机关检察官办案绩效考核量化规则（试行）》规定，对检察官办案绩效考核主要是评价司法办案，兼顾司法作风、司法技能和职业操守等内容，分别占总分的70%、10%、10%、10%。

国外也建立了对检察官的考核制度。如德国建立了检察官工作鉴定制度，检察官工作鉴定分为专门性鉴定和一般性鉴定，一般性鉴定4、5年开展一次，专门性鉴定则是在职务晋升等情况下才需要。鉴定的主要内容包括专业能力，如主持审判、掌握法律知识等能力；个人能力，如作出决定、完成工作量以及接受新技术和新发展的能力；社会能力，如调解能力、组织建设性对话的能力、对当事方利益的尊重等；在涉及晋升时，领导能力也是鉴定的重要内容。① 法国检察官考评每两年举行一次，对普通检察官只考评一般职业能力和司法技能，对总检察长等履行特定职责的检察官则还需要考评特定岗位所需要的能力。一般性的职业能力考评包含熟悉社会经济大环境、常识和见解、倾听和交流能力、自制力和毅力等21项；司法技能考评包括司法知识的掌握程度、运用执行和完善司法知识、概括、分析、口头表达、书面表达、掌握新技能及交流等方面的能力；对特定岗位的能力则考评执行司法政策、领导检察院行使权力、进行管理等方面的能力。专门针对检察官的考评还包括：上下级沟通、部门管理、执行计划、执行刑事政策、融入团队、公诉和法庭辩论等方面的能力。② 日本检察官合格审查会，每三年对检察官是否合格进行审查，参照公务员考评制度进行考评。日本检察官考核包括工作能力、工作成绩、性格和工作适应性等内容。考核的结果分为卓越、优秀、良好、较差、低劣五个等级。考核结果存入档案，作为职务晋升和奖惩的重要依据。③

---

① 参见魏武：《法德检察制度》，中国检察出版社2008年版，第266~267页。
② 参见孙琴、刘俊：《法国司法官考评制度及其适用》，载《人民检察》2013年第7期。
③ 参见王欣、黄永茂：《国外检察官考核考评制度之比较及启示》，载《江苏大学学报（社会科学版）》2013年第2期。

从上述国家对检察官考核的指标设置来看，似乎都侧重于对检察官能力的考核，而不直接考核检察官的办案质量、职业操守等方面的情况。笔者认为，这种情况与这些国家的法治发展程度有一定关系。这些国家检察官准入门槛较高，各种机制也较为健全，这些国家的检察官基本都能够依法办案，极少出现检察官违背职业操守的情况。这种情况下，只要检察官各方面能力较强，基本上案件质量就会得到保障。因此，这些国家对检察官的考核侧重于各方面能力的考核。在我国目前的情况则有所不同，我国目前检察官整体素质有待提高，影响检察官依法独立行使职权的因素依然存在，检察官违背职业操守的情况也屡见不鲜。这种情况下，我国考核检察官的办案质量、职业操守等有一定的合理性。笔者认为，在我国目前的情况下，检察官业绩考核应主要考核检察官司法办案、司法作风、司法技能和职业操守等四个方面的情况，其他方面的内容，如廉政、外部评价等都可以为这四个方面所包含，但这四个方面的指标还应进一步细化，以确保考核的科学性和公正性。

(二) 检察官业绩考核的主管机构及其组成

目前各级检察院都设立检察官绩效考评委员会负责本院检察官的考核工作。在检察官绩效考评委员会的组成方面，则基本上由院领导和业务部门负责人组成。如《北京市检察机关检察官、检察辅助人员业绩考评办法（试行）》规定考评委员会主任由本院检察长担任，副主任一般由本院分管检察管理监督部的副检察长、政治部（处）主任、纪检监察组长担任，委员由政工部门、纪检监察部门和有关业务部门主要负责人担任。根据考评工作需要，本院检察长可以指定资深检察官及其他人员担任委员。《福建省检察机关检察官绩效考核及奖金分配办法（试行）》规定检察官绩效考核委员会主任由本院检察长担任，副主任由党组副书记、副检察长担任，委员由负责检察官管理、检察业务管理、纪检监察等部门的主要负责人和检察官代表担任。

从国外检察官考核的主体来看,一般都由该院的检察长对检察官进行考核。如德国对检察官进行鉴定的人原则上是各检察院检察长。① 法国对驻最高法院检察官的考核由驻最高法院总检察长负责,对驻上诉法院及辖区下级法院检察官的考核由驻上诉法院的总检察长负责,对驻上诉法院总检察长的考核则由司法部长负责。② 在国外检察官数量不多的情况下,由检察长对检察官进行考核具有一定合理性。我国各级检察院检察官的数量较多,且国情较为复杂,由检察长一人负责全院检察官的考核不合理,也不可行,而分管副检察长一般都会对分管部门的检察官较为了解,故我国在对检察官进行考核的过程中应赋予分管副检察长一定的话语权。

考虑我国国情的复杂性,由多人组成的检察官绩效考评委员会负责检察官的考核工作具有合理性。为更好地保护普通检察官利益,考评委员会应保证有一定数量的资深检察官参加。另外,为保证考核的客观有效性,建议对担任院领导的检察官进行考核的机构应与对普通检察官进行考核的机构有所差异,担任院领导检察官的考核应由上级检察院检察官考评委员会负责,普通检察官的考核则由本院检察官考评委员会负责。

(三) 检察官业绩考评的程序

对于检察官业绩考核程序,实践中主要有两种做法,一种是所有的考核指标都由检察官所在业务部门负责考核,由分管副检察长复核,考评委员会审定。如广东规定检察官业绩评价按以下程序进行:检察官自评申报,各部门检察官全体会议审核,报分管副检察长复核,检察官考评委员会审定。业绩评价结果报省检察官遴选委员会及省检察官惩戒委

---

① 参见魏武:《法德检察制度》,中国检察出版社 2008 年版,第 267 页。
② 参见孙琴、刘俊:《法国司法官考评制度及其适用》,载《人民检察》2013 年第 7 期。

员会备案。另一种是不同的考核指标由不同的部门负责考核,最后由考评委员会审定。如江苏规定检察官办案绩效年度考核按照以下程序进行:检察官对个人司法办案、司法技能情况进行自评;部门负责人对检察官的自评情况进行复核,分管院领导对担任部门负责人的检察官自评情况进行复核;案件量化评价,由各业务部门初评,案管部门审核;政工部门组织开展司法作风、司法技能评价;纪检监察部门对检察官职业操守情况进行评价;考评委员会办公室提出检察官办案绩效考核等次建议;考评委员会评审。

笔者认为,形式上看似乎不同的部门对不同指标进行考核更为客观公正。然而,由于这些部门对不属于本部门的检察官根本不了解,这些部门实际上很难对检察官的相关指标进行考核。故建议所有考核指标都由检察官所在的业务部门负责考核,业务部门考核完毕后,再征求相关部门意见。考评过程中,应充分发挥业务部门检察官联席会议的作用,以更好地保证考核的公正性。具体考核流程可以设定为:检察官自评→检察官联席会议讨论→业务部门负责人审核→分管副检察长复核→检察官考评委员会决定。在考评过程中,还应畅通考评不合格检察官的申诉渠道。应明确规定考评不合格的检察官可以就相关事项提出书面申辩意见,提交检察官考评委员会办公室复核,检察官考评委员会办公室认为申辩理由成立的,应当提交本院检察官考评委员会讨论决定。

二、完善案件分配机制

《检察院司法责任制意见》要求建立以"随机分案为主、指定分案为辅"的案件承办确定机制,只有重大、疑难、复杂案件才由检察长指定检察官办案组或独任检察官承办。这改变了以往大多数案件由检察长或业务部门负责人指定的案件分配机制。这种新的案件分配机制的合理性主要表现在两个方面:第一,有利于防止检察长或业务部门负责人通过指定特定人员办理案件来控制案件的处理结果,有利于从源头上规范办案行为。正如,台湾学者林钰雄所指出的,"事务分配,实乃行政干预司法的釜底抽薪之计,因为'控制由谁承办,往往就控制结果'。"① 第二,随机分案有利于检察官绩效考核的开展。如果大部分案件由领导指定,那么每个检察官办理案件的数量和难易程度就会差异很大,对检察官进行考核时就难以量化每个检察官的办案数量,这势必影响检察官业绩考评的开展。而采用随机分案为主的模式则可以保证每个检察官办理案件的难易程度差不多,从而为开展检察官业绩考核提供条件。值得注意的是,对需要检察长指定办理的重大、疑难、复杂案件应当明确限定范围,避免随机分案为主的模式被架空。

三、建立案件流程监控和办案质量评价机制

(一)实行网上办案、全程留痕

严格落实检察机关所有办案活动都在统一业务应用系统上进行,确保所有的办案环节、办案过程、办案结果,包括业务部门负责人审核和检察长审批都在网上进行、网上留痕,实现案件全程可追溯、进度可视化。这保证了检察官办案责任制改革后,检察机关的所有办案活动、办案流程都可以在网上进行管理,随时监控、随时抽查,大大提高了对办案活动进行监督的效率和质量。

(二)发挥案件管理部门的内部监督作用

人民检察院案件管理部门是检察机关内部专门负责案件管理的综合性业务部门,其通过对检察机关司法办案工作实行统一集中管理,全面记录办案流程信息,全程跟踪和监控办案期限和办案程序,监督案件办理中出现的违法违规情形,实时监控办案流程节点,督促检察官及时纠正存在的问题,消除办案隐患。还通过组织案件评查活动,对案件事实

---

① 林钰雄:《检察官论》,法律出版社 2008 年版,第 235 页。

认定、办案程序、法律适用、办案效果、风险评估、法律文书格式、卷宗装订等方面进行评查，实现对检察官办案活动的监督。

（三）建立办案质量评价机制

《检察院司法责任制意见》要求建立办案质量评价机制，以重点评查、常规抽查、专项评查等方式评价检察官办案质量，评价后在一定范围内公开结果。对检察官办案质量进行评价，在我国当前的法治和社会环境下是必要的。但《检察院司法责任制意见》只明确了评价方式，而没有明确评价标准。由于办案质量的抽象性，对检察官办理案件的质量进行评价是非常困难的。因此，对检察官办案质量进行评价应当重在判断是否存在认定事实错误、适用法律错误、违反法定程序、遗漏罪行或犯罪嫌疑人等明显错误的情形，对属于自由裁量权范畴的办案事项不应作为评价对象。办案质量评价应当由若干名办案能力强的资深检察官共同负责，评价过程应当公开、公正，允许被评价的检察官就相关问题进行说明。

第四节 健全司法责任认定和追究机制

司法责任制的核心是司法责任的认定和追究。健全司法责任认定和追究机制是落实司法责任制的关键。因此，在检察官办案责任制改革中必须健全司法责任认定和追究机制。健全司法责任认定和追究机制必须厘清以下几个问题：

一、司法责任的种类和条件

最高人民检察院《检察院司法责任制意见》规定，司法责任包括三种类型，即故意违反法律法规责任、重大过失责任和监督管理责任。故意违反法律法规责任有11种情形：（1）包庇、放纵被举报人、犯罪嫌疑人、被告人，或使无罪的人受到刑事追究的；（2）毁灭、伪造、变造或隐匿证据的；（3）刑讯逼供、暴力取证或以其他非法方法获取证据的；（4）违反规定剥夺、限制当事人、证人人身自由的；（5）违反规定限制诉讼参与人行使诉讼权利，造成严重后果或恶劣影响的；（6）超越刑事案件管辖范围初查、立案的；（7）非法搜查或损毁当事人财物的；（8）违法违规查封、扣押、冻结、保管、处理涉案财物的；（9）对已经决定给予刑事赔偿的案件拒不赔偿或拖延赔偿的；（10）违法违规使用武器、警械的；（11）其他违反诉讼程序或司法办案规定，造成严重后果或恶劣影响的。

重大过失责任包括8种情形：（1）认定事实、适用法律出现重大错误，或案件被错误处理的；（2）遗漏重要犯罪嫌疑人或重大罪行的；（3）错误羁押或超期羁押犯罪嫌疑人、被告人的；（4）涉案人员自杀、自伤、行凶的；（5）犯罪嫌疑人、被告人串供、毁证、逃跑的；（6）举报控告材料或其他案件材料、扣押财物遗失、严重损毁的；（7）举报控告材料内容或其他案件秘密泄露的；（8）其他严重后果或恶劣影响的。

监督管理责任则是指负有监督管理职责的检察人员因故意或重大过失怠于行使或不当行使监督管理权，导致司法办案工作出现严重错误，而应当承担的司法责任。

根据《检察院司法责任制意见》的相关规定，追究检察人员司法责任应当符合以下条件：（1）检察人员实施了违法违纪行为，并造成了严重后果或恶劣影响。如果检察人员在证据采信、事实认定、法律适用、办案程序、司法作风、文书制作等方面存在违法违纪行为，但这些行为不影响案件最终处理结论的正确性和效力，没有造成恶劣影响或严重后果的，上述违法违纪行为仅属于司法瑕疵，应按照相关纪律规定处理，不追究行为人的司法责任。（2）检察人员的违法违纪行为与司法办案活动有关。与检察人员办案活动无关的违法违纪行为，则应当依照法律或《检察人员纪律处分条例（试行）》等规定处理，不属于追究司法责任的范畴。（3）检察人员在办案过程中存在故意或重大过失。

检察人员在办案过程尽到了必要的注意义务，没有故意或重大过失的，不用承担司法责任。

二、各类司法人员的责任区分

《检察院司法责任制意见》第 37-41 条对检察办案环节各类检察人员司法责任的认定问题作出了规定。从上述规定来看，检察官办案责任制改革后检察机关内部司法责任的主体不限于检察官[①]，还包括检察辅助人员、主办检察官、检察委员会委员、副检察长和检察长，但各类责任主体的责任内容有所不同。

（一）检察长（副检察长）的责任内容

1. 决定责任

主要包括以下几种情形：（1）由检察长（副检察长）作出处理决定的事项，检察长（副检察长）只对决定事项负责，不对事实和证据负责。（2）本应由检察官决定的事项，检察长（副检察长）通过检察指令权改变检察官决定的，由检察长（副检察长）对改变部分承担责任。（3）本应由检察官决定的事项，检察长（副检察长）在对检察官办理的案件进行审核时不同意检察官意见，要求检察官复核，而检察官经复核后改变原处理意见的，由检察长（副检察长）和检察官共同承担责任。（4）检察官在职权范围内独立作出处理决定的事项，检察长（副检察长）仅签发文书的，检察长（副检察长）无需承担责任。

2. 监督管理责任

检察长（副检察长）因故意或重大过失不当或怠于行使监督管理权，造成司法办案工作中出现严重错误的，检察长（副检察长）应当承担相应的司法责任。当前，检察长（副检察长）行使监督管理权主

---

① 因检察长、副检察长、主办检察官和普通检察官都属于检察官，如无特殊说明，本书中的检察官指的是普通的入额检察官。

要包括以下情形：(1) 对司法办案中的行政性事务和司法程序性事项进行监督管理；(2) 对部分案件的办理进行组织指挥协调；(3) 对案件处理决定的监督管理。[1] 检察长（副检察长）的监督管理责任主要指检察长（副检察长）对上述三类事项因故意或过失怠于或不当行使监督管理权，导致办案工作中出现严重错误，而应承担的司法责任。这里需要注意两点：一是监督管理责任中监督管理的对象是应由他人决定的案件处理事项，对于应由自己决定的事项不存在监督管理的问题。因此，检察长（副检察长）怠于行使或不当行使监督管理权的对象不能是自己决定的事项。有学者认为，检察长对承办人上报的审结报告和处理意见未进行审查或不认真审查就签字同意造成处理错误，这种情况属于怠于行使监督管理权。[2] 笔者认为，这种观点混淆了不认真行使办案决定权与怠于行使监督管理权的界限，是不正确的。除签发法律文书外，其余需要检察长（副检察长）签字同意的事项必然是应由检察长（副检察长）决定的事项。此种情形下，当检察长（副检察长）不认真审查承办人上报的审查报告和处理意见，签字同意造成处理错误，属于检察长（副检察长）不认真行使办案决定权造成处理错误的情形，应当追究的是检察长（副检察长）的决定责任，而非监督管理责任。二是追究监督管理责任的前提是存在可以实施监督管理的现实可能性。如检察长（副检察长）对检察官作出的案件处理决定有监督职责或义务，或者说负有监督管理责任，但现实条件决定了检察长（副检察长）不可能对检察官决定的每件案件都进行监督。这也不符合检察官办案责任制改革的初衷。在这种情况下，如果检察官故意徇私枉法造成处理错误，而检察长（副检察长）没有及时发现并纠正的，由于没有实施监督管理的现实可能性，不应追究检察长（副检察长）的监督管理责任。

---

[1] 参见朱孝清：《试论"监督管理责任"》，载《人民检察》2016 年第 12 期。

[2] 参见朱孝清：《试论"监督管理责任"》，载《人民检察》2016 年第 12 期。

但是，如果检察院内部规定某类检察官决定的案件必须提交检察长（副检察长）审核，而检察长（副检察长）不认真审核，导致案件错误处理的，由于其具有实施监督管理的可能性，因而，应当追究检察长（副检察长）的监督管理责任。

(二) 检察委员会委员的责任内容

对经检察委员会决定造成的错案应如何追究司法责任，一直是司法实践中各方较为困惑的问题。从司法实践的情况看，似乎尚未出现过因检察委员会决定的案件属于错案而对检察委员会委员启动追责的先例。这实际上形成了检察委员会决定案件名义上集体负责实际上无人负责的局面。根据《检察院司法责任制意见》第40条的规定，检察委员会审议案件过程中，检察官汇报案件时故意隐瞒、歪曲事实，或者遗漏重要事实、证据或情节，导致检察委员会决定错误的，由检察官承担责任；各位检察委员会委员根据导致错误决定的具体原因和主观过错情况确定责任。上述规定实际上并未明确应如何追究检察委员会委员的责任，而且上述规定也反映出《检察院司法责任制意见》对追究检察委员会委员的司法责任持谨慎态度。

2007年9月最高人民检察院印发的《检察人员执法过错责任追究条例》规定："人民检察院及其执法办案部门经集体讨论造成执法过错的，由集体讨论的主持人和导致错误决定产生的其他人员分别承担责任。"依据上述规定，检察委员会决定的案件被认定为错案的，应当由主持讨论及发表错误意见的检察委员会委员分别承担责任。根据《检察人员执法过错责任追究条例》和《检察院司法责任制意见》，检察人员必须对错案的发生有故意或重大过失才追究其司法责任，因此，对检察委员会决定错误造成错案的，只能追究对发表错误意见存在故意或重大过失的检察委员会委员的责任。

(三) 主办检察官的责任内容

1. 决定责任

根据《检察院司法责任制意见》的相关规定，检察官办案组办理案件的决定权属于主办检察官，故主办检察官应当对职权范围内作出的决定承担责任。

2. 监督管理责任

根据《检察院司法责任制意见》的相关规定，对办案组成员的管理和办案组承办案件的组织、指挥、协调由主办检察官负责，这意味着主办检察官也负有一定的监督管理职责，也是负有监督管理职责的人员。如果主办检察官因故意或重大过失对办案组成员的管理和办案组承办案件的组织、指挥、协调怠于或不当行使监督管理权，造成办案工作出现严重错误的，也应承担司法责任。

(四) 检察官的责任内容

1. 作为独任检察官独立决定时的责任内容

独任检察官承办案件并对职权范围内的事项独立作出决定时，对整个案件承担司法责任。独任检察官决定的案件提交检察长（副检察长）审核，如果检察长（副检察长）不同意要求独任检察官复核，独任检察官复核后改变原处理决定的，检察官对事实和证据承担司法责任，同时与检察长（副检察长）共同对处理决定负责。独任检察官决定的案件提交检察长（副检察长）审核，检察长（副检察长）直接改变独任检察官决定的，独任检察官只对事实和证据负责，对处理决定不负责，检察长（副检察长）部分改变独任检察官处理决定的，独任检察官需要对案件的事实和证据以及部分未改变的处理决定承担司法责任。检察辅助人员实施的辅助办案活动需要经过检察官审核的，检察官与检察辅助人员应对该辅助办案行为共同负责。

2. 作为检察官办案组成员时的责任内容

检察官作为办案组成员时受主办检察官的管理和指挥,其无权做出案件处理决定,但可以在主办检察官的指挥下实施一些具体的办案行为。因此,检察官应对其实施的具体办案行为负责。检察官负责事实和证据审查的,应当对负责的事实和证据承担司法责任。检察官就案件处理决定提出个人处理意见的,该意见仅供主办检察官参考,即使检察官提出的个人处理意见错误,而错误意见被主办检察官采纳,检察官也不对错误处理决定承担司法责任。

3. 承办案件提交检察长(副检察长)或检察委员会决定时的责任内容

检察官办案责任制改革后,实践中仍然有不少案件如重大、复杂、疑难案件由检察长(副检察长)或检察委员会决定。此时检察官只是案件承办人,不享有办案决定权。对于检察官提交检察长或检察委员会决定的案件,由于检察长和检察委员会不再对案件事实和证据进行审查,故对此类案件,检察官应对案件的事实和证据负责。《检察院司法责任制意见》只规定检察委员会审议案件时,检察官故意隐瞒、歪曲事实,或者故意遗漏重要事实、证据或情节,造成检察委员会决定错误的,由检察官承担司法责任,而未规定检察官将承办的案件提交审批时,因事实、证据认定错误导致检察长决定错误时责任应如何认定。笔者认为,只要是由于检察官对事实和证据的认定错误,导致检察长或检察委员会作出错误处理决定的,都应当由检察官对错误决定承担司法责任。需要注意的是,提交检察长(副检察长)决定或检察委员会审议的案件,检察官往往也需要提出个人意见,由于这种个人意见只供检察长或检察委员会参考,因此,即使该意见错误,且检察长或检察委员会采纳了该错误意见,检察官也不需要对该错误意见承担司法责任。

(五)检察辅助人员的责任内容

检察官办案责任制改革后,检察辅助人员虽然没有办案决定权,不能直接承办案件,但检察辅助人员仍然要参与司法办案工作,检察辅助人员应对其参与司法办案的具体行为承担相应的司法责任。如根据《检察院司法责任制意见》，检察官助理需要在检察官的指导下履行讯问犯罪嫌疑人、被告人，询问证人和其他诉讼参与人；现场勘验、检查，实施搜查，实施查封、扣押物证、书证；收集、调取、核实证据；草拟案件审查报告，草拟法律文书等职责。这就意味着检察官助理需要对这些行为承担司法责任。值得研究的是，上述规定中的一些行为如草拟案件审查报告、草拟法律文书等需要经过检察官的审核，此类行为的司法责任应如何划分。实践中有不少人认为，在检察官助理起草审查报告和法律文书的情况下，检察官助理对事实和证据负责，检察官对定性负责。笔者认为，这种观点是不正确的。检察官办案责任制改革后，检察官才是案件的承办人，检察官助理只是辅助办案者，检察官作为直接承办人有直接审查事实和证据的义务，但检察官助理作为辅助办案者也应对其审查事实和证据的行为负责，故检察官助理起草审查报告和法律文书的情况下，检察辅助人员和检察官共同对事实和证据负责，检察官单独对处理决定负责。

三、司法责任追究的程序

（一）检察院纪检监察部门受理举报控告并进行调查核实

对检察人员办案活动中违纪违法和司法过错行为的举报控告，由检察机关纪检监察部门受理，检察院纪检监察部门受理后，再进行调查核实。当检察人员办理的案件出现被告人被判无罪，导致国家赔偿，出现冤假错案，以及犯罪嫌疑人和被告人逃跑、伤残、死亡等情形的，由检察机关纪检监察部门核查应否追究相关人员的司法责任。检察机关纪检监察部门经过调查，认为确实应追究检察官司法责任的，应报请检察长决定后，再移送省级检察官惩戒委员会审议。

(二) 检察官惩戒委员会审议

由检察官惩戒委员会负责对是否应追究检察官司法责任进行专业性认定,是检察官办案责任制改革的重要内容,也是加强检察官履职保障的重要措施。检察官惩戒委员会既可以对检察官违法履职行为予以监督,又可以对检察官合法履职行为予以保护,对确保检察官依法行使检察权,促进社会公平正义具有重要意义。之所以追究检察官司法责任前需要经过检察官惩戒委员会审议这一程序,其根源在于检察官具有司法官特性。正如追究法官的司法责任应当慎重,避免因追责影响法官独立行使职权,追究具有司法官特性的检察官司法责任同样应当慎重,应避免因追责影响检察官独立行使职权。故设计检察官惩戒制度时一定要注意发挥检察官惩戒委员会在保障检察官依法履职方面的作用。

检察官惩戒程序启动后,检察机关纪检监察机构应当及时将当事检察官履职不当的具体事实,以及相关处理建议和依据向惩戒委员会通报,并就该当事检察官履职行为存在故意或重大过失进行举证,以便于检察官惩戒委员会委员掌握情况。检察官惩戒委员会审议过程中,应当保障当事检察官的陈述、辩解和申请复议权。检察官惩戒委员会审议后,应当根据查明的事实和相关法律法规提出该检察官无责、免责或给予相应惩戒的建议。

(三) 作出相应的处理决定

根据"两高"《关于建立法官、检察官惩戒制度的意见(试行)》的规定,对检察官违反检察职责的行为作出处理决定,由人民检察院根据检察官惩戒委员会的意见作出。根据《检察院司法责任制意见》的规定,对于经调查属实确应追究检察官司法责任的,根据不同情形依照不同程序予以处理:对于应给予停职、延期晋升和调离办案岗位以及免职、责令辞职和辞退等处理的,由组织人事部门按照干部管理权限和程序办理;对于应给予纪律处分的,由检察机关纪检监察部门依照有关规定和程序办理；对于涉嫌犯罪的，由检察机关纪检监察部门将线索移交司法机关处理。值得注意的是，鉴于相关处理决定对检察人员具有重大影响，故应切实保障检察人员不服处理决定的申诉权，对于检察人员提出申诉的，有关部门应当予以认真核实。

第四章 检察官办案责任制改革的理论思考

第一节 检察官性质理论

检察官的性质定位一定程度上决定了检察官办案责任制改革的方向，是检察官办案责任制改革的基础性问题。

一、关于检察官性质定位的主要观点

检察官的性质定位问题与检察权和检察机关的性质定位问题本质上是同一个问题的不同方面。检察权属于何种性质，检察机关和检察官也势必属于何种性质，同样，检察机关属于何种性质，也意味着检察权和检察官属于何种性质。

（一）大陆法系国家和地区关于检察官性质定位的主要观点

检察官的性质定位问题一直是大陆法系国家和地区学界争议较大的一个问题，对于这个问题主要有以下几种观点：

第一种观点是"一般行政官说"。即认为检察官是一般行政官，其主要依据在于：一是检察官实行"上命下从"，上级对下级检察官办理的检察事务，可以进行指挥监督，下级有义务服从，上级还可以行使职务收取权和职务转移权，而法官则独立行使职权，不受任何外力干预，绝不实行"上命下从"。二是国家权力分为立法权、行政权和司法权，

司法权只能由具有人身和事务独立性的法官行使，检察官并非受宪法独立性保障的法官，而是必须服从上级指令的公务员，检察官当然也不能行使立法权，故检察官只能是行使行政权的行政官。第二种观点是"等同法官说"。"等同法官说"的基本论据是检察官与法官具有"近似性"，检察权与司法权非常接近。就前者而言，没有人的行事准则比检察官更接近法官，尤其是在法定主义之下，基于强制追诉的义务，检察官与法官的调查和裁判一样，同样必须严格遵守法律。检察官侦查终结后，根据侦查结果，审查决定提起公诉，此时，检察官依据现有证据判断法院是否可能作有罪判决，这种情况下，检察官的判断基础和法律要件而言，与法官随后的裁判极为相似。另外，从接近度而言，检察官甚至比非诉法官更接近法官。"等同法官说"的根本理由，是防范行政不当干预刑事司法。如果检察官属于行政官，那么其执行刑事诉讼任务时必须接受上级指挥，上级又必须接受上上级指挥，就会导致"内阁司法"。第三种观点是"司法官署说"。该说认为，检察官是自成一格的司法官署。从检察官制度的产生目的看，检察官一直是处于行政权与司法权之间以及法官与警察之间的中间枢纽。检察官是法律的守护人，担负国家权力双重控制的任务，其不仅要追诉犯罪，还要保护被告免受法官的恣意和警察的滥权，检察官虽然不是法官，但要监督法官进行裁判，与法官共同追求客观公正的裁判结果；检察官虽然不是警察，但需要用司法属性来控制警察的侦查活动，以保障侦查追诉活动合法进行。在不改变检察官组织上隶属司法部及宪法相关规定的情况下，检察官当然不是法官，也不是立法机关，而是行政机关。然而，检察官虽然在组织上属于行政机关，但在主要功能上又类似于司法官，与一般的行政官员不可相提并论。①

(二) 我国关于检察官性质定位的主要观点

第一种观点是行政官说，即认为检察官是行政官。从笔者收集的资

---

① 参见林钰雄：《检察官论》，法律出版社2008年版，第63~80页。

料来看，似乎没有发现直接主张检察官属于行政官的观点，但由于检察官的定位是由检察权的性质决定的，我国有不少主张检察权是行政权的观点，根据这些观点必然得出检察官是行政官的结论。例如有学者认为，司法权与行政权相比有中立性、终局性、消极被动型、独立性等特征。而检察权不具有这些特征，检察机关在组织体系上也与审判机关明显不同，检察权只具有部分司法的特点，且这些特点也是相对的、不全面的，不能将检察权所具有的这些特点当做其本质属性，检察权在本质上应当且也只能是行政权。① 或者认为，检察机关的权力特征与司法权并不存在内在的必然的联系，反而与国家行政权的特征吻合。②

第二种观点是司法官说，即认为检察官是司法官。如有学者认为，长期以来，官方和公众一直将检察院作为司法机关，将检察官作为司法人员。法律监督是我国检察官职责的核心。法律监督是适用法律的专门活动，检察官的特殊职责决定了检察官管理制度，从而决定了检察官作为司法官的属性。从法官法和检察官法的内容来看，除关于检察机关领导体制的内容外，两者规定基本一致。检察官和法官在任职条件、权利义务、等级设置、待遇、职务保障等方面基本一致。检察官制度与法官制度内容的同一性，进一步显示我国检察官属于司法官。③ 或认为检察官虽在组织特征上实行"检察一体化"，具有一定行政色彩。但与法官的亲历性、判断性较为类似，检察官行使职权也具有一定的独立审查、判断的特征。在刑事司法领域，检察官也享有部分消极裁判权，如侦查终结撤销案件、决定不起诉、撤回起诉等，在处理案件上享有一定自由裁量权，具有在侦查、起诉或审判阶段终止案件诉讼的效力。尽管在检察机关内部实行上命下从原则，但检察机关作为一个整体不受非法干

---

① 陈卫东：《我国检察权的反思与重构——以公诉权为核心分析》，载《法学研究》2002年第2期。
② 参见郝银钟：《检察权质疑》，载《中国人民大学学报》1999年第3期。
③ 参见孙谦主编：《中国检察制度论纲》，人民出版社2004年版，第313~314页。

预,与司法机关的独立原则具有相同性质。从现代刑事司法制度的趋势和特性来看,基本上检察官履行的是司法官的职责,至少更趋向司法官的特征,而与行政官在处事原则、活动领域及组织上有较大区别,其作为司法官有利于完成刑事诉讼的任务和目的。① 检察机关和法院都是司法机关,检察权和审判权都具有司法性质,因而检察官也是司法官。②

第三种观点是双重属性说,即认为检察官同时具有行政官和司法官双重属性。例如有学者认为,检察官是多种角色的综合体,一方面,检察官具有司法角色,从制度上看,检察官的司法角色这不仅体现在检察机关司法机关的法律定位,且在检察官的具体刑事职责中也体现的淋漓尽致,我国检察官在批准逮捕时就相当于"令状法官";从法律守护功能上看,检察官与法官本质并无二致,不同的只是社会分工导致的法律职业内容;从职权配备来看,检察官在某些方面具备了与法官类似的司法权,在起诉阶段,检察官拥有裁量权;检察官的抗诉虽然有一定行政权力性质,但表现最为充分的部分仍然是司法性质;在检察权权力运作的最终效果方面,也与法官司法权力最终效果较为类似。另一方面,检察官具有行政角色,从制度上看,上下级检察机关之间金字塔式的组织建制,以及检察机关与检察官之间的行政隶属关系说明了检察官的行政色彩;在权力的具体行使方式、性质及原则上,检察官呈现出相应的行政性。③ 有学者认为,"议行合一"政体形式下的检察权同样存在行政权和司法权双重属性,本质上是一种司法行政权,是行政权的本质反映,具有司法权的属性。④ 检察权具有双重属性意味着检察官也具有双重属性。也有学者认为,检察官司法性主要表现为独立判断和裁决以及以适用法律为目的。检察官的行政性主要表现为上命下从,以及往往追

---

① 陈国庆:《检察制度原理》,法律出版社2009年版,第86~88页。
② 参见徐益初:《司法公正与检察官》,载《法学研究》2000年第6期。
③ 参见宋远升:《检察官论》,法律出版社2014年版,第58~84页。
④ 参见洪浩:《检察权论》,武汉大学出版社2001年版,第16~17页。

求行为本身的目的，而只是将法律作为行为的框架。①

第四种观点是法律监督官说，该种学说认为检察官应当是法律监督官。如有学者认为，检察院是国家法律监督机关，检察权的性质则是法律监督权，因而，检察官在性质上不是行政官和审判官，而是法律监督官员，是专门维护法律统一和正确实施的官员。②或者认为，将检察权定位为法律监督权外的其他权力的理论预设有问题，检察机关法律监督权行使的范围、方式、特点和效力以及在法制实践中发挥的作用，都进一步论证了法律监督制度。③宪法关于人民检察院是法律监督机关的规定，明确了检察机关的性质和职责，也表明了检察机关与其他执法机关不同的特点，由于检察机关的法律监督权是通过检察官的检察活动来行使的，因此，检察官从事的一切检察活动都是为了维护国家法律的统一、正确实施。据此，检察官是"国家设置的专职维护法律统一、正确实施的官员"，即法律监督官。④又或者认为，检察官的法律监督属性，是由我国的宪政体制决定的，检察官履行各项检察职责时也体现了其法律监督官员属性。⑤

二、我国检察官的性质定位之确定

（一）上述观点评析

研究一个问题之前，首先要明确研究这个问题的目的是什么，即为

---

① 参见孙谦、刘立宪：《检察理论研究综述 1989—1999》2000 年版，第 76 页。
② 参见田先纲：《我国检察官的性质、职业特点及职权配置的再思考》，载《上海大学学报（社会科学版）》2007 年第 2 期。
③ 参见孙谦：《检察：理念、制度与改革》，法律出版社 2004 年，第 225 页。
④ 参见王桂五主编：《中华人民共和国检察制度研究》，中国检察出版社 2008 年版，第 464 页。
⑤ 参见贾志鸿等：《检察院检察权检察官研究》，中国检察出版社 2008 年版，第 193~195 页。

第一节 检察官性质理论

了解决什么问题。研究目的往往决定了研究路径，乃至研究结论。某一研究结论可能在解决某一问题时有用，但在解决另一问题时则无用。因而，研究检察官性质定位之前，首先要需要明确研究检察官性质定位的目的是什么，是为了解决什么问题。从台湾地区林钰雄教授介绍的大陆法系国家和地区关于检察官性质定位争议的历史源流和争论情况来看，大陆法系国家和地区关于检察官性质定位的争议虽然从起源上涉及君权派与民权派的角力，涉及检察官到底应作为政府代言人，维护统治者利益的工具，还是"法律的守护人"，但从形式上看都需要解决检察官是否应像行政官一样上命下从，抑或应像法官一样享有独立性保障的问题。而检察官是否需要"上命下从"，是否享有独立的身份和履职保障也涉及检察官制度乃至检察制度的具体设计问题。我国检察官制度虽然与法国、德国有所差异，但在研究检察官性质定位问题的目的上，我国与这些国家和地区大同小异，主要也是为了解决检察官管理和身份保障问题，即对检察官应像行政官一样还是像法官一样进行管理，是否应给予检察官和法官一样的履职保障，检察官是否应当具有独立办案权等问题。正如有学者指出，研究检察官身份属性问题，主要是为了解决检察官的职务和身份独立性保障问题，若是司法官则应比照法官给予职务和身份独立性保障。①

就行政官说和司法官说来看，域外一般行政官说的主要问题在于，忽视了检察官与一般行政官的本质区别，法律是一般行政官行事的"框架"，而法律则是检察官工作的目标，而且检察官履职的独立性远高于一般行政官，是"事实上"独立的官署。域外等同法官说的主要问题是检察权与司法权很接近但并非等同，而且该种学说认为检察官与法官等同，又不主张废除检察体系内的上命下从，在理论上自相矛盾。② 而就我国的行政官说与司法官说来看，两种学说实际上都认识到

---

① 参见万毅：《台湾地区检察制度》，中国检察出版社2011年版，第33页。
② 参见林钰雄：《检察官论》，法律出版社2008年版，第66~68、72~75页。

了检察官所具有的双重属性，只不过行政官说认为行政属性是检察官的本质属性，而司法官说则认为检察官的本质属性是司法属性。就检察官的本质特征来看，一方面，检察机关上下级是领导关系，实行"上命下从"，具有典型的行政性特征，另一方面，检察官办案有相对独立性，有不起诉等消极裁判权，还有一定自由裁量权，担负着维护法律统一实施的重任，我国检察官的身份保障与法官也基本相同，这说明检察官有典型的司法官特征。这两方面的特征很难说哪一方面是本质特征。另外，即使一方面的特征是本质特征，也不能否定另一方面特征的存在。

另外，如前文所述，研究检察官性质定位的主要目的是解决检察官的职务和身份独立性保障问题。如果采用行政官说，则意味着对于检察官应当视同行政官进行管理，那么检察官就不应享有独立办案权，不应享有相应的履职保障。这显然不符合刑事诉讼活动规律，也不利于刑事诉讼的公正进行。而且正如有学者所指出，将检察权定位于行政权，势必动摇我国的基本政体。① 如果采用司法官说固然解决了检察官的身份和履职保障问题，然而司法官说又意味着检察机关不应实行行政化管理，内部不应实行检察一体、上命下从，这显然又违背检察活动规律。这说明行政官说和司法官说都存在一定缺陷。也有学者所持的司法官说主张用广义上的司法概念来代替狭义上的司法概念，从而认为司法官包括检察官和法官。然而，正如有学者所指出，广义上的司法权包括审判权和检察权，狭义上的司法权仅指裁判权或审判权。② 如果采用广义上的司法权概念，检察官就是当然意义上的司法官。然而，这种意义上的讨论无法解决检察官是否应当享有身份和职务保障，是否应当有独立办案权的问题，也就没有意义。

就双重属性说和法律监督官说来看，理论界的观点似乎都认为两者

---

① 参见石少侠：《检察权要论》，中国检察出版社2006年版，第3页。
② 参见王利明：《司法改革研究》，法律出版社2000年版，第8页。

是互相冲突的。然而，笔者认为，两者并非完全冲突，或者说两者是可以兼容的。实际上，这两种观点都有自身的缺陷，只有对这两种观点进行调和才能弥补彼此的不足。就双重属性说来看，双重属性说较好地解释了检察官同时具有的行政性和司法性特征，符合司法实践中检察官角色定位的现实情况，也有利于解决检察官的身份和地位保障问题。然而，这种观点实际上是在西方三权分立的话语体系内讨论检察官的属性问题，不符合我国的宪政体制。西方由于实行立法、行政、司法三权分立，检察权必须从这三种权力中寻找归属，检察权不可能是立法权，只可能属于行政权或司法权，相应地检察官也只能属于行政官或者司法官。而检察权同时具有行政权和司法权的部分特征，因此，在三权分立的国家或地区，检察官自然同时具有行政官和司法官的双重属性。故在西方国家检察官双重属性说成为通说。而我国采取的是议行合一的宪政体制，在我国，检察权与审判权、行政权一样是立法权派生的权力，检察权和审判权、行政权处于同等位阶，在我国检察权和法律监督权是等同的概念。我国宪法明确规定检察机关是国家的法律监督机关。故在我国的宪政体制下，认为检察官同时具有司法官和行政官双重属性不符合我国的宪政体制，在我国的宪政体制下检察官是当然的法律监督官。

就法律监督官说来看，该说从宪法关于检察机关的性质定位出发进行分析，有其理论的合理性，但该种学说回避了检察官作为法律监督官与行政官和司法官的关系问题，依据这种学说的结论也无法解决对法律监督官应当如何管理，是否应给予相应的履职保障，法律监督官是否应当具有独立办案权等问题。在此意义上说，对法律监督官应当进一步讨论其与行政官和司法官的关系问题。

(二) 我国检察官的性质定位

综上所述，行政官说、司法官说、双重属性说和法律监督官说都存在一定缺陷。笔者认为，实际上法律监督官说和双重属性说正好可以克服彼此的缺陷，法律监督官说可以克服双重属性说不符合我国宪政体制的缺陷，双重属性说则可以克服依据法律监督官说无法解决对检察官如何管理的问题。因此，我们可以对法律监督官说和双重属性说进行调和。按照这种思路，笔者认为，我国检察官的性质定位是兼具司法官和行政官双重特性的法律监督官。

值得研究的是，在司法官和行政官特性中法律监督官更偏重哪一种特性的问题。笔者认为，法律监督官的双重特性中司法官的特性更为突出，主要表现在：我国检察官享有审查逮捕权这种典型的司法审查权，我国检察官制度与法官制度基本一致，我国检察机关和审判机关的宪法地位、独立性保障基本一致，我国法官、检察官在任职条件、任命程序、权利义务、等级设置、待遇、职务保障等方面则完全一致。

需要指出的是，虽然台湾地区和我国大陆地区检察官都具有行政官和司法官双重特性，但在双重特性的具体表现上却有较大差异，在某些特征上，大陆检察官司法官特性更强，行政官特性更弱，而在某些特征上，台湾地区检察官的司法官特性更强，行政特性更弱。主要体现在：（1）从组织体系看，我国大陆地区检察官表现出明显的司法官特性，而台湾地区检察官则表现出明显的行政官特性。因为台湾地区检察署隶属于"法务部"这个行政机关，台湾地区检察官在组织体系上属于行政官，台湾地区"法务部长"对检察官可以行使外部指令权，而我国大陆地区检察官在组织体系上与法官一样完全独立，不属于行政官，司法部也不能对检察官行使任何指令权。（2）从检察机关的独立性来看，我国检察官的司法特性更强，台湾地区检察官的司法特性则偏弱。大陆宪法明确规定人民检察院依法独立行使检察权，还制定了专门的检察院组织法和检察官法，我国大陆检察机关与法院一样在体制上是完全独立的，"我国大陆地区的检察体系在立法和事实上已经成为一独立自主的司法官署"。① 而台湾地区归属于"司法部"的检察机关不仅在"宪法"层面没有独立地位，而且也没有制定单独的"检察署组织法"和

---

① 参见万毅：《台湾地区检察制度》，中国检察出版社2011年版，第34页。

"检察官法",相关内容都是在"法院组织法"和"法官法"中予以规定。从名称上看,我国大陆地区检察院都称为"×××人民检察院",和法院的名称差不多,而台湾地区则称为"×××法院检察署"。这些都表明我国大陆地区检察机关的独立性远大于台湾地区检察机关的独立性。(3)从法官检察官权利义务、遴选、任免、管理、考核奖励和惩戒、保障等情况来看,我国大陆地区检察官司法官特性较之台湾地区检察官更强。我国大陆地区法官检察官在这些方面几乎享有完全相同的待遇,而台湾地区法官检察官在这些方面虽然差别不大,但法官的遴选、惩戒等要求更为严格,相关保障也更加到位。(4)从检察官个体的独立性来看,则是台湾地区检察官的司法官特性更强,我国大陆地区检察官长期以来表现出明显的行政特性。在台湾地区检察官是独立的官署,以自己的名义独立行使检察权,检察上级对检察官的指令受到诸多限制,检察首长不能随意干涉检察官办案,而我国大陆地区则是检察院独立行使检察权,检察官长期以来没有独立办案权,即使在检察官办案责任制改革后,检察官的独立决定权也来源于检察长授权,授权以后检察官享有决定权的范围也远没有台湾地区检察官广泛,而且我国大陆地区检察上级行使检察指令权的限制也较少。这些都导致我国大陆地区检察官远不如台湾地区检察官独立程度高。

综上所述,笔者关于我国检察官性质定位的结论是:我国检察官的性质定位是兼具司法官和行政官双重特性,且偏重于司法官特性的法律监督官。

三、责任制改革对检察官司法官特性的影响

我国检察官办案责任制改革改变了很多以往检察机关办案行政化的做法,客观上对检察官的司法官特性起到了强化作用。主要体现为:

(1)从改革目的看,检察官办案责任制改革的重要目的是去行政化,势必意味着强化司法化。本轮检察官办案责任制改革的重要目的是解决长期以来检察机关内部办案中存在的行政化,以及行政化导致的权

责不明、责任追究难以落实等问题。检察官办案责任制改革的核心目标是改变传统办案层层审批的做法，实现"让办案者决定，由决定者负责"。改革目的是去行政化决定了检察官办案责任制的整体改革设计围绕去行政化、强化司法化而展开，这就必然强化检察官的司法官特性。

（2）从检察官权力内容的变化看，赋予检察官办案决定权大大强化了检察官的司法官特性。责任制改革过程中各省通过制定检察官权力清单予以授权的方式，授予检察官办案决定权，并由检察官对决定事项独立承担责任，让检察官不仅是办案主体，也是决定主体和责任主体。由检察官对案件独立作出处理决定，改变了以往检察机关办案层层审批的做法，减少了检察官办案的行政化色彩，使得检察官办案活动的司法特性大大增强。同时，办案决定权的授予也大大增强了检察官自由裁量的空间，强化了检察环节办案活动的亲历性，更有利于检察官实现维护社会公平正义的目标，从而强化了检察官的司法官特性。

（3）从司法责任制中法官、检察官的地位看，检察官和法官在本轮司法责任制改革中地位相同，享有同等待遇，彰显了检察官的司法官地位。在中央主导的本轮司法责任制改革中，检察官办案责任制改革与法院司法责任制改革同属司法责任制改革的重要内容，中央对这两项改革无论在整体设计，还是在具体制度建立以及相关待遇保障方面都予以同等对待。在司法责任制改革中，检察官与法官享有几乎同样的权利和义务，如同级法官、检察官在遴选条件、遴选程序、职业保障、等级设置、工资待遇、职务晋升、惩戒程序等方面完全相同，这标志着检察官与法官在司法特性上的趋同性。

（4）从检察指令权的变化看，检察官办案责任制改革对检察指令权的限制强化了检察官的司法官特性。检察官办案责任制改革中，为避免检察指令权妨碍检察官独立决定权的行使，对检察上级的检察指令权予以了限制。如取消了业务部门负责人直接改变检察官意见或要求检察官改变意见的指令权，基本取消了检察上级的分案权和指定协同办案人指令权，明确了检察指令权应以书面形式作出，明确了检察官不服检察指令的异议权,明确了检察长行使指令权的司法责任,等等。这些检察指令权方面的变化,一定程度上明确了检察机关"上命下从"的界限,为检察官依法独立办案提供了保障,增强了检察官的司法官特性。

(5)从检察官的履职和身份保障看,检察官办案责任制改革大大强化了检察官的履职和身份保障,进一步彰显了检察官的司法官特性。为保障检察官依法独立行使职权,中央在加强检察官履职和身份保障方面做了大量工作。如出台了《司法机关内部人员过问案件的记录和责任追究规定》和《领导干部干预司法活动、插手具体案件处理的记录、通报和责任追究制度》,保障检察官依法办案不受非法干预。建立了检察官单独职务序列,打通了检察官晋升通道,明确检察官享有高于同级普通公务员的工资待遇,要求各地设立了检察官惩戒委员会,明确了对检察官的惩戒程序,防止随意惩戒检察官,等等。一般认为,只有依法独立行使职权的司法官才需要相应的履职和身份保障,行政官不存在履职和身份保障问题。因此,中央强化检察官的履职和身份保障充分彰显了检察官的司法官特性。

第二节 检察官地位理论

检察官作为检察权的具体行使者,在诉讼法上是否有独立的法律地位,对于检察官能否独立行使决定权以及承担司法责任具有重要意义。检察官办案责任制改革后,我国的检察官在诉讼法上是否具有了独立的地位?如果依然没有独立的诉讼地位,那么检察官办案责任制改革对检察官的诉讼地位有无影响?又当如何完善我国检察官的诉讼地位?这些问题值得研究。

一、我国检察官的诉讼地位

关于我国检察官是否具有独立的诉讼地位,理论界主要有两种观点。多数学者认为,我国检察官没有独立的诉讼地位。如有学者所指出,"我国检察制度中,检察权的独立行使,主要是就检察机关而言","诉讼法仍是以人民检察院而非检察官为诉讼主体,检察官是检察院意志的执行者,其本身在诉讼法上还缺乏独立的地位"。① 我国法律强调的是人民检察院集体独立,即便授予检察官权力,也是为了保障人民检察院独立行使职权,法律并未规定检察官独立行使检察权。② 也有个别学者认为,检察长对检察行政事务和检察业务享有最高决策权,并不否定检察官依法独立行使检察权的主体地位。我国检察机关内部存在常规办案机制和办案监督机制两套权力运行机制,常规办案机制下检察官依法独立行使办案决定权,办案监督机制下检察长对承办检察官进行指挥、监督或对案件作出收取、移转等处分。检察官独任制与检察长负责制这两套权力运行机制是并行不悖的,检察长负责制并不排斥、否定检察官独任制。③

不可否认,实践中我国检察机关确实存在常规办案机制和办案监督机制两套运行机制,但常规办案机制下检察官的办案决定权也来自于检察长授权而非法律直接赋予。检察长授予检察官办案决定权后,如果检察官行使权力并无错误或不当,检察长就不能行使指挥监督权。如果检察官行使权力存在错误或不当,检察长就行使指挥监督权。因此,即使在检察机关常规办案机制下,检察官也只是依授权独立办案,并未取得依法独立行使检察权的主体地位。另外,从我国相关法律规定来看,宪法和检察院组织法都明确规定人民检察院依法独立行使检察权,而没有关于"检察官依法独立行使检察权"的表述。刑事、民事、行政三大诉讼法中也只有检察长或检察院行使检察权的规定,而没有检察官行使检察权的规定。因此,我国检察官尚没有独立的诉讼地位。

---

① 参见龙宗智:《论依法独立行使检察权》,载《中国刑事法杂志》2002年第1期。
② 参见陈卫东、李训虎:《检察一体与检察官独立》,载《法学研究》2006年第1期。
③ 参见万毅:《检察改革"三忌"》,载《政法论坛》2015年第1期。

遗憾的是，本轮检察院组织法的修改也未涉及检察官诉讼主体地位问题。就 2018 年 10 月新修订的人民检察院组织法来看，检察院组织法虽然规定检察院实行检察官办案责任制，但仍然规定检察院依法独立行使检察权，而没有关于检察官依法独立行使检察权的规定。而且，检察院组织法第 29 条规定，检察长可以将部分职权委托检察官行使，可以授权检察官签发法律文书。这说明检察官的权力依然来源于检察长授权，而非法律规定，也表明本轮检察院组织法修改仍然没有赋予检察官独立诉讼地位。

二、检察官缺乏独立诉讼地位的后果

我国检察官在诉讼法上不具有独立地位，决定了其本身没有办案决定权，不能以自己的名义对外行使职权，其权力只是来源于检察长授权（检察官的权力来源问题下文将详细论述）。法律是否赋予检察官独立的诉讼地位，实际上体现了法律对检察官决定权的态度。法律赋予检察官独立的诉讼地位，意味着限制检察官权力属于例外情形，检察上级在没有法定理由的情况下不能干涉检察官办案决定权的行使。因而，检察官在拥有独立诉讼地位的情况下，必然享有广泛的办案决定权。法律没有赋予检察官独立的诉讼地位，意味着检察官权力不是来源于法律直接赋予，而是来源于检察长授权。这意味着授予检察官办案决定权属于例外情形。在这种情形下，检察官享有决定权的大小很大程度上取决于本院检察长或有权制定检察官权力清单的上级检察机关的态度。在法律没有直接赋予检察官办案决定权，检察官决定权来自于检察长授权的情况下，本院检察长或上级检察机关对于授权的态度必然是谨慎、小心的。这必然导致检察官享有的办案决定权不会太大。目前检察官办案责任制改革的情况也印证了这一点。检察官办案责任制改革后，检察官虽然获得了不少办案决定权，但最核心、最重要的办案决定权，如重大、疑难、复杂案件的办案决定权，提出抗诉、检察建议等监督意见权，作出不起诉、不批准逮捕决定等导致程序逆行权力，以及决定取保候审、监视居住等改变嫌疑人羁押状态的权力等，仍然保留在检察长或检察委员会手中，没有授予检察官行使（当然这种做法在当前条件下有一定合理性，笔者注）。因而，我国检察官办案决定权较小的局面很大程度上是由检察官缺乏诉讼地位所决定的。

三、责任制改革对检察官诉讼地位的影响

由于诉讼法等相关法律并未确立检察官在诉讼上的独立地位，因此，检察官办案责任制改革后，检察官没有独立诉讼地位的状况没有从根本上改变。然而，强化检察官办案主体地位是本轮检察官办案责任制改革的关键。改革后，各地检察院一定程度上实行了"谁办案谁决定，谁决定谁负责"，很多诉讼法上规定由检察院行使的权力如提起公诉、排除非法证据等实质上都由检察官行使，检察官的办案主体地位得到了凸显。而从某种意义上说，检察官办案主体地位体现了检察官独立的诉讼地位。因而，笔者认为，检察官办案责任制改革后，尽管我国检察官依然没有独立诉讼地位之名，但一定程度上具有了独立诉讼地位之实。

四、确立检察官独立诉讼地位的重要意义

当前形势下，确立检察官独立的诉讼地位无论是对检察官个体还是对检察机关整体，无论是对检察制度的发展完善，还是对我国法治建设的进步都具有重要意义。

（一）有利于增强检察官尊荣感和责任感，充分发挥检察官主观能动性

当检察官获得独立的诉讼地位，不是以检察院名义，而是以自己的名义行使检察权，其尊荣感和责任感将大大增强。这势必大大激发检察官的主观能动性，让检察官在办案中充分发挥亲历案件调查、熟悉案件情况的优势，在作出案件处理决定时更好地考虑各种情况，作出最为恰当的案件处理决定。

(二)有利于巩固检察官办案责任制改革成果,真正让检察官拥有办案主体地位

检察官办案责任制改革的目的是去行政化,落实司法亲历性的要求,让检察官真正成为办案主体。本轮检察官办案责任制改革赋予了检察官一定的办案决定权,确实强化了检察官的办案主体地位,但以授权方式赋予检察官办案决定权存在很多弊端,并非长久之计,如导致授予检察官办案决定权的形式、范围等随意性较大,授予检察官的办案决定权随时可能收回,授权情况下限制检察上级指令权存在理论上的障碍,授权情况下难以处理检察官与检察长以及业务部门负责人的关系等一系列问题。在授权的情况下,很难让检察官真正成为办案和责任的主体。而在法律上明确检察官独立的诉讼地位,将改革后检察官行使办案决定权的成熟做法用法律形式固定下来,有利于巩固改革成果,避免检察长随意授权,可以让检察官的办案决定权处于稳定状态,也可以防止检察长指挥监督权随意启动影响检察官独立办案,从而真正让检察官办案主体地位落到实处。

(三)有利于克服我国"检察一体"绝对化所导致的诸多弊端

正如有学者所指出,我国检察一体化存在极端化倾向,片面强调下级检察院对上级检察院的服从,将检察院的"上命下从"等同于军队的"上命下从",没有注意规范上级检察院指令的合法性,也没有注意保障下级检察院和下级检察官行使权力的相对独立性。[1] 这种倾向导致的问题是上级可以通过合法途径侵分下级权力,通过合法途径达到非法目的。绝对的上下一体也导致层层审批,诉讼效率低下,以及发生错案

---

[1] 参见谢小剑:《检察一体中"上命下从"的限度》,载《行政法学研究》2009年第4期。

时互相推诿、无人负责。①而赋予检察官独立的诉讼地位，通过法律形式明确检察官办案决定权，则为防止检察长指挥监督权滥用提供了法律保障，防止了检察上级对检察官办案决定权的随意侵分。检察官依据法律规定独立行使决定权也避免了案件多级审批导致的诉讼效率低下，以及责任认定的困难。

（四）符合国际法治通例，有利于彰显我国法治建设成果

如前所述，在德国、日本、法国等法治发达国家，检察官都具有独立的诉讼地位，是对外行使检察权的独立官署。1990年第八届联合国预防犯罪和罪犯待遇大会通过的《关于检察官作用的准则》第4条也规定："应确保检察官得以在没有任何恐吓、阻障、侵扰，不正当干预或不合理地承担民事、刑事或其他责任的情况下履行其专业职责。"因此，赋予检察官独立诉讼地位是法治发达国家和地区的通行做法。我国检察官办案责任制改革强调凸显检察官办案主体地位，虽从实质上符合了强调检察官独立地位的国际法治通例，但毕竟未通过立法形式予以固定。用法律形式固定检察官办案责任制改革成果，在法律上确立检察官独立的诉讼地位，不仅符合世界法治通例，也有利于彰显我国法治建设成果。

五、域外检察官诉讼地位及决定权之借鉴

在德国、日本、法国以及我国台湾地区等大陆法系国家和地区，检察官是独立官署，在诉讼法上具有独立的地位。检察官以个人名义，而非以检察院内设机构或检察院名义行使检察权。②在日本，每位检察官都具有行使检察权的权限，日本检察官行使检察权时并不唯命是从，其

---

① 参见陈卫东、李训虎：《检察一体与检察官独立》，载《法学研究》2006年第1期。
② 参见向泽选：《检察权内部行使的模式选择》，载《人民检察》2014年第10期。

行使检察权时是代表国家意志，且具有独立自主权的独立机关。① 法国《司法组织法典》第 L.122-2 条规定，共和国检察官在大审法院管辖区域内的所有第一等级法院对各类案件行使检察机关职能，第 L.222-3 条和第 L.232-3 条分别规定违警罪法院和社区法院检察机关职权由共和国检察官行使。法国《刑事诉讼法典》第三节（第 39 条至第 44-1 条）明确规定了共和国检察官的广泛职权，包括接受告诉和告发、作出追诉或不予追诉决定、领导司法警察、监督拘留措施的实施、提出刑事和解建议等。这些职权的主体都是检察官而非检察机关。德国《法院组织法》第 142 条规定，检察职务由以下机构行使：在联邦法院由联邦总检察长和一名或数名联邦检察官行使；在高等州法院和州法院由一名或数名检察官行使；在地方法院由一名或数名检察官行使。② 德国检察官的在刑事诉讼中的职权主要是受理刑事犯罪检举、领导和指挥侦查；暂时采取逮捕、拘留、搜查和扣押等强制措施；决定起诉或不起诉；出庭公诉；提起上诉、抗诉和要求复审；对生效判决提出缓期执行或者监外执行的要求；监督刑罚执行。③ 就我国台湾地区来看，台湾刑诉法规定的检察权中绝大部分权力的行使主体是检察官，重要的权力如传唤、拘提、径行搜索、声请搜索、起诉、不起诉、上诉以及判决执行指挥等权力的行使主体都是检察官，而非检察机关。刑诉法仅规定少量权力由检察长行使，而且由检察长行使的这些权力，实际往往先由检察官代行审查，再由检察长审核批示后以检察长名义决定。在台湾地区，拘提被告、声请羁押被告、声请搜索票、提起公诉、不起诉、指挥徒刑执行等权力，均由检察官以个人名义行使。④ 这些大陆法系国家或地区的检察

---

① 参见裘索：《日本国检察制度》，商务印书馆 2003 年版，第 25 页。
② 参见魏武：《法德检察制度》，中国检察出版社 2008 年版，第 278~286、302、320 页。
③ 参见程德文：《德国检察官在刑事诉讼中的作用》，载《国家检察官学院学报》2006 年第 4 期。
④ 参见施庆堂、林丽莹：《台湾地区的主任检察官制度》，载《国家检察官学院学报》2014 年第 6 期。

官在诉讼法上有独立的地位,决定了他们本身享有法律授予的极为广泛的办案决定权。因为只有检察官享有了法律赋予的广泛的办案决定权,其独立的诉讼地位才能得到落实。虽然这些国家或地区的检察官独立也是在"检察一体""上命下从"下的相对独立,但这些国家或地区检察官独立的程度非常高,除特殊情况外,检察官基本都能独立决定案件处理,并承担全部司法责任。

就英美法系国家来看,检察官的主要职能是提起刑事公诉,而英美法系国家检察官在行使提起刑事公诉职能时往往也具有独立的诉讼地位。如美国检察职能以个人负责制为基础,检察官是检察署的绝对领导,有权决定检察署的一切案件,该检察署负责的一切刑事案件都以其名义起诉。检察官在决定是否起诉和进行辩诉交易方面具有非常大的自由裁量权,由于检察官决定起诉的案件要经过审判环节的审查,而检察官决定不起诉则无人审查,所以这种独立性在不起诉方面表现得尤为突出。① 起诉对象、罪名确定、送交审查的证据、起诉与否,都由美国检察官自行决定,基本不受任何审查。② 美国检察官控制了刑事案件的方向和结局。③ 英国《犯罪起诉法》第 1 条规定,每个皇家检察官在机构和程序上都享有检察长的所有权力。④ 英国检察官有权行使起诉裁量权,既可以对符合起诉条件的案件决定不起诉,也可以与被告人进行辩诉交易,还可以决定对重要证人进行豁免,英国检察官在行使这些权力时具有很大的独立性,没有明确范围限制。⑤

---

① 参见何家弘:《检察制度比较研究》,中国检察出版社 2008 年版,第 20~21 页。
② 参见何家弘:《毒树之果》,中国人民公安大学出版社 1996 年版,第 243~246 页。
③ 参见[美]安吉娜·J. 戴维斯:《专横的正义:美国检察官的权力》,李昌林、陈川陵译,中国法制出版社 2012 年版,第 3~4 页。
④ 参见樊崇义、吴宏耀、种松志:《域外检察制度研究》,中国人民公安大学出版社 2008 年版,第 16 页。
⑤ 参见何家弘:《检察制度比较研究》,中国检察出版社 2008 年版,第 41 页。

六、完善我国检察官诉讼地位的建议

正如有学者所指出,无论是理论探索、实践经验还是改革方向,我们都已具备了从检察机关独立行使职权过渡到检察官独立行使职权的条件。当诉讼法上的主体变为检察官时,带来的将是与之配套的理念、制度与实践的变化。当权力行使主体由检察机关变为检察官时,权力行使的独立性就会成为制度设计者必须考虑的问题。① 目前,随着检察官办案责任制改革的推进,以及之间所进行的主诉和主办检察官办案责任制改革的磨炼,我国检察官的独立办案能力得到了大幅提高,检察官办案责任制改革的实践也证实我国检察官有能力独立办案。当然,考虑我国目前的法治环境以及检察官办案责任制中检察长依然保留了大量办案决定权的实际情况,当前在明确检察官独立诉讼地位的同时,诉讼法上赋予检察官独立决定权的范围也应有所限制。

笔者建议,在保留宪法和人民检察院组织法关于人民检察院依法独立行使检察权表述的同时,应在宪法和检察院组织法中明确规定"检察官可以独立行使检察权"。在诉讼法中,则应取消人民检察院行使相关权力的表述,根据实际情况将诉讼法中的人民检察院替换为检察长或普通检察官。适宜由检察长决定的事项明确由检察长决定,适宜由检察官决定的事项明确由检察官决定(具体区分可参见下文关于检察官权力清单的论述)。从而在诉讼法上对检察官有权独立决定的事项予以明确。"要把检察官在依法行使检察权中的法律地位、检察官相对独立的内容、'检察一体'与检察官相对独立的协调等内容,分别在刑事诉讼法、人民检察院组织法、检察官法以及人民检察院有关办案规则中加以体现。"② 检察官对其决定的事项承担相应的司法责任。

---

① 参见陈卫东、李训虎:《检察一体与检察官独立》,载《法学研究》2006年第1期。

② 参见朱孝清:《检察官相对独立论》,载《中国法学》2015年第1期。

第三节 检察官权力来源理论

检察官办案责任制改革的关键是强化检察官的办案主体地位,而强化检察官办案主体地位的则需要让检察官拥有办案决定权。值得研究的是,检察官办案责任制改革后检察官享有办案决定权的依据,究竟是源自法律的直接规定,还是来源于检察长授权。检察官办案责任制改革究竟是将原本应当由检察官享有的办案决定权还给检察官,还是检察官本不应拥有这些办案决定权,只不过为了强化检察官的办案主体地位,检察长将自己享有的权力授予检察官行使。

一、检察官决定权的来源

关于检察官办案责任制改革后检察官办案决定权的来源,理论界主要有两种观点。一种观点认为,检察官办案决定权来自法律直接赋予,而非检察长授予。其提出的主要理由是:检察官法(修订前的,笔者注)第 2 条明确规定,检察官是依法行使国家检察权的检察人员,第 6 条规定了检察官职责,赋予"职责",就意味着授予"职权",该条在本质上是授权性规范,即授予检察官进行法律监督、提起公诉等职权。检察官法第 2 条的规定表明检察首长和普通检察官的权力来源是相同的,都来自于法律授权,因而两者都是合法行使检察职权的主体,都有权行使检察官法第 6 条授予检察官的各项职权。[1] 另一种观点则认为,检察官办案决定权来源于检察长授权,而非法律赋予。如有学者认为,虽然检察官法第 2 条明确规定检察官是依法行使检察权的人员,但检察官的独立地位并未得到诉讼法的确认,在当前制度背景下的改革,赋予检察官相对独立地位和部分决定权,检察长授权性质大于制度性

---

[1] 参见万毅:《检察改革"三忌"》,载《政法论坛》2015 年第 1 期。

分权性质。①

笔者认为,根据我国检察官法的规定很难得出法律赋予了检察官办案决定权的结论,上述第二种观点具有合理性,第一种观点值得商榷。主要理由在于:

第一,修订前的检察官法第2条的规定,检察官法所指的检察官包括检察长、副检察长、检察委员会委员、检察员和助理检察员。2019年修订的检察官法第2条规定:检察官是依法行使国家检察权的检察人员,包括最高人民检察院、地方各级人民检察院和军事检察院等专门人民检察院的检察长、副检察长、检察委员会委员和检察员。检察官法关于"检察官是依法行使国家检察权的检察人员"的规定,只是规定包括检察长在内的检察官整体是依法行使国家检察权的检察人员,"这一规定更多地表明和强调了检察官行使检察权的法定资格,即只有检察官才有资格行使检察长授予的检察权,或者说检察长只能向检察官授权。而书记员、司法行政人员等没有检察官身份,即便经过检察长授权,也不能行使检察权"。② 而且,"检察官是依法行使国家检察权的检察人员"表述中没有"独立"二字,这不是立法者的疏忽,而是依据宪法的规定和当时的认识水平慎重考虑的结果。检察官有在检察长领导下依法行使国家检察权的职责(职权)和义务,但无权独立决定案件的处理。③ 因此,依据检察官法的规定不能得出法律赋予了普通检察官办案决定权的结论。就检察长而言,无疑其是依法行使检察权的人员。就普通检察官来看,其虽然没有办案决定权,但在检察长授权其行使某项检察权的情况下,称其为"依法行使国家检察权的人员"也并无不妥。

---

① 参见龙宗智:《检察官办案责任制相关问题研究》,载《中国法学》2015年第1期。

② 参见项谷、张菁:《检察官办案责任制改革实践的理性认识——以上海市检察改革为视角》,载《上海政法学院学报》2016年第2期。

③ 参见朱孝清:《司法改革中几个问题之我见》,载《人民检察》2016年第6期。

检察官法规定的检察官职责同样是包括检察长在内的所有检察官的职责，也就是说检察官法是关于检察官整体职责的规定，并不意味着各类检察官都拥有第6条规定事项的所有权能。

第二，检察官法第6条关于检察官职责的表述也适用于普通检察官没有办案决定权的情形。在"三级审批制"的办案模式下，虽然检察长是办案事项的决定者，但普通检察官却是相关事项的直接执行者。如在需要对某个犯罪嫌疑人提起公诉的情况下，如果检察长决定提起公诉，普通检察官受检察长委托出庭支持公诉，普通检察官的行为仍然可以称之为"代表国家进行公诉"。此时，普通检察官有代表国家支持公诉的职责，并不意味着普通检察官可以独立决定是否提起公诉。同样，普通检察官有检察官法第6条规定的相关职责，也不能得出普通检察官能对这些事项进行独立决定的结论。同样的情形在人民警察法中也存在，人民警察法第6条规定了人民警察的职责，人民警察的职责包括侦查违法犯罪活动、管理集会、游行、示威活动等，普通警察需要履行这些职责并不意味着普通警察享有这些事项的决定权，如普通民警就不享有侦查违法犯罪活动中的决定立案、采取强制措施等权力。

第三，从我国相关法律规定来看，我国宪法和检察院组织法都规定的是检察院独立行使检察权，独立行使检察权的主体是检察院而非检察官。刑事、民事、行政三大诉讼法中检察权行使的主体或为检察院，或为检察长，或为检察委员会，而没有出现检察官字样。如果说宪法、检察院组织法等法律规定的检察权是宏观的、抽象意义上的检察权，那么三大诉讼法中的检察权则是具体、实践操作层面的检察权。实践操作层面检察权的主体不包括检察官，也说明诉讼法并未赋予检察官办案决定权。

因而，目前我国法律并未赋予普通检察官办案决定权，检察官办案责任制改革后，检察官享有办案决定权主要是基于各省检察官权力清单的授权，而检察官权力清单本质上仍然属于检察长授权，只不过是经过省级检察院统一规范后的检察长授权。

二、授予检察官办案决定权的正当性

在当前形势下,授予检察官办案决定权不仅没有违反法律规定,而且有先例可循。授予检察官办案决定权也是落实司法亲历性原则、提高诉讼效率和明确司法责任的必然要求。

(一) 授予检察官办案决定权没有违反法律规定

就现行法律规定来看,并无法律禁止检察长授权给检察官行使。现行法律仅规定少量检察权必须由检察长或检察委员会行使,绝大部分情形下法律都规定相关检察权由人民检察院行使。无疑"检察长是人民检察院内惟一具有完整检察权的检察官"[①],但根据前述检察官法第2条的规定,普通检察官也是依法行使国家检察权的检察人员,这使得普通检察官也具有了代表检察院行使检察权的资格。因而,检察长可以直接代表检察院行使检察权,而普通检察官则可以在获得授权的情况下代表检察院行使检察权。

(二) 检察长办案决定权授予其他检察官行使具有先例

授予普通检察官办案决定权与授予副检察长办案决定权并无本质区别。正如有学者所指出的,实践中检察委员会或检察长很少直接作出案件处理决定,大部分案件的处理由分管副检察长决定,而法律并未赋予副检察长这样的权力,对副检察长权力来源的合理解释是检察长委托或者授权,既然检察长可以委托或授权副检察长行使这些案件决定权,那么检察长也可以委托或授权检察官行使部分案件决定权。[②]

[①] 参见谢鹏程:《论检察官主体地位》,载《国家检察官学院学报》2017年第4期。

[②] 参见谢鹏程:《检察官办案责任制改革的三个问题》,载《国家检察官学院学报》2014年第6期。

(三) 授予检察官办案决定权是落实司法亲历性原则的必然要求

有学者认为,司法亲历性是指司法人员亲历审理案件的全过程,直接审查和接触各种证据,特别是直接听取诉讼中双方的主张、理由、依据和质辩,以及其他诉讼参与人的言词证据,并作出裁判。[1] 检察工作强调司法亲历性是由检察工作的司法属性所决定的。司法亲历性要求办案人员直接接触和审查各种证据。在"三级审批制"的办案模式下,作为案件亲历者的检察官不能决定案件处理,没有亲历案件的检察长反而有权作出处理决定,这违背了司法亲历性原则的基本要求。授予检察官办案决定权,让亲历案件办理的检察官自己作出决定,是司法亲历性的必然要求。

(四) 授予检察官办案决定权是提高诉讼效率、明确司法责任的必然要求

在检察官缺乏办案决定权的"三级审批制"办案模式下,检察官办理的所有案件都要经过逐级审批,最后经检察长决定。审批层级的繁多,必然导致办案时间的冗长、办案效率的低下。因此,授予检察官办案决定权是提高诉讼效率的必然要求。"三级审批制"办案模式下,办案者与决定者分离,必然导致责任主体不清,责任追究困难。授予检察官办案决定权,可以实现由"办案者决定,由决定者负责",是明确司法责任的必由之路。

三、授予检察官办案决定权的法律限制

虽然检察长授予检察官办案决定权并无法律障碍,但并不意味着检察长可以随意将自己享有的决定权授予检察官行使。检察长授予检察官

---

[1] 参见朱孝清:《司法的亲历性》,载《中外法学》2015年第4期。

办案决定权必须严格遵守法律规定。从目前三大诉讼法的规定来看，关于检察机关决定权的规定主要有两种情形：一种是规定由人民检察院行使的情形。如我国刑事诉讼法规定，检察机关根据案件情况，可以对犯罪嫌疑人、被告人进行拘传、取保候审或者监视居住，并未要求检察委员会或检察长作出决定。另一种是明确规定由检察委员会或检察长决定的情形。如刑事诉讼法规定检察人员的回避由检察长决定，检察机关逮捕犯罪嫌疑人由检察长决定。对于重大案件则应提交检察委员会讨论后决定。笔者认为，在法律规定相关决定权由人民检察院行使的情况下，虽然检察长是检察院的唯一法定代表，但法律没有对谁代表检察院行使权力提出明确要求，这说明授权检察官行使权力不违背法律规定。而在法律规定由检察长或检察委员会代表检察院行使权力的情况下，检察长或检察委员会的权力就不能再行委托，否则就违反了法律规定。在此意义上说，在部分地区未经全国人大授权的情况下，将批准逮捕权下放给检察官有违法之嫌。

第四节　检察一体与检察官独立关系理论

正如有学者指出，只有检察一体没有检察官独立是纯粹的行政体制，只有检察官独立没有检察一体则是纯粹的司法体制，这两种体制都与检察工作的特点和要求不符。① 检察一体不仅是我国检察机关的重要组织原则，也是检察权行使的重要原则。我国宪法、检察院组织法和检察官法都明确规定，最高人民检察院领导地方各级检察机关和专门检察机关工作，上级检察机关领导下级检察机关工作，这实际上确立了上下检察机关一体的原则。除此之外，我国检察院组织法还规定检察长统一领导检察院工作，这实际上确立了检察机关内部一体原则。最高人民检

---

① 参见谢鹏程：《论检察官独立与检察一体》，载《法学杂志》2003年第3期。

察院一直明确要求加强检察一体化建设,在相关文件和会议上也多次强调要加强检察一体化建设。如2007年最高人民检察院印发的《关于加强上级人民检察院对下级人民检察院工作领导的意见》(高检发[2007]8号),对加强检察一体化建设进行了部署。检察官办案责任制改革的目标是实现"由办案者决定,由决定者负责"。因此,检察一体强调上命下从会限制检察官个体的独立性,与推进检察官独立之间存在一定矛盾,如果处理不当,两者之间可能发生难以克服的冲突。① "从制度建构视角来看,检察一体与检察官独立性问题的关键在于检察指令权的行使范围及其界限问题。"②在上级检察院或检察首长行使指令权的情况下,下级检察院或检察官必须服从检察指令,也就是说存在检察指令的情况下,对指令事项普通检察官没有决定权。因此,在检察官办案责任制改革中必须关注检察指令权的规范行使问题。

一、我国检察指令内涵和外延之澄清

我国学者在检察指令内涵和外延的认识上存在一定误解,对检察指令内涵和外延的错误认识,容易导致对检察指令的研究整体陷入误区,有必要予以澄清。

(一) 内涵之澄清

台湾地区学者林钰雄认为,指令系指上级长官对于下级属官针对职务上之事项所为之一般或个别指示。③ 我国大陆地区学者对检察指令下的定义基本与林钰雄教授对检察指令下的定义大同小异。如有论者认为,检察指令是检察上级向检察下级就职务事项发布的一般或者个别的

---

① 参见陈卫东、李训虎:《检察一体与检察官独立》,载《法学研究》2006年第1期。
② 参见杜磊:《论检察指令权的实体规制》,载《中国法学》2016年第1期。
③ 参见林钰雄:《检察官论》,法律出版社2008年版,第29页。

命令、指示。① 也有论者认为，检察指令是上级针对职务上的相关事项向下级作出的指示。② 笔者认为，对词语所下的定义离不开所在国家或地区的制度背景，台湾地区学者林钰雄教授对检察指令的界定是在台湾地区检察制度的背景下进行的，在台湾地区检察官是独立的官署，是独立行使检察权的主体，因而，台湾地区不存在上级官署对下级官署下指令的情形，只存在上级检察首长对下级检察官下指令的情形。而且，检察首长对下级检察官下指令的潜在前提就是下级检察官有独立决定权。而我国大陆地区法律规定的是检察机关独立行使检察权，而非检察官个体独立行使检察权，在我国大陆地区检察官并非独立行使检察权的主体。因而，林钰雄教授给检察指令所下的定义不能直接适用于我国大陆地区。在我国大陆地区对检察指令进行界定必须明确以下几点：一是上级检察院可以对下级检察院行使指令权，但上级检察院检察官对下级检察院检察官下达检察指令必须通过上级检察院对下级检察院下达指令的形式进行。二是检察院外部如上级或同级党委政法委可能对检察院有一定的指令权。三是司法责任制改革后基本取消了业务部门负责人的指令权，这意味着检察院内部只有检察长（含副检察长）有指令权。四是检察指令必须针对下级检察官有独立决定权的事项。基于以上考虑，笔者认为，检察指令是指上级机关对下级检察院，或检察长对本院检察官职务上可以独立决定的事项发布的命令或指示。

(二) 外延之澄清

1. "审批型检察指令"不是检察指令

有论者认为，我国检察指令的范围包括审批型指令和非审批型指令。检察机关"三级审批"办案方式中，上级意见实际上就是改变承

---

① 参见杜磊：《检察指令权的程序性规制》，载《国家检察官学院学报》2016年第4期。
② 参见郑青：《论司法责任制改革背景下检察指令的法治化》，载《法商研究》2015年第4期。

办检察官意见的检察指令,因此,上级审批意见也是一种检察指令,可以称之为审批型检察指令。其他不以三级审批制为运作机制的检察指令,则是非审批型检察指令。① 然而,检察指令的前提是检察官有办案决定权。检察指令是在检察官有决定权的情况下,上级检察官通过指令要求下级检察官作出某种决定。在审批制办案模式中案件提交上级审批的情况下,检察官本来就没有办案决定权,案件决定权在上级手中,案件由检察上级直接决定,也就没有检察指令可言。正如有学者指出,检察一体强调的是上级检察官有权发出检察指令,并设计相关制度保障其指令实现。而审批的情况下上级其直接以审批方式自己决策,根本不需要发检察指令,此时情形下并非上级改变下级决策,而是下级无权决策。② 因此,"审批型检察指令"实质是检察首长自己的决定,而非检察指令。

2. 上级检察机关对法律的统一解释不是检察指令

有学者认为,存在为统一法律解释而发布检察指令的情形,并指出这种法律解释仅是个案中具体应用法律过程中对法律的理解,与有权机关进行的立法解释和司法解释不同。③ 有学者则认为最高人民检察院颁布司法解释也是一种检察指令权。④ 然而,检察指令必须有某种指令或指示的存在。只有就相关事项作出要求检察官如何处理的指示才是检察指令,上级对法律的统一解释包括对个案具体应用法律过程中对法律的理解,虽然能影响下级检察机关或检察官的决定,但毕竟未直接要求下级检察机关或检察官作出某种决定,故不是检察指令。另外,从反面也可以印证上述学者的观点不成立。上下级法院之间是监督关系,彼此是

---

① 参见杜磊:《论检察指令权的实体规制》,载《中国法学》2016 年第 1 期。
② 参见左卫民、谢小剑:《检察院内部权力结构转型:问题与方向》,载《现代法学》2016 年第 6 期。
③ 参见杜磊:《论检察指令权的实体规制》,载《中国法学》2016 年第 1 期。
④ 参见姜涛:《论"上命下从"与检察官的客观义务》,载《北京理工大学学报(社会科学版)》2012 年第 6 期。

独立的,显然上级法院不能对下级法院下达指令。然而,最高人民法院也有司法解释权,这些司法解释中也有不少是关于个案法律适用问题的。如《最高人民法院关于对人民法院终结执行行为提出执行异议期限问题的批复》就是针对湖北省高级人民法院《关于咸宁市广泰置业有限公司与咸宁市枫丹置业有限公司房地产开发经营合同纠纷案的请示》作出,其实际上针对的是个案的法律适用问题。该批复属于《最高人民法院关于司法解释工作的规定》(法发〔2007〕12号)规定的"对高级人民法院、解放军军事法院就审判工作中具体应用法律问题的请示制定的司法解释"。如果检察机关对个案具体法律应用的理解属于检察指令,最高人民法院的上述司法解释也将同样属于指令,这个结论显然难以令人接受。

3. 检察委员会就个案作出的决定并非检察指令

有论者认为,检察委员会审议重大疑难案件后作出的决定就是检察指令。① 然而,检察官办案责任制改革后,按照各省检察官权力清单的规定,检察官依然没有重大疑难复杂案件的决定权,这就意味着在检察委员会讨论疑难复杂案件的情况下,疑难复杂案件的办案决定权属于检察委员会而非检察官。在检察委员会作出决定的情况下,是检察委员会自己决策,而不是改变检察官的决策,故检察委员会审议案件后作出的决定并非检察指令。而只有疑难复杂案件才能提交检察委员会审议,检察官有权决定的简单案件不会被提交检察委员会审议,这也意味着检察委员会审议个案后作出的决定都不是检察指令。

4. 外部指令和内部指令,检察事务指令和行政事务指令的划分没有意义

划分检察外部指令权与内部指令权是德国、日本、台湾地区等国家和地区的通常做法。如台湾地区学者林钰雄教授提出,以发布命令的主

---

① 参见郑青:《论司法责任制改革背景下检察指令的法治化》,载《法商研究》2015年第4期。

体为区分标准,由"法务部长"下达的为外部指令,由检察首长下达的为内部指令。外部指令权只能针对检察行政事务,包括任命、考核、升迁、发布注意命令、警告处分即发动惩戒程序等。① 有学者认为,我国除存在检察机关内部上级检察机关对下级检察机关的指令,以及检察长对检察官的指令等内部检察指令外,还存在外部检察指令,人大及其常委会对检察机关的检察人事任免权和重大检察业务问题指挥决策权,以及地方党政领导事实上拥有的对检察机关职务上注意事项发布命令的权力,都属于外部指令权,党委政法委就检察机关办理重大刑事案件听取汇报并作出指示则属于个案指令权的范畴。② 笔者认为,台湾地区及德国、日本等国家将检察指令权分为外部指令权与内部指令权,同时对外部指令权予以限制是由其检察体制决定的。这些国家或地区强调检察官个体独立,检察机关隶属于"法务部(法务省)","法务部长(法务大臣)"是检察机关之最高行政首长,"法务部长(法务大臣)"掌握着检察院的人事、经费、惩戒等权力,为防止"法务部长(法务大臣)"通过这些权力控制案件处理,从而严格限制这种外部指令权。而就我国而言,法律规定的是检察院独立而非检察官独立,这种体制比检察官个体独立体制在对抗办案外部干涉方面更加有利。而且,我国检察机关的人事、经费、惩戒权力分属人大、组织、编制、财政、纪检等不同机构行使,但这些机构不直接领导检察院,直接领导检察院的是同级党委政法委。在这种体制下任何一家单位或单位首长都难以操控检察院案件的办理。因而,在我国,区分外部指令权与内部指令权意义不大。而且,如果按照台湾地区内部指令权和外部指令权的区分标准,则人大、组织、编制、财政、人社、纪检等部门都对检察院享有外部指令权,这似乎导致外部指令权的范围过于宽泛。因而,外部指令权与内部指令权的分类不适用于我国检察指令权。

---

① 参见林钰雄:《检察官论》,法律出版社2008年版,第30页。
② 参见万毅:《台湾地区检察制度》,中国检察出版社2011年版,第61~71页。

客观来看，同级党委政法委是代表党领导政法工作的机关，其可以对检察院下达执行相关政策或督促检察院履行职责的指令，这无疑是一种检察指令权。林钰雄教授提出了一般指令权和个案指令权的分类标准，认为以命令之内容为区别标准，若为一般性指示则是一般指令权，具体针对个案则是个案指令权。笔者认为，对政法委的指令权可以适用个案指令权与一般指令权的分类予以规范。政法委对领导的检察院应当享有一般指令权，但不应享有个案指令权。

有论者认为，检察指令包括检察事务指令和行政事务指令，检察事务指令即涉及检察业务工作的指令，行政事务指令即涉及检察行政事务的指令。① 这种分类实际上也是来源于台湾地区林钰雄教授的《检察官论》，这种分类的关键意义在于，将"法务部长"的检察指令权限定于行政事务指令②。在我国没有外部指令权与内部指令权区分的情况下，这种划分实际上也没意义。

二、限制检察指令权行使之合理性

我国学者在研究检察指令权问题时，似乎认为大陆法系国家和地区都限制检察指令权，故我国限制检察指令权也是理所当然的，因此，无论是在实行"三级审批制"办案模式时，还是在开展检察官办案责任制改革后，有关学者研究检察指令权问题时都不涉及限制检察指令权行使的合理性问题。然而，大陆法系国家或地区的检察制度与我国检察制度存在很大区别。在大陆法系国家或地区，检察官本身是独立官署或独立性的机关，检察官办案决定权来自于法律的直接赋予。这种情况下，为避免检察指令权妨碍检察官独立行使法律赋予的职权，才对检察指令权的行使予以限制。而且，正是由于大陆法系国家或地区法律规定的是检察官独立，而非检察院独立，故检察指令只包括上级检察首长对下级

---

① 参见郑青：《论司法责任制改革背景下检察指令的法治化》，载《法商研究》2015年第4期。

② 参见林钰雄：《检察官论》，法律出版社2008年版，第30~33页。

检察官的指令，不存在上级检察院对下级检察院的指令。

然而，如前所述，我国检察官并非独立的机关，我国宪法和相关法律规定的是检察院独立而非检察官独立。因此，我国检察指令权既包括上级对下级检察机关的指令，也包括上级检察官主要是本院检察长对下级检察官的指令。最高人民检察院《检察院司法责任制意见》更是明确规定了上级检察院对下级检察院的指令权，该意见规定，上级检察院可以指令下级检察院纠正错误决定，或依法撤销、变更下级检察院对案件的决定；可以对下级检察院管辖的案件指定异地管辖；可以在辖区内人民检察院之间调配检察官异地履行职务。上级检察院对下级检察院司法办案工作的指令，应当由检察长决定或由检察委员会讨论决定，以检察院的名义作出。虽然在检察一体原则下，各级检察机关行使检察权时并非彼此完全独立的，但不可否认的是，各级检察院职责存在一定分工，在职责存在分工的情况下各级检察院行使检察权也应当具有相对的独立性。而如前所述，我国检察机关长期以来存在忽视下级检察院行使职权时的相对独立性问题，我国检察一体存在极端化倾向。在这种情形下，限制和规范上级检察院的指令权非常有必要。

就检察首长的指令权来看，如前所述，无论是在实行"三级审批制"办案模式期间，还是在开展检察官办案责任制改革以后，我国检察官办案决定权都并非来源于法律直接赋予，而是来源于检察长授权，检察官没有独立的诉讼地位。而限制检察指令权是以检察官独立或相对独立为前提的，只有检察官独立或相对独立，才有检察指令妨害检察官独立的可能性，才有限制检察指令权的必要。在"三级审批制"的办案模式下，检察官没有独立行使职权的权力，没有检察指令权可言，也就不存在限制检察指令权的问题。而在实行主诉（办）检察官办案责任制改革期间，主诉（办）检察官虽然拥有一定的办案决定权，但其办案决定权来源于本院检察长的临时授权，这种授权具有很大的随意性，检察长可以自由决定授权范围的大小，甚至可以设置审核权从实质上架空主诉（办）检察官的决定权。在检察长临时授权的情况下，被授予办案决定权的检察官应当按照授权人即检察长的意志履职，严格执行检察长的指令，此时，限制授权人指令权行使的依据不足。而且，这种情形下限制检察长指令权也没有实际意义，因为检察长可以通过收回授权的方式规避对其指令权的限制。

那么，在开展检察官办案责任制改革后限制检察长的指令权是否具有合理性呢？笔者认为，虽然如前文所述，检察官办案责任制改革后检察官办案决定权依然来源于检察长授权，而非法律直接赋予，但检察官办案责任制改革和主诉检察官办案责任制改革中检察长的授权区别较为明显。在主诉（办）检察官办案责任制改革中，主诉（办）检察官办案决定权来源于本院检察长的临时授予，检察官办案决定权的大小由本院自己决定。而在检察官办案责任制改革中，检察官办案决定权则并非来源于本院检察长的临时授予。对于检察官办案责任制改革中如何授予检察官决定权，中央提出了明确要求，最高人民检察院《关于完善检察官权力清单的指导意见》明确规定了授权的原则、范围和方式等，各级检察院授予检察官决定权也并非由各级检察院自己决定，而是由各省级检察院以制定全省各级检察院检察官权力清单的方式统一进行授权。在主诉（办）检察官办案责任制改革中，各级检察院检察长可以自己决定对检察官授权范围的大小，甚至取消对主诉（办）检察官的授权，而在检察官办案责任制改革中，由于检察官权力清单基本上由省级检察院统一制定，各级检察院检察长不能随意改变对检察官授权范围的大小，更不能取消对检察官的授权。因此，检察官办案责任制改革中检察官的独立性要远大于主诉（办）检察官办案责任制改革中检察官的独立性。在检察官办案责任制改革中，检察官的决定权虽然依然来源于检察长授权，但其决定权来源于省级检察院统一授权，明显不同于主诉检察官办案责任制改革中单个检察院检察长的授权。从某种意义上说，省级检察院利用统一权力清单进行授权在效力方面已经类似于法律授权。因此，鉴于检察官办案责任制改革中检察官有了相当大的独立性，且检察官的授权来自于省级检察院的统一授权，故对检察指令权予以限制，防止侵犯检察官依法独立办案具有一定合理性。

三、我国检察指令行使的现状

检察官办案责任制改革后，我国检察指令的情况发生了一定变化，一定程度上对检察指令权的行使予以了限制。

（一）在检察指令的主体方面

部门负责人对检察官的指令权基本已经取消，但检察长的指令权变化不大。《检察院司法责任制意见》规定：检察长（分管副检察长）有权对独任检察官、检察官办案组承办的案件进行审核。检察长（分管副检察长）不同意检察官处理意见，可以要求检察官复核或提请检察委员会讨论决定，也可以直接作出决定。这种审核不同于审批，审批是检察官就自己无权决定的案件提交检察长审批，由检察长决定。如前所述，这种情况下检察官没有决定权，因此，此时检察长的决定并非检察指令权。在检察长审核检察官决定的案件的情况下，检察长要求检察官改变决定就是典型的指令权。实践中，有不少地区还直接明确规定了检察长的职务收取和移转权，如《北京市人民检察院关于进一步完善司法责任制的意见（试行）》规定，检察长（副检察长）可以审查检察官作出的办案决定，不同意检察官处理意见的，可以要求检察官重新审查或提出纠正意见，认为确有必要时，可以将案件重新分派其他检察官办理或收归自己办理。由于检察官办案责任制改革前检察长基本上就有这些指令权，故检察官办案责任制改革后检察长指令权虽有所削弱，但总体变化不大。最高人民检察院《关于完善检察官权力清单的指导意见》第8条规定，省级检察院可以根据检察院层级及案件类型，在检察官权力清单中明确业务部门负责人是否可以审核检察官作出的决定。业务部门负责人对案件进行审核时，可以要求检察官复核案件或补充材料,但不能直接改变或要求检察官改变处理意见。要求检察官更改在职权范围内作出的决定是改革前部门负责人最核心的指令权。失去该项指令权意味着部门负责人基本上不再享有对检察官的指令权,部门负责人指令权中剩下的也只是如特殊案件分案、指定办案人等少量程序性的指令权。

(二) 在检察指令的内容方面

基本取消了分案权和指定协同办案人指令权,限制了其他指令权。检察官办案责任制改革后,按照中央和最高人民检察院的要求,各地检察院普遍实行了随机分案制度,从而基本上取消了原来检察长或业务部门负责人的分案指令权,但大多数检察院对一些社会影响大的特殊类型案件依然保留了部门负责人和检察长指定经办人的权力。如根据《北京市人民检察院关于进一步完善司法责任制的意见(试行)》规定来看,北京市检察机关建立了随机分案为主、指定分案为辅的派案机制。由于检察官办案责任制改革后只有独任检察官和检察官办案组两种办案组织形式,而检察官办案组大多为固定办案组,组成临时办案组的情况非常少。这也意味着基本上取消了检察长和业务部门负责人指定协同办案人的指令权。同时由于检察长行使指令权后司法责任的明确,使得检察长行使指令权更为慎重,这也在一定程度上限制了检察长的其他指令权。

(三) 在检察指令的形式方面

最高人民检察院提出了书面指令的要求,但实践中并未完全落实。最高人民检察院《检察院司法责任制意见》规定,检察长(分管副检察长)不同意检察官处理意见,可以要求检察官复核,要求复核的意见、决定应当以书面形式作出,归入案件卷宗。最高人民检察院《"十三五"时期检察工作发展规划纲要》也要求建立上级检察机关对下级检察机关办案工作、检察长对检察官办案工作的指令、指示书面化制度。然而，实践中检察长利用口头方式发出检察指令的情况仍然较为常见。

（四）在检察指令的条件方面

未明确检察指令权行使的条件，实践中检察指令权行使的随意性较大。检察官办案责任制改革后，无论是最高人民检察院出台的相关文件，还是地方检察院出台的相关文件均未就检察指令权行使的条件作出规定，实践中是否应当发出检察指令主要靠检察长、副检察长的个人判断，这就导致检察指令权行使的随意性较大、规范性不够。

（五）在检察指令的透明度方面

目前尚没有关于检察指令是否应当公开的明确规定。实践中的惯常做法是，对检察指令予以保密，检察指令既不向社会公开，也不向当事人公开，当事人无从知道。

（六）在检察指令的救济渠道方面

检察官办案责任制改革后，检察官不服检察指令的救济途径仍然没有畅通。根据《检察院司法责任制意见》的规定，检察官执行检察长（分管副检察长）所作出的决定时，可以对认为错误的决定提出异议；检察长（分管副检察长）不改变或要求立即执行其决定的，检察官应当立即执行，由检察长（分管副检察长）负责执行的后果，此种情形下检察官不承担司法责任。但检察长（分管副检察长）的决定明显违法的，检察官仍然执行的，则应承担相应的司法责任。这说明对检察长的指令，检察官虽然可以提出异议，但缺乏一个中立机构对检察官提出异议的合理性进行审查，而是由检察长自己决定是否认可检察官的异议，检察长不改变指令的，检察官必须执行。这种制度设计虽然有助于保障检察长指令的有效执行，但不利于防止上级检察指令权的滥用。

四、域外限制检察指令权行使之借鉴

(一) 域外部分国家和地区检察指令权行使的情况

"检察制度的现代发展,体现出进一步限制行政首长(包括政府司法部长和各级检察机关首长)指令权,加强检察官独立性的趋向。"① 在大陆法系国家或地区,都对检察指令权的行使予以严格限制,以防止检察指令权对检察官决定权的影响。

在日本,检察指令权包括检察机关内部检察首长的指令权和法务大臣的指令权两类。在检察首长行使指令权的情况下,检察官行使检察权时处于受上级指挥监督的地位与每个检察官是独立行使检察权的意志决定机关并不矛盾。因为上级主要是运用审查、劝告、承认的方法行使指挥监督权。法务大臣行使指令权只能对一般检察事务行使指令权,不能对具体案件行使指令权。② 甚至有日本学者认为,正因为承认检察官独立性,在检察工作中才需要检察一体原则。③

法国则在20世纪末就颁布法令,对司法部长对检察官办理具体案件的指令权予以严格限制。同时规定检察官不服从上级指令的行为对外仍然具有法律效力,如当检察长不允许共和国检察官追诉时,共和国检察官依然可以进行追诉,其公诉行为依然有效,还规定检察长不能代替共和国检察官进行追诉,只能制裁该名共和国检察官。助理检察官不同意共和国检察官的不起诉意见,向预审法官请求启动预审程序,该行为具有法律约束力,共和国检察官不能撤销该行为。④

---

① 龙宗智:《检察机关办案方式的适度司法化改革》,载《法学研究》2013年第1期。
② 参见[日]法务省刑事局编:《日本检察讲义》,杨磊、张仁等译,中国检察出版社1990年版,第20~21页。
③ 参见[日]伊藤荣树:《日本检察厅法逐条解释》,徐益初、林青译,中国检察出版社1990年版,第56~57页。
④ 参见魏武:《法德检察制度》,中国检察出版社2008年版,第29~31页。

在德国，检察指令权也包括检察机关内部指令权和外部指令权，外部指令权即联邦和州司法部长对本级检察官的指令权。司法部长不仅拥有一般指令权，也拥有个案指令权。指令权只是在部分特殊案件中才行使，实践中检察官具有很大的独立性，几乎与法官拥有相同的地位。只有在检察官的决定是基于起诉便宜原则作出的情况下，指令权才基本没有限制，在适用追诉法定原则的情况下，对指令权则存在法律限制。根据德国《基本法》第20条的规定，检察首长的指令必须合法，禁止发违法的检察指令，尤其是不能发出违反法定追诉原则和法定禁止的指令，以及裁量错误或超越评判范围的指令。但检察官不能自由评价指令的合法性，应向直接上级汇报，直接上级命令其执行指令，其对指令合法性依然存疑，可以向间接上级汇报，如果后者仍然命令其执行指令，除非其执行指令的行为是应受刑罚处罚的行为、具有违反秩序性或侵犯人的尊严，其必须执行指令。另外，对于出庭检察官的最后发言、评价证据结果或请求刑罚，检察首长不能发出任何检察指令。[①]

在我国台湾地区，同样存在内部指令权和外部指令权之分，前者即检察机关内部检察首长的指令权，后者即"法务部长"的指令权。"法务部长"只能对检察行政事务而不能对检察业务行使指令权。1999年台湾地区"法务部"发布了"检察改革白皮书"，提出要建立书面指挥制度；明确检察首长行使职务承继权和转移权的条件；建立客观化、制度化的分案原则，指令分案必须以书面附理由且在一定条件下进行。1998年"法务部"制定的"地方法院检察署协同办案实施要点"，规定检察长可以指定检察官协同办案，但应以书面方式进行，还规定指派协同检察官时，检察长应征求主办检察官的意见，也允许检察官主动要求加派检察官协同办案[②]。根据台湾地区"法官法"第92条第2项的

---

① 参见魏武：《法德检察制度》，中国检察出版社2008年版，第171~175页。

② 参见万毅：《台湾地区检察制度》，中国检察出版社2011年版，第40~60页。

规定,检察长要求检察官听从指挥监督时,应以书面进行并附具体理由,如果检察官仍坚持自己意见,检察官与检察长意见无法统一,检察官可以请求检察长或检察长主动将案件收回,或移转给其他检察官办理,但检察长实施案件移转或承继必须以书面形式附具体理由并在案卷内予以反映。台湾地区"法官法"第93条第1项则规定,检察长行使案件承继权或移转权,只能出于以下原因:(1)为了法律适用妥当或统一追诉标准的需要;(2)有事实足以认定检察官执行职务违背法律或有明显偏颇时;(3)检察官不同意检察长书面命令,并书面陈述意见后,检察长维持原命令,检察官仍不服从检察长命令时;(4)特殊复杂或专业案件,原检察官无法胜任,有必要转给其他检察官处理时。就内部指令权来看,台湾地区检察官要接受检察长和主任检察官的指挥监督,但实践中主任检察官和检察长都尊重检察官的决定和结论,有不同意见时,检察长、主任检察官会尝试说服检察官,当无法说服时,除非有重大及坚定事由,由检察长行使职务承继、职务移转权,将案件收归自己办理或转给另一位检察官办理,原则上都会尊重检察官的意见。而且,检察官不服从长官命令对外实施某种行为(如对某一案件提起公诉),对外仍发生法律效力,仅负内部责任。[1]

(二)我国与域外检察指令权之差异

将我国的检察指令权与域外检察指令权进行比较,可以发现以下几点差异:

1. 检察指令权的主体不同。我国检察指令权的主体既包括上级检察首长,也包括上级检察院,还包括同级和上级党委政法委,而域外检察指令权的主体则仅限上级检察首长和"法务部长"。

2. 检察指令权的效力不同。我国检察指令权是刚性的,除非检察

---

[1] 参见施庆堂、林丽莹:《台湾地区的主任检察官制度》,载《国家检察官学院学报》2014年第6期。

指令明显违法，检察官必须服从检察指令。而域外国家和地区严格限制检察指令权的行使，以保障检察官独立性，域外检察指令大多是柔性的，为检察官不服从检察指令预留了一定空间。

3. 检察指令权行使的严格程度不同。从形式上看，域外检察指令权基本上要求书面形式并附具体理由，而我国检察指令权虽然逐步强调要以书面形式作出，但实践中口头检察指令仍然非常多。从程序上看，域外检察指令权行使有较为严格的条件和程序，上级首长行使检察指令权非常慎重，原则上都会尊重检察官的决定，而我国检察指令权的行使没有明确的条件和程序，实践中检察指令权的行使较为随意。

4. 检察指令权针对对象的独立程度不同。域外国家或地区检察官是独立官署，检察官是独立行使检察权的主体，域外国家或地区检察机关虽然强调"上命下从""检察一体"，但同样保障检察官行使职权时的独立性。而我国检察官并非独立行使检察权的主体，检察院才是独立行使检察权的主体，检察官行使检察权的过程中只具有相对的独立性，且这种相对的独立性主要来源于省级检察院的统一授权。

5. 下级检察官不服检察指令的救济途径不同。域外国家或地区大都建立了较为完善的检察官不服检察指令的异议和救济渠道，如德国检察官认为检察指令不当，可以向直接上级汇报，再不服可以向间接上级汇报。而我国检察官认为检察指令不当，虽然可以提出异议，但仍然由检察长决定是否改变或收回检察指令，这种救济的有效性不足。

6. 检察官不服从检察指令而继续实施职务行为的对外效力不同。域外国家或地区基本都明确检察官不服从检察指令而实施的职务行为对外仍然有效，检察官只需要承担内部责任。而我国则对检察官不服从检察指令作出的职务行为是否有效没有作出明确规定，实践中一般会撤回该行为，或认定该行为无效。导致这种差异的主要原因也在于检察官的法律地位不同。域外国家和地区法律明确规定检察官是检察权行使的主体，故检察长不能撤销检察官的职务行为。而我国检察官并非检察权行使的法定主体，故检察长可以撤销检察官违背检察指令的职务行为。

(三) 域外检察指令权之启示

分析域外检察指令权的相关规定,可以得出以下启示:

1. 检察指令权的行使应以尊重检察官的独立性为前提,只有在非常特殊的情形下检察首长才行使检察指令权。

2. 检察指令权应以书面方式作出,并附具体理由。

3. 检察指令权的行使不能违反法律规定和检察官客观性义务的要求。

4. 应当明确检察官不服检察指令时的救济途径。

五、规范检察指令权行使的建议

(一) 明确检察指令权行使的根本目的

当前我国检察机关内部特别是检察长和业务部门负责人大多认为保留检察首长指令权的主要目的在于防止检察官权力的滥用和避免检察官作出错误或不当的处理决定。在这种观念的主导下,往往导致检察上级对所有认为检察官有欠妥当的履职行为都行使指令权,从而导致上级检察指令权的行使范围过于扩大,影响检察官独立办案活动的开展。然而,正如台湾地区学者林钰雄所指出的,权力越集中滥用的可能性越大,因此,检察上级滥用权力的可能性比普通检察官更大,检察官可能作出错误或不当处理,检察首长也可能作出错误或不当处理,因而检察指令权行使的根本目的应在于统一便宜主义案件的追诉标准。① 笔者认为,虽然检察上级对于检察官滥用权力或作出错误处理决定可以通过检察指令的方式予以监督,但检察指令权行使的根本目不在于纠正检察官滥用职权或作出错误的处理决定。对于检察官滥用权力或者做出错误处理决定的情形,主要应当通过追究司法责任的方式进行处理,而不是通

---

① 参见林钰雄:《检察官论》,法律出版社 2008 年版,第 102~107 页。

过检察指令权的行使予以监督。就我国检察机关的职能来看，不仅要追诉犯罪，还要通过强化法律监督，保持我国法律的统一适用。因此，目前我们应当改变检察指令权的行使是为了避免检察官权力滥用或错用、监督检察官权力行使的观念，将统一追诉标准、保持国家法制统一作为检察指令权行使的根本目的。

（二）严格限定指令权行使的条件

有学者将检察指令权行使的条件分为积极条件和消极条件，认为我国检察指令权行使的积极事由包括：便宜主义下需要统一裁量基准的；需要统一法律解释的；需要提升检察效能的；检察官误断或者滥权的。检察指令权行使的消极条件包括：法定主义、检察官客观义务、证据评价和法律确信、诫命规定与合法性义务。① 笔者认为，上述学者将检察指令权行使条件分为积极事由和消极条件的做法值得借鉴，但其主张的部分具体条件存在值得商榷之处。就检察指令权行使的积极事由来看，"便宜主义下需要统一裁量基准的"不应成为检察指令权行使的积极事由。主要理由在于：我国实行的是起诉便宜主义为辅，起诉法定主义为主的模式，其中法律关于检察机关可以作出不起诉和附条件不起诉决定是便宜主义的体现。然而，目前检察官办案责任制改革后不起诉或附条件不起诉的决定权基本都没有授予检察官，这些决定权暂时也不适宜授予检察官（具体理由下文再述）。在不起诉或附条件不起诉由检察长或检察委员会决定的情况下，根本不存在检察指令权的问题。就该学者提出的"需要统一法律解释"的积极事由来看，该事由实际上指的是检察工作中需要统一法律适用的问题，对于法律适用问题，检察上级应有权行使指令权。就"需要提升检察效能"的情形来看，检察上级通过行使检察指令权的方式保证检察权的积极、有效行使具有合理性。而在"检察官误断或者滥权"的情况下，检察上级通过检察指令的方式予以

---

① 参见杜磊：《论检察指令权的实体规制》，载《中国法学》2016年第1期。

监督或纠正也具有正当性。

就检察指令权行使的消极条件来看,"法定主义"和"诚命规定"都可以被合法性义务所包含。"法定主义"的实质就是严格按照法律规定作出起诉或不起诉决定,在法律有规定的情况下,不能自由裁量是否起诉。检察指令在遵守合法性义务的情况下,必然也符合法定主义的要求。根据该学者的观点,我国的"诚命规定"主要表现为法律中的"应当""必须""严禁""不得"等规定,这些规定实际上就是法律的强制性规定,在检察上级行使检察指令权遵守合法性义务的情况下,也必然不会违背"诚命规定"。就"检察官客观义务"来看,"检察官的客观义务是指检察官为了发现真实情况,实现诉讼目的,不应站在当事人立场,而应站在客观公正的立场上进行活动。"① 各国检察官普遍具有客观义务,大陆法系国家或地区检察官作为法律守护人,无疑具有客观义务,即使在英美法系国家或地区,检察官也具有客观性义务。在刑事案件中,美国检察官有额外的、单方面的义务去帮助被告,以确保正义的实现。② 之所以美国检察官也具有追求正义的客观义务,主要是为了平衡检察官和辩护律师之间权力的不对等。③ 检察长等检察上级也是检察官,其也必须遵守检察官的客观义务,应站在客观公正的立场上进行活动,不能用指令权的方式要求检察官违背客观公正义务。就"证据评价和法律确信"来看,认为检察官存在"法律确信"的情形下,检察上级不能行使检察指令权的观点是不妥的。检察环节案件处理主要包括事实认定和法律适用两个方面,其中事实认定的过程也是证据采信或评价的过程。理论上普遍认为事实认定或证据采信应遵循亲历性原

---

① 龙宗智:《检察官客观义务论》,法律出版社 2014 年版,第 1 页。

② Samuel J. Levine, Taking Prosecutorial Ethics Seriously: a Consideration of the Prosecutor's Ethical Obligation to "Seek Justice" in a Comparative Analytical Framework, 41 Hous. L. Rev 2004, p. 1341.

③ Bruce A. Green, Why should Prosecutors Seek Justice, 26 Fordham Urb. L. J 1999, pp. 625-637.

则，检察上级由于没有亲历案件调查，故不应对事实认定或证据采信发表指令，否则违背司法亲历性原则。法律确信本质上是法律适用问题，而法律适用不需要亲历性，因此，检察官存在法律确信的情况下应允许检察上级行使指令权。

综上所述，我国检察指令权行使的积极条件是：具有需要统一法律适用，检察官滥用权力或对案件处理不当，或需要提升检察效能情形之一的。检察指令权行使的消极条件是：不能违反法律的禁止性规定；不能违反检察官的客观义务；不能针对事实认定或证据采信问题下达指令。

（三）规范检察指令权行使的方式

正如台湾地区学者林钰雄所指出，以书面形式作出检察指令有以下优点："事前可求慎重，使下令者三思是否介入个案；事中可臻明确，避免受命者误解指令之内容及形式效力；事后则可厘清权责，防范双方推诿，各说各话。"① 因此，我国也应明确检察指令应当用书面形式作出并附具体理由，且检察指令应当入卷备查。考虑到检察工作中存在一些需要下达检察指令的紧急情形，因此，也应赋予检察上级紧急情况下下达口头检察指令的权力。当然正如有学者所指出的，在紧急情况下，检察上级可以先发布口头指令，但事后必须补齐书面指令并附具体理由。为了防止口头检察指令的滥用，还必须明确紧急情况的具体情形、判断标准以及事后审查判断机制。②

（四）完善不服检察指令的救济程序

有学者建议建立检察指令争议的裁决机制，并建议当检察下级与检

---

① 林钰雄：《检察官论》，法律出版社 2008 年版，第 227 页。
② 参见杜磊：《检察指令权的程序性规制》，载《国家检察官学院学报》2016 年第 4 期。

察上级在检察指令方面产生争议时,由检察官惩戒委员会对检察指令的合法性和正当性进行评判。① 客观来看,检察官惩戒委员会既然是对应否追究检察官司法责任进行专业性认定的机构,理应有能力对检察指令的合法性和正当性进行评判。然而,目前只有省一级设立了检察官惩戒委员会,而每个省都下辖很多检察院,每个检察院都可能存在检察指令争议,如果真正落实检察官办案主体地位,那么每个省份检察指令争议的数量不会太少。全省唯一的检察官惩戒委员会在负责检察官惩戒事宜的同时,很难有足够的时间和精力担负评判全省各级检察指令争议的重任。而且,检察指令包括上级检察院发出的检察指令、本院检察长(含副检察长)发出的检察指令和业务部门负责人发出的检察指令。这三种检察指令的救济程序也应有所区别。

笔者认为,对上级检察机关向下级检察机关发出的检察指令,应允许下级检察机关提出异议并申请复议,上级检察机关经复议维持该指令的,下级检察院应当执行。检察官对本院检察长(含副检察长)发出的检察指令有异议的,可以先向检察长提出异议,检察长不改变检察指令,而检察官仍认为该检察指令违法或不当的,应提交上级检察院检察委员会审议决定。检察官不服业务部门负责人检察指令的,也应先向业务部门负责人提出异议,业务部门负责人不改变原有指令,而检察官仍认为该检察指令违法或不当的,提交检察长决定。之所以不将上级向下级检察机关发出的指令交由相关机关评判,主要是因为上级检察院以单位名义发出检察指令时一般会较为慎重,实践中上级检察院滥用检察指令的情况并不突出。检察官与检察长之间的检察指令争议由上级检察院检察委员会评判的主要原因在于:一是上级检察院检察委员会作为专业性机构,有能力对检察指令的合法性和正当性进行评判。二是相比全省唯一的检察官惩戒委员会,每个上级检察院直接管辖的检察院数量不

---

① 参见杜磊:《检察指令权的程序性规制》,载《国家检察官学院学报》2016年第4期。

多，由上级检察院检察委员会评判检察指令争议不会超出上级检察院检察委员会的承受能力。另外，之所以不能由同级检察委员会作为指令争议的评判机构，一个理由是检察长容易干涉或影响本院检察委员会的决定。另一个理由是，检察长可以对抗多数检察委员会委员的决定。因为根据检察院组织法的规定，地方各级人民检察院的检察长不同意本院检察委员会多数人的意见，属于办理案件的，可以报请上一级人民检察院决定；属于重大事项的，可以报请上一级人民检察院或者本级人民代表大会常务委员会决定。

第五节 检察环节司法责任定性理论

追究司法责任是检察官办案责任制改革的重要内容。对检察官办案责任制改革后检察人员的司法责任进行定性分析，明确检察人员司法责任的属性是深化检察官办案责任制改革的重要前提。

一、结果责任、行为责任抑或主客观统一责任

目前关于司法责任追究问题理论界和实务部门中主要存在以下几种观点或做法：（1）结果责任追究制，即不管司法人员主观上是否存在过错，只要认定事实和适用法律方面存在错误并造成明显后果，就要追究办案人员的责任。这种情况下的司法责任是一种结果责任。在本轮司法责任制改革之前，司法实践中类似的做法并不少见，如起诉到法院的案件被判无罪的，追究公诉部门办案人员的责任，等等。（2）行为责任追究制，对司法人员在办案过程中的过错或违法行为进行追责，如果司法人员没有行为过错的，即使有错案发生也不追究司法责任，如果有违法违纪行为，即使没有出现危害后果也追究责任。这种情况下的司法责任就是行为责任。如有学者主张行为责任追究制，其主要理由是认为错案标准难以统一把握，采用实体结果的追责标准，容易损害司法权

威,采用行为错误标准容易被把握和运用。① 或者认为,司法责任制改革的目的是通过保障权力独立行使和严格责任追究来实现司法官的责任担当,行为责任原则更为符合改革初衷。②（3）主客观相统一责任追究制,即只有在司法人员主观上有过错,客观上有违法违纪行为时,才追究司法人员的责任。这种情况下的司法责任是主客观相统一的责任。如有学者认为,追究司法责任必须坚持主观过错和客观行为相一致原则,即当法官、检察官主观上存在故意或者过失,客观上实施了违法违纪行为时,才追究其司法责任,同时认为在追究主观为过失的法官、检察官司法责任的情况下,法官检察官的客观行为不仅应包括违法违纪行为,还应包括造成的严重后果。③

就上述几种观点或做法来看,在结果责任追究制的情况下,只要客观上出现了错案,不管司法人员主观上是否具有过错都要追究司法人员的责任,这无疑是不妥的。因为司法过程中由于主客观条件的限制,司法人员根据法定程序和合法证据认定的事实只是法律事实,而不是客观事实,有时甚至会背离客观事实。在此意义上说,在司法实践中错案是不可避免的。正如有学者所指出的,司法工作本身是容易出错的工作,单纯以错案追责与司法工作特殊性不符,也不符合现代刑罚理念,且违反了司法规律和用不同方法解决不同问题的哲学原理。④ 如果客观上出现错案就追究办案人员的司法责任,就会过于扩大司法责任追究的范围,导致司法人员人人自危,不敢独立行使办案决定权。而且,这种做法不区分司法人员主观上是否有过错,会导致追责不能做到客观公正,

---

① 参见金泽刚:《司法改革背景下的司法责任制》,载《东方法学》2015年第6期。

② 参见葛琳:《追究意义上的司法责任有三个特点》,载《检察日报》2016年3月30日第3版。

③ 参见陈光中、王迎龙:《司法责任制若干问题之探讨》,载《中国政法大学学报》2016年第2期。

④ 参见朱孝清:《错案责任追究的是致错的故意或重大过失行为——再论错案责任》,载《人民检察》2015年第21期。

从而对真正需要追责的人员起不到应有的震慑作用。《检察院司法责任制意见》第 33 条规定："司法办案工作中虽有错案发生，但检察人员履行职责中尽到必要注意义务，没有故意或重大过失的，不承担司法责任。"显然结果责任也与检察官办案责任制改革的上述要求不符。

行为责任追究制存在的问题是可能对司法瑕疵也追究司法责任。根据《检察院司法责任制意见》第 33 条的规定，检察人员尽管在办案程序、证据采信、事实认定、法律适用、文书制作以及司法作风等方面不符合规定，但没有影响案件结论的正确性和案件效力的，属于司法瑕疵，应当按照纪律规定处理。显然，上述意见是将司法瑕疵排除在司法责任的范畴之外。而上述司法瑕疵中的很大一部分属于检察人员的违法行为，如果按照行为责任追究制，对于司法人员这些类型的违法行为也应追究司法责任，这显然与检察官办案责任制改革的精神不符。

相对而言，主客观相统一责任追究制的做法既要求司法人员主观上有过错，也要求司法人员客观上有违法违纪行为，是较为合理的，也符合检察官办案责任制改革的要求。按照《检察院司法责任制意见》的规定，检察人员故意实施包庇、放纵被举报人、犯罪嫌疑人、被告人，或使无罪的人受到刑事追究；毁灭、伪造、变造或隐匿证据等行为，或者重大过失造成认定事实、适用法律出现重大错误，或案件被错误处理；遗漏重要犯罪嫌疑人或重大罪行等结果的，应当追究司法责任。负有监督管理职责的检察人员因故意或重大过失怠于行使或不当行使监督管理权，导致司法办案工作出现严重错误的，应当承担相应的司法责任。显然上述故意违反法律法规责任、重大过失责任和监督管理责任等三种司法责任都要求行为人既有主观上的过错，又有客观上的违法违纪行为。值得注意的是，根据上述规定，主客观相统一责任追究制中检察人员主观上的过错仅限于故意和重大过失，在一般过失的情况下，不能追究检察人员的司法责任。

综上所述，检察官办案责任制改革中检察人员的司法责任不是结果责任，也不是行为责任，而是主客观相统一的责任。

二、法律责任抑或混合责任

当前关于检察官办案责任制改革后检察人员司法责任的性质主要有以下两种观点：一种是法律责任说，这种学说认为检察官司法责任属于法律责任。如有学者认为，司法责任是一种法律责任，不同于伦理责任、道义责任、政治责任等，在责任承担形式上表现为纪律责任、刑事责任和民事责任。还认为延期晋升、停职、调离工作岗位和责令辞职、免职、辞退等以及给予纪律处分，统称为纪律责任①。二是混合责任说。认为司法责任不能等同于法律责任，司法责任还包括纪律责任和岗位责任等。② 也有观点认为，司法责任只包括纪律责任和法律责任。③

根据《检察院司法责任制意见》第44条的规定，检察人员司法责任包括以下几种类型：（1）停职、调离司法办案工作岗位、延期晋升以及责令辞职、免职、辞退等处理；（2）纪律处分；（3）追究刑事责任。那么需要研究的是，这几类具体司法责任是否都属于法律责任。上述法律责任说认为司法责任是一种法律责任，同时认为司法责任包括刑事责任、纪律责任及民事责任。然而，一般认为法律责任包括刑事责任、民事责任和行政责任。这就意味着上述观点实际上是将纪律责任等同于行政责任。这种看法显然是不正确的。《检察院司法责任制意见》第44条规定的纪律处分实际上包括了党纪和政纪处分两种情形，即该条规定的纪律责任同时包括了行政纪律责任和党的纪律责任两种。行政纪律责任就是行政处分，行政处分无疑是行政责任，但党的纪律责任则不是行政责任，因而，行政纪律责任属于法律责任，党的纪律责任则不

---

① 陈光中、王迎龙：《司法责任制若干问题之探讨》，载《中国政法大学学报》2016年第2期。
② 参见陈希国：《司法责任制中的"责任"应如何理解》，载《人民法院报》2017年3月31日第2版。
③ 参见郝银钟：《完善公诉程序结构制约机制刍议》，载《法学》1994年第7期。

是法律责任，笼统地认为纪律责任属于法律责任是不正确的。另外，上述观点将停职、延期晋升、调离工作岗位或者免职、责令辞职、辞退视为纪律责任也是不妥的。根据《行政机关公务员处分条例》的规定，行政处分包括警告、记过、记大过、降级、撤职、开除六种。而根据《中国共产党纪律处分条例》，党的纪律处分包括开除党籍、留党察看、撤销党内职务、严重警告、警告五种。显然，停职、延期晋升、调离工作岗位或者免职、责令辞职、辞退既不属于行政处分，也不属于党纪处分的范畴。

另外一个值得研究的问题是，停职、延期晋升、调离司法办案工作岗位以及免职、责令辞职、辞退等处理的性质问题。上述混合责任说的第一种观点认为这是一种岗位责任。笔者认为，岗位责任的表述不够准确。这些惩罚措施都具有某种惩罚意义，但不是法律责任，也不是党纪政纪责任，或许可以称之为"政治责任"较为妥当，因为这些措施实际上都是与检察人员的政治待遇有关，如停职后就暂时不能履行职权和职责；免职后就没有了职务；调离司法办案岗位后就失去了司法办案资格；责令辞职和辞退后就没有了检察人员身份。

综上所述，检察人员的司法责任应当是包括法律责任（含行政处分）、党纪责任和政治责任在内的混合责任。

三、追责和惩戒之界限

根据最高人民法院、最高人民检察院《关于建立法官、检察官惩戒制度的意见（试行）》的规定，法官在审判工作中违反法律法规实施违反审判职责的行为，检察官在检察工作中违反法律法规实施违反检察职责的行为，应当予以惩戒。这就意味着检察官在检察工作中，只要违反法律法规，实施违反检察职责的行为就要受到惩戒。而根据《检察院司法责任制意见》的规定，检察人员与办案活动无关的其他违纪违法行为，应当依照法律和《检察人员纪律处分条例（试行）》等规定处理，不属于司法责任的范畴。这意味着对检察官进行惩戒的范围远大于追究检察官司法责任的范围。具体来讲，凡是需要追究检察官司法责任的，必须经过检察官惩戒委员会审议，由检察官惩戒委员会提出相关建议后，由相关部门予以处理。但追究检察官司法责任以外的其余惩戒事项，如其他违法违纪行为，则不需要经过检察官惩戒委员会审议，而是由有关部门调查核实，直接依照法律及有关纪律规定处理。

第五章　检察官办案责任制改革的实证考察

为全面了解检察官办案责任制改革的成效和问题，笔者以实证研究的方式对检察官办案责任制改革进行了考察。本书中采取的实证研究方式主要有三种：其一，问卷调查①。笔者选择了 G 省、H 省和 Z 省三个具有代表性的省份进行问卷调查，其中 G 省是经济发达省份的代表，H 省是中部省份的代表，Z 省则是西部经济欠发达省份的代表。笔者在 G 省、H 省、Z 省检察机关各发放调查问卷 450 份，G 省共回收调查问卷 443 份，其中 4 份未填写或未完全填写，有效调查问卷为 439 份；H 省共回收调查问卷 437 份，其中 5 份问卷未填写或未完全填写，有效调查问卷为 432 份；Z 省共回收调查问卷 426 份，其中 7 份问卷未填写或未完全填写，有效调查问卷 419 份。G 省、H 省、Z 省回收的有效调查问

---

① 本次问卷调查共设置 20 个问题，具体为：（1）被调查者职位；（2）所属人员类别；（3）所在检察院级别；（4）年龄；（5）对司法责任制改革的整体满意度；（6）司法责任制改革是否更加符合司法权运行规律；（7）办案组织模式是否科学；（8）所在检察院检察官和检察辅助人员配备情况；（9）本院检察官和检察辅助人员的配置方式；（10）本院选任的员额制检察官胜任岗位情况；（11）本院司法责任改革后职权划分是否合理；（12）司法责任制改革后办案效率是否提高；（13）司法责任制改革后办案质量是否提高；（14）司法责任制改革后本院领导带头办案是否落实；（15）办案部门办案组织进行专业分工的必要性；（16）司法责任制改革后本院实际参与办案人员有无增强；（17）司法责任制改革后检察官的办案主体地位是否落实；（18）司法责任制改革后本院检察官承担事务性工作情况；（19）司法责任制改革后本院监督制约机制是否有效；（20）司法责任制改革后的本院绩效评价办法是否合理。

卷共计 1290 份。本次问卷调查的对象具有以下特点：（1）问卷调查对象涉及三级检察院。本次问卷调查的有效调查问卷中省级院 21 人，市分院 366 人，基层院 903 人。（2）问卷调查对象涉及 G 省、H 省、Z 省的各类检察人员。本次问卷调查涉及的人员涵盖了从检察长到普通检察人员的各类人员，有效调查问卷中检察长、副检察长 80 人，部门负责人 339 人，未担任领导职务的普通检察人员 871 人。（3）问卷调查对象涵盖入额检察官和检察辅助人员。本次有效调查问卷涉及的人员中，入额检察官（含检察长、副检察长、入额的部门负责人）共 569 人，辅助人员共 588 人，司法行政人员 133 人。（4）问卷调查的对象涵盖各年龄段的检察人员。本次有效调查问卷的调查对象中，50 岁以上的检察人员 265 人，40~49 岁的检察人员 381 人，30~39 岁的检察人员 389 人，29 岁以下的检察人员 255 人。因此，笔者认为，本次调查问卷的样本具有一定的广泛性和代表性，反映的情况能够代表全国检察官办案责任制改革的基本情况。其二，个别访谈。笔者利用工作的便利对很多检察官进行了访谈，了解了他们对责任制改革的看法，重点了解了他们所认为的检察官办案责任制改革中的有待改进之处。其三，对各地出台的规范性文件进行分析。笔者收集了全国绝大部分省份检察院在检察官办案责任制改革中制定的相关规范性文件，并以这些规范性文件为对象进行实证分析，从而解析出全国各地检察官办案责任制改革的做法、成效和问题。

第一节　检察官办案责任制改革的主要成效

通过对我国检察官办案责任制改革的实证考察，我们可以发现，我国的检察官办案责任制改革在不少方面取得了实际成效。这些成效主要体现在：

一、规范和保障检察权运行的制度体系基本建立

在检察官办案责任制改革过程中，从中央到地方都出台了一系列规范性文件，如中央层面出台了《关于司法体制改革试点若干问题的框架意见》《关于加强法官检察官正规化专业化职业化建设全面落实司法责任制的意见》《法官检察官单独职务序列改革试点方案》《检察院司法责任制意见》《关于完善检察官权力清单的指导意见》《关于建立法官、检察官惩戒制度的意见（试行）》《关于领导干部干预司法活动、插手具体案件处理的记录、通报和责任追究规定》《司法机关内部人员过问案件的记录和责任追究规定》等文件，各地也出台了一系列规范性文件，如北京市检察机关出台了《司法责任制改革试点工作实施意见》《关于进一步完善司法责任制的意见（试行）》《检察官领导干部办案工作规定（试行）》《检察官在司法办案和检察监督中需亲自办理事项规定（试行）》《检察官联席会议工作办法（试行）》《绩效考核及奖金分配办法（试行）》《检察官、检察辅助人员司法档案管理办法（试行）》《检察官、检察辅助人员业绩考评办法（试行）》《检察官权限清单（试行）》《检察官履职清单（试行）》《检察官助理、书记员职责规定（试行）》《追究检察官司法过错责任清单（试行）》《检察官司法过错责任追究办法（试行）》《贯彻执行〈领导干部干预司法活动、插手具体案件处理的记录、通报和责任追究规定〉和〈司法机关内部人员过问案件的记录和责任追究规定〉的实施细则（试行）》《关于内设机构优化设置的实施意见（试行）》《关于相关部门工作职责及业务衔接和指导关系的意见（试行）》等近20个规范性文件。各省检察机关出台的规范性文件数量大致在10至20个之间，内容基本涵盖了检察官权力清单、领导干部直接办案、办案组织组建及运行、检察官业绩评价、办案内部监督、司法责任认定和追究、检察官联席会议、案件分配管理、检察辅助人员职责、检察委员会案件审议、入额检察官遴选、检察官员额退出、检察官惩戒、防止干预办案等方面，为规范和

保障检察权运行提供依据。客观来看,这些文件虽然很多还不成熟,或多或少存在一些有待改进的问题,但不容否认的是,这些规范性文件为改革后检察权的运行提供了依据和保障。

二、检察权运行更加符合司法规律

1290 名被调查者中,851 名被调查者认为检察官办案责任制改革后,检察权运行更加符合司法规律,占 66.0%;364 名被调查者认为改革后检察权运行没有多大变化,基本属于换汤不换药,占 28.2%;75 名被调查者表示对检察权运行是否发生变化不清楚,占 5.8%。大部分被调查检察人员的认可,一定程度上反映了检察官办案责任制改革后检察权运行确实更加符合司法规律。但值得注意的是,仍有 28.2% 的被调查检察人员反映改革后检察权运行没有多大变化,这 28.2% 的人中除少部分可能属于认识错误或者个人偏见外,大部分人反映的应该是实际情况。这说明检察官办案责任制改革后仍有不少检察院在检察权运行方面仍存在换汤不换药的情况。

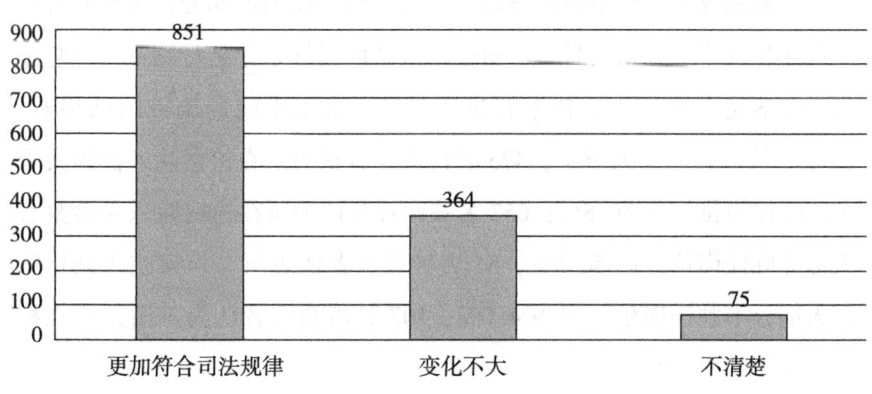

图 1 被调查者对改革后检察权运行情况的看法柱状图

三、检察官办案主体地位得到强化

1290 名被调查者中,认为检察官办案责任制改革后,检察官办案主体地位真正得到落实的有 320 名，占 24.8%；认为检察官办案主体地位基本得到落实的有 818 名，占 63.4%；认为检察官办案主体地位没有得到落实的有 152 名，占 11.8%。接受调查的检察人员中认为检察官办案责任制改革后检察官办案主体地位得到落实的人员占了 86.2%，这意味着绝大多数被调查者认为改革后检察官办案主体地位在实践中得到了落实。检察官办案责任制改革过程中，各地检察院对检察官大胆放权，由检察官承担相应办案责任，实践中各地检察院大部分案件由检察官决定，让检察官成为了办案的主体，基本实现了"让办案者决定，由决定者负责"的改革目标。如 2016 年，G 省 S、T 和 F 市首批试点检察院办结的审查逮捕和审查起诉案件中，由检察官作出处理决定的案件超过 90%，分管副检察长审批案件数和检察委员会讨论案件数大幅下降。① 实际上其他省份也有类似做法，如改革后上海市检察机关由检察官独立作出决定的案件达 82%。②

四、员额制改革目标基本实现

员额制改革是检察官办案责任制改革的重要组成部分，是检察官办案责任制改革最难啃的骨头。员额制改革的目标是让品行端正、经验丰富、办案能力强的优秀检察官进入员额。从本次问卷调查的结果看，1290 名被调查检察人员中，475 名被调查者认为所在检察院入额检察官全部胜任岗位，占 36.8%；657 名被调查者认为所在检察院入额检察官大部分胜任岗位，占 50.9%；51 名被调查者认为所在检察院入额检察官大部分不胜任岗位，仅占 4.0%；107 名被调查者认为不清楚所在检

---

① 参见林丽丽：《广东检察机关推进司法责任制改革 提升办案质量效率》，载 http://news.ifeng.com/a/20170407/50902549_0.shtml，2017 年 10 月 2 日 20 时 43 分访问。

② 参见周斌：《全国 778 个检察院试点四项改革首批试点单位完成员额内检察官入额检察精英初现向办案一线流动趋势》，载《法制日报》2016 年 7 月 19 日第 3 版。

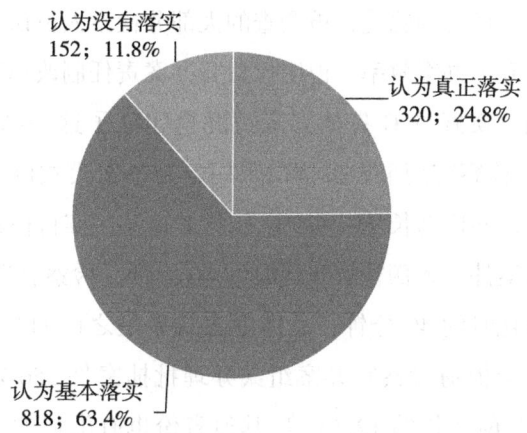

图 2　1290 名被调查者反映的改革后检察官办案主体地位落实情况饼状图

察院入额检察官是否胜任岗位,占 8.3%。

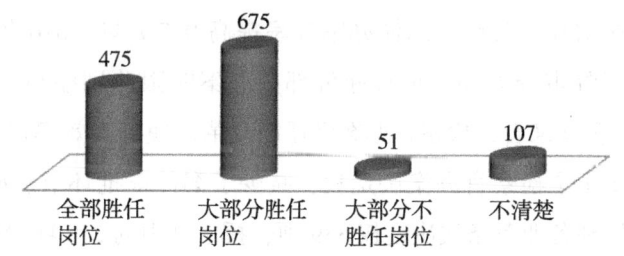

图 3　1290 名被调查者反映的本院员额检察官胜任岗位情况柱状图

五、办案效率得到提升

1290 名被调查者中,认为检察官办案责任制改革后办案效率大大提高的有 239 名,占 18.5%,认为办案效率有所提高的有 633 名,占 49.1%,这说明被调查者中认为检察官办案责任制改革提高了办案效率的占 67.6%。被调查者中认为办案效率变化不大的有 333 名,占 25.8%,认为改革后办案效率反而降低的有 85 名,占 6.6%。检察人员作为检察机关执法办案活动的亲历者，对检察官办案责任制改革是否提升了办案效率有切身的感受，被调查的大部分检察人员认为检察官办案责任制改革提升了办案效率，说明检察官办案责任制改革对办案效率起到了提升作用。实践中 G 省的办案情况也印证了这一结论。据统计，2016 年 G 省省检察院刑事申诉部门采用新型办案模式以来，共办结各类案件 335 件，同比增长 91.4%。① G 省 F 市某区实行检察官责任制改革后审查一宗案件，入额检察官耗时约 40 分钟，检察官助理耗时约 50 分钟，书记员耗时约 40 分钟，总体办案效率是之前的 2 倍。2016 年，作为试点组的李梅梅检察官办案组共办理批捕案件 356 宗，起诉案件 428 宗，比改革前增长约 125%。② 其他省份也有类似的统计数据，如 2016 年 8 月海南省检察机关通过测评结案数、简易程序案件数、批捕周期和公诉周期等指标，测算出改革后全省检察机关受理案件数同比上升 3.5%，刑事申诉结案率同比增加 19.5%，审查逮捕办案时间同比缩短 2.7%，审查起诉办案时间同比缩短 28.5%，民行监督案件办理时间同比缩短 6.46%，改革后总体办案效率提高 0.7%。③ 2016 年上半年，吉林省检察院审查逮捕、审查起诉部门办案时限分别缩短了 14.5%、21.3%。④ 客观来看，检察官办案责任制改革促使办案效率提升的主要原因在于赋予了检察官办案决定权，减少了案件审批环节。如 G 省检察机关共梳理各业务条线决定权 339 项，授予其中的 210 项给检察官行

---

① 参见参见林丽丽：《广东检察机关推进司法责任制改革 提升办案质量效率》，载 http://news.ifeng.com/a/20170407/50902549_0.shtml，2018 年 2 月 28 日 12 时 03 分访问。

② 参见"李梅梅检察官办案组：'司改后总体办案效率是以前的两倍'"，载 http://www.gd.jcy.gov.cn/jcgg/201705/t20170517_1991835.shtml，2018 年 2 月 28 日 12 时访问。

③ 参见海南省人民检察院研究室：《多措并举牵住司法责任制改革牛鼻子》，载 http://www.qstheory.cn/laigao/2016-08/24/c_1119449186.htm，2017 年 10 月 2 日 22 时 17 分访问。

④ 参见蔡长春：《试点法院检察院推进司法责任制落实 权责统一实现放权不放任》，载《法制日报》2016 年 7 月 23 日第 3 版。

使。其余省份也采用了同样的做法,如重庆检察机关在制定检察官权力清单的过程中,梳理出了案件实体决定权和程序处理权共 304 项,以检察官权力清单方式授予其中的 205 项权力给检察官行使。① Z 省通过制定省、市、县三级检察院权力清单,梳理了检察机关统一业务应用系统中的 1606 项权限,以正面清单的方式列举了检察长行使或委托行使的 12 个类别 127 项权力,将其余 1000 余项审批权授权给检察官行使。② 通过授予检察官办案决定权,让检察官决定检察工作中绝大部分案件的处理,改变了以往这类案件都要经过"三级审批"的局面,从而大大减少了这部分案件的审批环节,避免了案件流转时间过长,提高了办案效率。

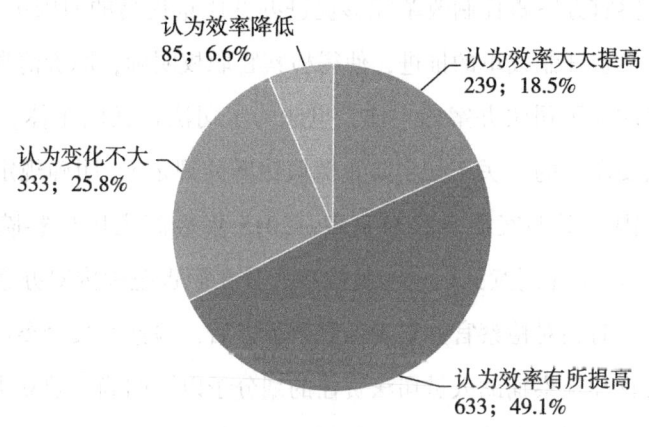

图 4　1290 名被调查者反映改革后办案效率变化情况饼状图

六、办案质量得到提高

1290 名被调查者中,认为检察官办案责任制改革后办案质量大大

---

① 参见《重庆制定检察官"权力清单"205 项权力授予一线检察官》,载 http://news.xinhuanet.com/legal/2016-07/19/c_1119244996.htm,2017 年 10 月 2 日 20 时 16 分访问。

② 参见李昊:《我省检察机关全面推进司法体制改革成效明显 2121 名员额制检察官上任》,载《贵州都市报》2016 年 12 月 14 日 A02 版。

171

提高的有 248 名，占 19.2%，认为办案质量有所提高的有 687 名，占 53.3%，这意味着有 72.8% 的检察人员认为检察官办案责任制改革促使办案质量提高。认为改革后办案质量变化不大的有 322 名，占 25.0%，认为改革后办案质量下降的有 33 名，仅占 2.6%。如前所述，检察人员作为检察机关执法办案活动的亲历者，对检察官办案责任制改革后办案质量是否提高也有亲身的感受，大部分检察人员认为检察官办案责任制改革后办案质量提高，说明检察官办案责任制改革确实起到了促进办案质量提升的作用。这也说明，各地检察院包括最高人民检察院关于检察官办案责任制改革提升或明显提升了办案质量的判断是正确的。① 笔者认为，检察官办案责任制改革能够促进办案质量提高的原因主要在于：检察官办案责任制改革的推进，使得检察官职权明确，职责清晰，让检察官不仅成为了司法办案的主体，也成为了司法责任的主体。2013 年中央政法委印发的《关于切实防止冤假错案的规定》，明确规定检察官在职责范围内对办案质量终身负责。2015 年最高人民检察院出台的《检察院司法责任制意见》也明确检察人员在职责范围内对办案质量终身负责，同时还对检察官办案责任制改革以后，检察委员会委员、检察长、检察官和检察辅助人员司法责任的划分予以了明确。独立决定权的授予、司法责任的明确和司法责任制终身制的实施大大增强了检察官的责任意识。而检察官责任意识的强化，使得检察官作出案件处理决定时更加慎重。同时，检察委员会和检察长决定的案件大幅减少，也让检察长和检察委员会可以将主要精力集中在疑难复杂案件的把关上，从而保证了案件质量。

---

① 参见王治国：《检察机关司法责任制改革试点初见成效》，载《检察日报》2016 年 3 月 13 日第 1 版；《胡泽君：检察机关司法责任制改革取得四方面成效》，载 http://legal.people.com.cn/n1/2017/0311/c42510-29138309.html，2017 年 10 月 9 日 19 时 30 分访问。

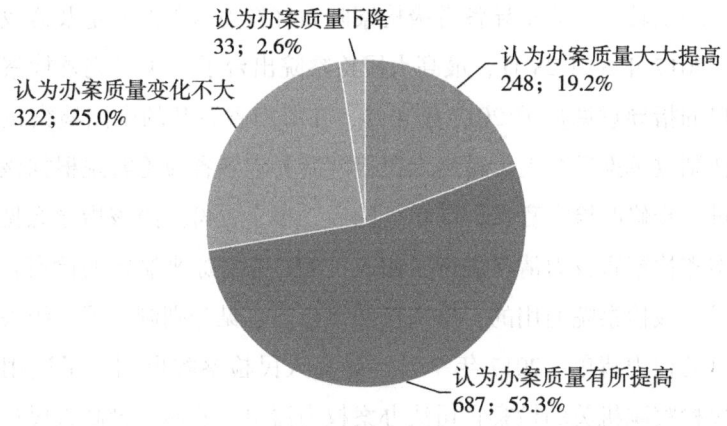

图5　1290名被调查者反映改革后办案质量变化情况饼状图

第二节　检察官办案责任制改革中的主要问题

通过对G省、H省、Z省1290份调查问卷的统计分析，对部分检察人员进行访谈，以及对各地出台的规范性文件进行分析，笔者认为，目前检察官办案责任制改革在改革制度设计、改革政策落实和预期成效实现方面均存在一些问题。

一、在改革制度设计方面

（一）检察官权力清单制度有待改进

2014年7月召开的全国大检察官研讨班首次提出检察机关将探索建立权力清单制度后，不少试点检察院开始探索制定主任检察官权力清单。2015年9月，最高人民检察院印发的《检察院司法责任制意见》明确要求由省级检察院结合实际制定本省各级检察院检察官权力清单，制定权力清单后报最高人民检察院备案。随后，全国各地检察机关普遍制定检察官权力清单，然而，各省级检察院制定的检察官权力清单差异较大、问题较多。为指导各省级检察院做好权力清单的制定及修改完善工作，2017年3月28日，最高人民检察院出台了《关于完善检察官权力清单的指导意见》。① 2017年4月，在海南省召开的全国检察机关司法责任制改革推进会上，最高人民检察院要求各省级检察院根据该指导意见进一步修改检察官权力清单。随后，很多省份按照该指导意见的要求对本省检察官权力清单进行了修改。如广东省原来制定的检察官权力清单是三级检察院通用的，后来按照该指导意见分别制定了三级检察院检察官的权力清单。2017年7月，最高人民检察院也制定了适用于最高人民检察院机关的检察官司法办案权力清单。然而，最高人民检察院《关于完善检察官权力清单的指导意见》尽管针对各省检察官权力清单方面存在的问题提出一些解决思路，对于各省检察机关完善检察官权力清单制度起到了一定的指导作用，但在各省分别制定检察官权力清单的背景下，这种指导意见无法从根本上解决各地检察官权力清单不规范、不统一、不完善的问题，况且该意见的部分内容本身值得商榷。随后，随着内设机构改革的推进和相关法律的修改，不少地方检察院又对检察官权力清单进行了修订。总体来看，我国的检察官权力清单制度存在以下方面的问题：

1. 省级检察官制定的权力清单在形式上差异过大

目前各省份制定的检察官权力清单主要有五种类型：一是一份清单一类权力。即全省只制定一份检察官权力清单，三级检察院检察官权力内容完全相同。海南、福建、河北、重庆以及广东旧版权力清单采用这种模式。如《海南省检察机关检察官权限指引（2017年版）》明确规定适用于全省各级人民检察院，但该指引只是一般性地规定了各业务部门检察官的权力，没有对省级、市级和基层检察院检察官的权力进行区

---

① 参见最高人民检察院司法体制改革领导小组办公室：《〈关于完善检察官权力清单的指导意见〉的理解与适用（上）》，载《检察日报》2017年5月24日第3版。

分。这意味着海南省三级检察院适用统一的检察官权力清单。《河北省检察机关司法办案权力清单（试行）》、《重庆市检察机关检察官办案权限配置办法（试行）》和《广东省检察机关检察官职权划分暂行规定（试行）2016 年版》也适用于全省三级检察机关，同样没有对省级、市级和基层检察院检察官的权力进行区分。二是一份清单三类权力。即全省只制定一份检察官权力清单，但在这份权力清单中分别规定三级检察院检察官的权力。如《天津市检察机关检察官办案权力清单（试行）》中分市检察院、市检察院分院和基层检察院三级规定了检察官的权力。《上海市各级人民检察院检察官权力清单（2017 年版）》和《云南省检察机关检察官权力清单（试行）》也采取这种做法。三是两份清单三类权力。即制定两份检察官权力清单，但在两份文件中规定三级检察院检察官的不同权力。如江苏制定了两份检察官权力清单文件，即《江苏省人民检察院检察官职权清单》和《江苏省设区市及基层检察院检察官职权清单》，后一份权力清单中对设区的市和基层检察院检察官的权力分别予以了规定。四是三份清单三类权力。如广西壮族自治区人民检察院印发修订后的《广西壮族自治区人民检察院检察官权力清单（2019 年版）》《广西壮族自治区市级人民检察院检察官权力清单（2019 年版）》《广西壮族自治区县级人民检察院检察官权力清单（2019 年版）》，以及 2020 年《山东省人民检察院检察官办案职权指导意见（试行）》《山东省市级人民检察院检察官办案职权指导意见（试行）》《山东省基层人民检察院检察官办案职权指导意见（试行）》就是这种情况。

各地制定的检察官权力清单在名称上也五花八门。有的叫"检察官权力清单"，有的叫"司法办案权限清单"，有的叫"检察官权限清单"，有的叫"检察官职权清单"，有的叫"检察官权限指引"，有的叫"检察官授权范围的规定"，有的叫"检察官办案权限配置办法"，有的叫"检察业务职权划分规定"，有的叫"明确检察官权限的暂行规定"，还有的叫"检察人员职权划分指导意见"。除了少部分省份检察官权力清单名称相同外,大部分省份检察官权力清单的名称不一致。虽然对检察官权力清单而言,名称似乎是无关紧要的,但名称的五花八门一定程度上也影响了检察官权力清单的严肃性。

各地制定的检察官权力清单的结构也具有较大差异。在内设机构改革前,各地检察院基本都制定了侦监、公诉、控告、刑申、民行、案管、刑执、研究室等几类业务的检察官权力清单,不过具体的分类上又有所不同,有的地方如天津还单独规定了未成年检察和检察委员会检察官权力清单,有的地方将侦监和公诉业务合并在一起制定刑事检察业务检察官权力清单,还有的地方如黑龙江则分类更细,其不是按照侦查监督、审查起诉等大的岗位进行划分,而是将公诉岗位分解为刑事二审上诉案件审查岗、刑事二审抗诉案件监督岗、刑事审判监督案件监督岗、刑事不起诉案件审查岗等岗位,按照分解后的具体的办案岗位制定检察官权力清单,其将省检察院分为30个岗位,将市检察院分为27个岗位,将基层检察院分为20个岗位分别列明检察官权力。内设机构改革后,有些地方如广西重新按照新设立的内机构制定了检察官权力清单,有些地方则尚未对检察官权力清单进行调整。

无疑各地检察官权力清单在形式、名称、结构等方面差异较大的局面,与各省分别制定检察官权力清单模式有重要关系。检察官权力清单形式、名称、结构等外在的差异虽然不影响检察官权力清单在当地的实际运行,但势必损害检察官权力清单的严肃性和权威性。

2. 制定检察官权力清单的主体过于庞杂

虽然最高人民检察院明确要求由省级检察院统一制定辖区各级检察院检察官权力清单,然而,由于省内检察院的情况差异较大,且检察业务过于庞杂,省级检察院制定的检察官权力清单难以涵盖所有的检察业务,实践中仍有不少省份允许下级检察院制定检察官权力清单,如北京、云南、河北均授权市级和基层检察院制定本院检察官权力清单。北京市人民检察院只制定了《北京市人民检察院检察官权限清单》,其他市分院和基层检察院的检察官权力清单则分别由本院制定。《云南省检察机关检察官权力清单指导意见（试行）》第 11 条规定："各分、州、市、县（区）人民检察院可以根据本指导意见的精神，制定本院检察官权力清单。"《河北省人民检察院检察业务职权划分规定（试行）》中对河北省检察院检察官的权力予以了规定，但其他市分院和基层检察院检察官的权力，则由各检察院分别在本院制定的检察业务职权划分暂行规定中规定。海南省虽然规定制定的检察官权限指引适用于全省三级检察院，但同时又规定各级人民检察院可以结合工作实际对相关权限进行适当调整，报海南省人民检察院司法体制改革工作领导小组办公室备案即可，这实际上相当于授权各级检察院可以自行制定检察官权力清单。甚至很多检察院的业务部门也制定了本部门的检察官权力清单，如广东省检察院的很多业务部门都制定了本部门的检察官权力清单。这就导致了实践中检察官权力清单的主体非常多样，由省级检察院、市级检察院和基层检察院，还有检察院业务部门。

这种检察官权力清单主体差异过大的现象导致以下问题：一是导致全国检察官权力清单五花八门、各不相同，影响检察官权力清单制度的严肃性；二是导致各检察院授予检察官办案决定权的范围取决于本院检察长个人喜好，造成授予检察官决定权随意性过大，导致检察长可以随时收回授予检察官的权力，不利于强化检察官的办案主体地位，也不利于检察官办案责任制改革的深入推进。三是影响检察机关的执法统一。不同检察院检察官有不同办案决定权，同一类办案事项有的检察院由检察官决定，有的检察院由检察长决定，还有的由检察委员会决定，不利于执法的统一，也不利于各级检察院之间的执法交流和合作。四是影响司法责任的追究。目前一个省份只有一个检察官惩戒委员会，在每个检察院都单独制定检察官权力清单，同一类办案事项决定权主体不同的情况下，追究司法责任时，检察官惩戒委员会需要先核实办案决定权的主体，这势必增加司法责任追究的难度。

最高人民检察院《关于完善检察官权力清单的指导意见》提出由省级检察院统一制定检察官权力清单的考虑在于：认为这样既有利于防

止在同一省份内部检察官职权差别过大，也有利于司法责任主体的确定，允许各检察院自行制定检察官权力清单，则可能造成不同检察院检察官权限差异过大，不利于执法统一，也会导致将来难以认定司法责任主体。① 然而，检察官权力清单由省级检察院统一制定同样存在一些问题：一是没有从根本上解决检察官权力清单在全国范围内不统一，导致全国检察机关执法标准不统一、检察官权力清单权威性不够的问题。二是不能兼顾省市区内部不同检察院的不同情况。不少省市区内部，如广东的珠三角地区和粤东西北地区经济社会发展差异较大，珠三角地区和粤东西北地区检察院的案件数量和检察官素质同样差异很大。在这种情况下，制定全省统一的检察官权力清单并不能兼顾省内各地检察院的不同情况。

3. 将事务性工作、检察官职责列入检察官权力清单的现象较为普遍

一是普遍存在将大量事务性工作列入检察官权力清单的现象。从各地检察官权力清单的情况看，案件管理、法律政策研究、控告检察等综合性业务列入事务性工作的情况较为突出，其他业务部门检察官权力清单中也存在少量事务性工作被列入的情况。如《广西壮族自治区人民检察院检察官权力清单（2019 年版）》中法律政策研究业务中将组织对检察业务工作及重大、疑难、复杂法律适用问题开展专题调研，决定向院党组或者检察委员会提请审议调研报告，决定将广西壮族自治区人民检察院工作报告和其他专项工作报告提交检察长（副检察长）审查或者提请检察委员会审议等工作规定为检察官权力。《北京市人民检察院检察官权限清单（试行）》中将接收公安、法院及本系统等司法机关移送的案件卷宗材料，组织开展案件信息查询和法律文书公开，审查编发《首都检察案例参阅》，并对不予采用的案例材料进行答复等列入

---

① 参见最高人民检察院司法体制改革领导小组办公室：《〈关于完善检察官权力清单的指导意见〉的理解与适用（上）》，载《检察日报》2017 年 5 月 24 日第 3 版。

检察官权限清单。2019年12月制定的《山东省人民检察院检察官办案职权指导意见（试行）》将开展检察理论课题研究和检察业务工作专题调研，对检察工作中适用法律法规和执行政策提出意见，组织管理全省创新工作和检察业务研修工作，对项目立项、中期指导、结果评价等提出初步意见等列入法律政策研究室检察官权力清单。二是普遍存在将部分检察官职责列入检察官权力清单的现象。即使在北京、河北、海南、重庆、四川、新疆等专门制定了检察官职责清单的省份，检察官权力清单也或多或少包含了一些检察官职责的内容。其中，特别普遍的是将检察长或检察委员会决定事项前检察官进行初步审核、提出意见等工作在检察官权力中予以规定，还有些地方如福建将审阅案卷材料和证据，对侦查机关（部门）执行监督意见情况进行跟踪监督等职责规定在检察官权力清单中。三是部分地方还存在将司法责任列入检察官权力清单的现象。绝大部分省份的检察官权力清单没有涉及检察官的司法责任，少部分省份如吉林、贵州则将检察官权力与责任融合到权责清单一份文件中。

4. 各地检察官权力清单在授权范围方面差异过大

虽然最高人民检察院明确了授予检察官办案决定权的总体原则，即除重大疑难复杂案件决定权，不起诉、不批捕、附条件不起诉、回避、要求公安机关撤案等决定权和提出抗诉、检察建议，发出纠正违法通知书等权力外，其他权力原则上应下放给检察官，但各地在原则把握上存在较大差异，导致各地检察官权力清单所列的具体权力差异较大。如绝大部分地方检察院没有将不起诉、不批捕、附条件不起诉等权力下放给检察官，但也有少量地方检察院将其中的部分权力下放给检察官。上海市奉贤区检察院在2017年1月之前就将不起诉等12项办案事项决定权下放给刑检部门检察官行使。西藏也将对不具有社会危险性的犯罪嫌疑人不批准逮捕或者决定不予逮捕权下放给检察官。海南省检察院2017年7月印发的《海南省检察机关检察官权限指引（2017年版）》将无逮捕必要不捕案件决定权、附条件不起诉决定权下放给了检察官。2017

年 10 月,北京市检察院出台了《关于进一步完善司法责任制的意见(试行)》,同步修订检察官权限清单,将不起诉、未成年案件附条件不起诉和一般案件的不批准逮捕权下放给检察官。对于其他事项决定权,很多地方的做法也差异较大。如就第二次退回补充侦查权来看,西藏自治区将所有决定退回补充侦查包括二次退回补充侦查权下放给了检察官;上海规定检察官决定退回侦查机关第二次补充侦查须报经部门负责人审核;福建规定一般案件检察官可以决定退回侦查机关第二次补充侦查,大生态资源案件决定第二次退回补充侦查须检察长决定;湖北则规定检察官只能决定第一次退回补充侦查,所有第二次补充侦查都要检察长批准。就批准逮捕权来看,安徽将除职务犯罪以外其他案件的批准逮捕权授予检察官;海南将所有刑事案件的批准逮捕权都授予检察官;上海则是将涉及国家安全、外交案件以及重大职务犯罪以外案件的逮捕权授予检察官;湖北、辽宁、山西、浙江、江苏等大部分省份则是将重大、疑难、复杂案件以外的普通案件的批准逮捕权授予检察官。

还有一些权力能否授权最高人民检察院没有明确规定,对于这些权力实践中是否授权则差异更大。如《广西壮族自治区人民检察院检察官权力清单(2019 年版)》将决定是否延长侦查羁押期限权授权给检察官行使,而 2019 年 12 月《山东省人民检察院检察官办案职权指导意见(试行)》则将决定是否延长侦查羁押期限决定权赋予检察长行使,而湖北检察官权力清单则将延长侦查羁押期限决定权授予检察官,而决定不延长侦查羁押期限的权力则仍然属于检察长。

正是因为各省检察官权力清单规定的检察官决定权差异很大,导致实践中各类检察人员对检察机关职权划分尚未形成统一认识。本次问卷调查的 1290 名被调查检察人员中,645 名被调查者认为检察官办案责任制改革后检察机关职权划分科学合理,占 50.0%;255 名被调查人员认为检察长应当进一步放权,占 19.8%;94 名被调查人员认为检察长应当回收部分权力,占 7.3%;296 名被调查人员表示对该问题不清楚,占 22.9%。对检察官与检察长、检察委员会的职权进行科学划分,通过检察官权力清单的形式授予检察官办案决定权,是检察官办案责任制改革的核心所在。只有50%的被调查人员认为检察官办案责任制改革中检察机关的职权划分基本合理,说明检察机关内部在改革后检察机关职权划分问题上依然有不同认识。

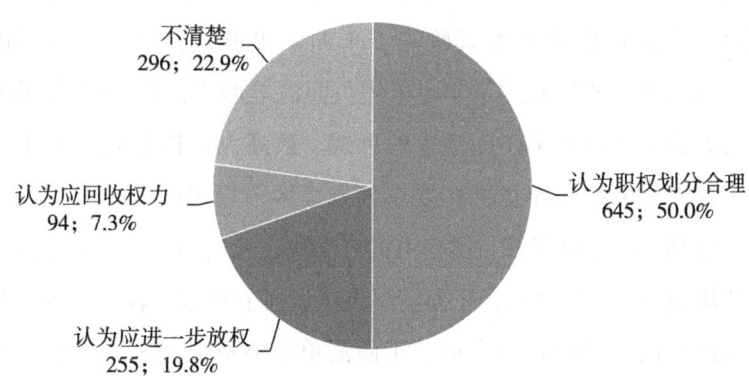

图6　1290名被调查者反映的改革后检察职权划分情况饼状图

5. 检察官权力清单采用正面清单的方式不妥

目前最高人检察院机关和各省市区检察官权力清单的授权基本都采取正面清单方式,即对检察长、检察委员会和检察官的权力都分别予以列明。有报道认为部分地区如海南省检察官权力清单采取了"负面清单"与"正面清单"相结合的方式①。然而,从《海南省检察机关检察官权限指引(2017年版)》的内容来看,其虽然同时列明了检察委员会、检察长和检察官的权力,并规定检察长委托的其他事项检察官也可以决定,但并未规定检察长或检察委员会决定事项中未列举的事项检察官可以独立决定,这显然不符合负面清单的特征。因此,海南省的检察官清单依然只能视为正面清单。最高人民检察院《关于完善检察官

---

①　参见林玥、苏晓龙:《海南检察司法体制改革向纵深推进 检察官权限配套制度相继出台》,载http://hi.jcrb.com/qwfb/201707/t20170718_2029840.shtml,2017年10月25日访问。

权力清单的指导意见》要求检察官权力清单具体列明检察长（副检察长）、检察委员会和检察官各自的办案事项决定权。但根据最高人民检察院司改办的解读，也允许责任制改革相对成熟的地方省级检察院采用负面清单的形式①，但《关于完善检察官权力清单的指导意见》没有关于允许省级检察院采用负面清单的明确表述。故部分省份将本省检察官权力清单由负面清单形式改为了正面清单形式，如上海检察机关2015年制定的检察官权力清单也采用负面清单形式，但2017年版的检察官权力清单则改成了正面清单的形式。最高人民检察院《关于完善检察官权力清单的指导意见》要求各省市区采用正面清单的主要考虑在于：有利于检察官了解自己享有的办案决定权的内容；有利于检察权的合法规范行使。② 然而，正面清单虽然表面上看起来较为明确，却容易导致两方面的问题：一方面，正面清单容易造成遗漏，不能列举详尽，而凡是没有列举的权力就必须由检察长行使或另行授权，显然不利于对检察官充分授权。另一方面，由于检察机关的业务类型多，同一种业务中的具体环节和事项多，采用正面清单往往会非常长，有的甚至有几百项权力，难以查找，也不方便记忆，使用起来远不如负面清单方便。

（二）检察官助理制度亟待完善

检察官助理是检察官办案组织的重要组成部分，是辅助检察官办案的重要力量。检察官助理制度作为新建立的一项制度，其运行效果的好坏直接影响检察官办案责任制改革的整体效果。检察官助理制度的设计

---

① 参见最高人民检察院司法体制改革领导小组办公室：《〈关于完善检察官权力清单的指导意见〉的理解与适用（上）》，载《检察日报》2017年5月24日第3版。

② 参见最高人民检察院司法体制改革领导小组办公室：《〈关于完善检察官权力清单的指导意见〉的理解与适用（上）》，载《检察日报》2017年5月24日第3版。

既要考虑改革初期的实际情况，又要考虑检察官助理制度的长远发展，设计的难度较大。目前中央相关部门和最高人民检察院出台了一些与检察官助理制度有关的文件，对检察官助理制度的一些问题予以了明确，建立了检察官助理制度的雏形。如中组部、最高人民检察院出台了《关于人民检察院工作人员分类管理制度改革意见》，明确了检察官助理的职责、管理办法等内容；中央相关部门制定了《法官助理、检察官助理和书记员职务序列改革试点方案》，明确了检察官助理的职务序列和任职条件等；中组部、最高人民法院、最高人民检察院联合印发了《关于招录人民法院法官助理、人民检察院检察官助理的意见》，明确了检察官助理的招录程序等；最高人民检察院《检察院司法责任制意见》进一步明确了检察官助理的职责等等。部分省级检察院也出台了关于检察官助理制度的相关文件，如上海出台了《关于检察官助理的管理办法（试行）》《关于检察官助理职责的规定（试行）》、《关于检察人员分类管理的若干意见（试行）》等文件。中央和地方的这些文件构成了我国检察官助理制度的基本框架。检察人员分类管理改革实施后，检察人员被分为司法行政人员、检察辅助人员和检察官三类。检察辅助人员中除司法警察、司法技术人员和书记员之外，其余的人员均为检察官助理。检察官助理是检察辅助人员中人数最多的部分。目前检察官助理中绝大部分是原来有检察官资格而未入额的人员，也有少量近年招录的检察官助理。各地检察院虽然确立了检察官助理的法律身份，也开展了检察官助理的等级套改工作，但仍然完全按照综合类公务员对检察官助理进行管理。总的来看，目前我国检察官助理制度还存在很多问题，这严重影响了检察官办案责任制改革的深化。

1. 对检察官助理的定位不当

目前我国颁布的相关文件中尚没有关于检察官助理定位的明确表述，根据相关规定以及实践中的情况来看，我国检察官助理的定位包括三个方面的内容：(1) 协助检察官审查办理案件的人员。(2) 检察辅助人员中的一种。(3) 检察官的后备军。笔者认为，目前我国对检察官助理的定位主要存在两个方面的问题：

一是对检察官助理定位过低，不利于体现检察官助理的价值和职业特点。在本轮检察官办案责任制改革中，检察官助理与书记员、司法警察、检察技术人员被统称为检察辅助人员，而没有与这些人员进行适当区分。如在待遇方面，检察官助理不仅与其他检察辅助人员一样（甚至不如司法警察，因为司法警察享受公安民警的待遇），而且与司法行政人员一样，这不利于体现检察官助理的价值。因为检察官助理需要直接参与办理案件，甚至起草法律文书，相比其他检察辅助人员和司法行政人员，检察官助理的工作内容和角色更接近于检察官，其需要承担的责任和担负的压力比检察辅助人员和司法行政人员要大很多。从其他国家和地区司法制度的情况来看，基本上赋予了检察官助理远远高于其他几类检察辅助人员的地位及待遇。如台湾地区的检察官助理（检察事务官）被称为检察官身边的"王朝、马汉"，正如有论者所指出的，域外检察官助理的定位是检察官的智力助手，其负责的是草拟司法文书、进行法律分析以及提交法律意见等智力型事项，明显不同于负责处理重复性、程序性、事务性事项的其他检察辅助人员。[1]

二是将检察官助理作为检察官的"后备军"和重要来源不妥。各地在检察人员分类管理改革完成以后，开展检察官遴选基本上都是从检察官助理中遴选检察官。新修订的人民检察院组织法第43条规定，符合检察官任职条件的检察官助理，经遴选后可以按照检察官任免程序任命为检察官。大量学者也认为，检察官助理就是检察官队伍的后备力量，以遴选为检察官作其职业前景。[2]客观来看，改革初期在大部分检察官助理是原来具有检察官资格而未入额的人员的情况下，这种将检察

---

[1] 参见刘斌：《从法官"离职"现象看法官员额制改革的制度逻辑》，载《法学》2015年第10期。

[2] 参见陈卫东、龙宗智、谢鹏程、曾国东、夏阳：《抓住改革的"牛鼻子"——检察院司法责任制改革的理论与实践》，载《中国法律评论》2016年第4期。

官助理作为检察官"后备军"的做法有一定道理,但从长远来看,这种做法可能导致以下问题:第一,可能影响检察官助理队伍稳定,导致检察官助理不安心于本职工作,只想成为检察官。而优秀的检察官助理都进入了检察官队伍,也会影响检察官助理辅助办案作用的发挥。第二,违背了建立检察官助理这一职务序列的初衷。国家建立检察官助理职务序列的目的是打通检察官助理的晋升通道,建立一支稳定的检察官助理队伍。然而,将检察官助理作为检察官的后备军之后,检察官助理的奋斗目标必然是成为检察官,而不是晋升为高级检察官助理。这就会导致检察官助理单独职务序列失去应有的意义。第三,也会导致一些其他问题。如目前不少检察院实行检察官助理在本院入额,同时各地又实行了检察官逐级遴选,那么如果省级检察院或市级检察院的检察官助理都在本院入额,则会堵塞下级检察院检察官的晋升渠道,等等。

2. 对检察官助理和检察官的职责界限界定不清晰

检察官与检察官助理的职责划分是检察官办案责任制改革中较为重要也是较为困难的一个问题。各级检察机关都对区分检察官与检察官助理办案职责问题非常重视,最高人民检察院印发的《检察院司法责任制意见》第17条列明了检察官应当亲自承担的7类事项:(1)询问关键证人和对诉讼活动具有重要影响的其他诉讼参与人;(2)对重大案件组织现场勘验、检查,组织实施搜查,组织实施查封、扣押物证、书证,决定进行鉴定;(3)组织收集、调取、审核证据;(4)主持公开审查、宣布处理决定;(5)代表检察机关当面提出监督意见;(6)出席法庭;(7)其他应当由检察官亲自承担的事项。第20条规定了检察官助理的职责:(1)讯问犯罪嫌疑人、被告人,询问证人和其他诉讼参与人;(2)接待律师及案件相关人员;(3)现场勘验、检查,实施搜查,实施查封、扣押物证、书证;(4)收集、调取、核实证据;(5)草拟案件审查报告,草拟法律文书;(6)协助检察官出席法庭;(7)完成检察官交办的其他办案事项。各省级检察院在相关文件中也对检察官与检察官助理的职责予以了区分,但从各省级检察院的规定来看,基本上都是对《检察院司法责任制意见》相关规定的重复。如《海南省检察机关检察官、检察官助理、书记员职责规范（试行）》规定的检察官和检察官助理的职责除表述略有区别外，内容与《检察院司法责任制意见》的规定基本相同。

从《检察院司法责任制意见》第 17 条和第 20 条的规定来看，尽管上述规定力图对检察官与检察官助理的办案职责进行区分，防止检察官成为甩手掌柜、重蹈审批制的覆辙，但实际上上述文件规定的检察官与检察官助理的办案职责存在大量交叉，且很多规定并不明确，解释空间过大。如询问证人和其他诉讼参与人由检察官助理负责，检察官则亲自负责询关键证人和对诉讼活动具有重要影响的其他诉讼参与人，然而，关键证人和对诉讼活动具有重要影响的其他诉讼参与人的范围并不明确，实践中是不是关键证人和对诉讼活动具有重要影响的其他诉讼参与人由检察官确定。上述规定中，很多具体工作如搜查、勘验、检查由检察官助理负责，检察官只需要亲自"组织"即可，但"组织"的含义也并不明确。依据上述规定，实践中检察辅助人员完全可以完成除了作出最终决定外的其余所有办案环节的工作。如办理审查逮捕案件大致包括以下环节：审阅案卷、讯问犯罪嫌疑人、起草审查终结报告等法律文书、作出逮捕与否决定。根据上述检察官与检察官助理的职责分工，检察官助理除无权作出逮捕与否决定外，其余办案环节均可以独立完成。那么，检察官完全可以只负责作出逮捕决定，而不亲自参与其他办案环节。如果这样，则实际上又走回了审批制的老路，只不过审批层级减少，由原来的三级审批，变为只有检察官审批。

北京市检察院针对改革中出现的检察官与检察官助理办案职责区分不明晰的问题，专门制定了《检察官在司法办案和检察监督中需亲自办理事项规定（试行）》，明确规定依授权对案件或事项作出处理决定；对办案组进行组织、指挥和管理；对检察辅助人员承担的审查、调查等活动进行审核确认；依授权签发法律文书；其他依法只能由检察官亲自办理的事项等 5 类事项为检察官专属事项，检察辅助人员不得替代办理,明确"全面审查卷宗、证据""进行重要的讯问、询问"等9项事项应当由检察官亲自办理、检察辅助人员只能协助办理。客观来看,北京市检察院的上述规定相比《检察院司法责任制意见》的规定而言有所进步,特别是还明确了检察官对检察辅助人员承担事务的审核确认义务,但北京的规定仍然没有根本上解决《检察院司法责任制意见》存在的问题,而且"对办案组进行组织、指挥和管理"实际上是管理职责,而非办案职责。

从实践中的情况看,由于中央和最高人民检察院一再强调检察官助理不能直接承办案件,各地检察机关检察官助理都不再直接作为承办人办理案件,在检察机关统一业务办案系统中所有案件都是分配在检察官名下,检察官助理只是作为案件协办人。然而,也有不少地方检察院检察官会将挂在自己名下的部分案件交由检察官助理办理,检察官助理虽然名义上只是这些案件的协办人,实质上仍然是承办人,除不能作出决定外,其余的办案环节均由检察官助理完成。这种做法实际上是对中央和最高人民检察院关于不允许检察官助理直接承办案件的规避,与检察官助理办理案件,入额检察官审批检察官助理办理的案件并无本质区别。

3. 检察官助理的职业保障制度不健全

目前我国建立了检察官单独职务序列和薪酬体系,检察官的职业保障问题一定程度上得到了解决。然而,检察官助理的职业保障问题却未得到应有的重视。检察官助理职务晋升通道不畅通,甚至原来的职务晋升通道也被堵死,薪酬待遇方面又与司法行政人员一样,这些情况严重影响了检察官助理在改革中的获得感。根据笔者访谈多名检察官助理的情况看,这些检察官助理大多对检察官助理的职业前景不看好,认为目前检察官助理的职务晋升通道没有打通,检察官助理的职业前景不仅远不如检察官,甚至比不上司法行政人员。这些检察官助理普遍反映,检察官办案责任制改革前,所有人走行政职级晋升通道,检察官助理与其他人的职业前景相同。检察官办案责任制改革后,检察官助理的职业发展前景就只剩下"入额"一途。因为检察官助理既然在人员分类管理改革中被定岗为检察官助理，意味着不能走司法行政人员的晋升通道，实践中各检察院司法行政人员职务晋升中也基本不考虑检察官助理，然而，检察官助理的职务序列又并非单独职务序列，不能实现按年限自动晋升，只能实行选拔，但检察官助理等级晋升到底应如何选拔，一直都未明确，这就导致目前检察官助理根本无法晋升。访谈中，接受访谈的大部分检察官助理对在薪酬待遇方面检察官助理与其他检察辅助人员以及司法行政人员完全一样颇有微词。如前文所述，检察官助理有其职业的特殊性，其在办案中的作用仅次于检察官，而目前我国从上到下似乎都有忽视检察官助理职业保障的倾向。在检察人员职业保障方面，目前决策层无疑重视检察官的职业保障，同时认为司法行政人员是改革中的利益受损方，也重视司法行政人员的保障。相对而言，检察官助理似乎成了夹心层，其职业保障问题未得到应有的重视。

(三) 检察院内设机构员额配备标准有待明确

确定检察院内部可配备员额的内设机构关系到检察机关各部门人员能否入额，是检察官办案责任制改革中广大检察人员极为关注的一个问题。确定可配备员额的内设机构也关系到检察官办案责任制改革的一系列后续工作，如制定该部门检察官权力清单，在该部门组建办案组织、对该部门入额检察官进行考核等，是检察官办案责任制改革中极为重要的一个问题。在检察机关内设机构改革前，中央和最高人民检察院就如何确定可配备检察官员额的内设机构作了原则性规定，即规定员额配置向一线办案部门倾斜，政工党委、办公室、培训教育、纪检监察、司法技术等部门不设员额岗位，案件管理、法律政策研究等部门可以配备少量检察官员额。实践中一线办案部门基本是清楚的，即承担侦查监督、公诉、未成年检察、民事行政检察、刑事申诉检察、刑事执行检察等职能的部门，政工党委、办公室、培训教育、纪检监察、司法技术等部门也是明确的。然而，可以少量配备员额的内设机构的范围并清晰，这些部门可以少量配备员额的依据以及少量配备的具体标准也并不明确。

从全国检察机关内设机构员额配置的情况来看，各地检察院大致将检察机关内设机构分为三类：第一类是一线业务部门，即承担侦查监督、公诉、未成年检察、民事行政检察、刑事申诉检察、刑事执行检察等职能的办案部门，这些部门检察官员额足额配备。第二类是综合性业务部门，即承担法律政策研究、控告检察、案件管理、检察委员会办公室等职能的部门，这些部门检察官员额从严控制。第三类是非业务部门，即承担办公室、政工党务、纪检监察、培训教育、司法技术、司法警察、计划财务装备、后勤服务等职能部门，这些部门不能配置检察官员额。由于最初开展员额制改革时检察机关都未开展内设机构改革，各检察机关业务机构仍然叫侦查监督、公诉、控告申诉、民事行政、监所检察、未成年检察等名称，因此，当时各地检察院出台的规定都是规定的这些部门的员额配备。如《安徽省检察机关人员分类管理及员额分配办法（试行）》规定：侦监、公诉、反贪、反渎、控申、民行、监所等办案业务部门检察官员额不低于检察官总员额的85%；预防、案管、研究室（检委办）等综合业务部门的检察官员额从严控制配备；检察机关的综合工作岗位（政工党务、行政事务、后勤管理）不配备检察官员额。《甘肃省检察机关检察官岗位设定暂行规定（试行）》规定：侦监、公诉、未检、反贪、反渎、刑事执行、民行、控申等业务部门的检察官数量应当足额配备；举报中心、案管、预防、研究室等业务部门的检察官数量从严控制；政工党务、行政装备、纪检监察、后勤管理等部门不设定检察官岗位。截至本书定稿虽然全国检察机关内设机构改革基本已经完成，内设机构特别是业务机构的名称发生了根本性的变化，但职能并未发生变化，上述规定依然可以适用。

尽管全国各地检察院基本落实了中央关于检察官员额向一线业务部门倾斜的要求，但由于可配备员额的内设机构的具体标准不明确，导致这种员额配备模式在实践中受到不少质疑。如不少检察人员认为，承担法律政策研究、案件管理、控告检察等职能的部门不办理具体案件，不应配备员额。这种状况也导致各地在内设机构员额配备上出现了不少问题，如法律政策研究室能否配备员额，配备多少员额各地做法不一。同属于省级检察院研究室，有的只配备1、2个员额，有的则配备4、5个员额，等等。另外，随着检察机关内设机构改革的完成，在内设机构可配备员额的标准不明确的情况下，这些新整合的部门能否配备员额，可以配备多少员额又成为新的问题。

（四）检察官惩戒制度有待健全

建立检察官惩戒制度，由检察官惩戒委员会对惩戒检察官进行专业性把关，是检察官办案责任制改革的重要配套措施，对促进检察官依法行使职权，维护社会公平正义具有重要意义。目前各省基本都成立了检察官惩戒委员会，但客观来看，我国检察官惩戒委员会的制度设计还存在不少有待完善之处，主要是：

1. 设立模式不统一

主要表现为：（1）在检察官惩戒委员会与遴选委员会是否合一问题上，各省做法不尽相同，如上海、辽宁、河北、陕西、福建等省市采取的是合一模式，即检察官惩戒委员会和遴选委员会是同一个机构，名称叫检察官遴选（惩戒）委员会，北京、天津、贵州、吉林、海南、青海、山东、宁夏、重庆、新疆、江苏、黑龙江等省份则采取的是分立模式，即检察官惩戒委员会和遴选委员会分开设立，成立单独的检察官惩戒委员会。总的来看，采取分立模式的省份占绝大多数。（2）在检察官惩戒委员会和法官惩戒委员会是否合一问题上，各省也有不同做法。目前的情况看，似乎只有江苏省采用法官、检察官惩戒委员会分立的做法，其他的省份如北京、上海、浙江、天津、山东等都采取的是法官、检察官惩戒委员会合一的做法。

2. 与检察机关纪检监察部门的关系未理顺

检察官惩戒委员会成立以后，必然面临着和原有负责检察官惩戒的机构，即检察机关纪检监察部门的关系问题。从《惩戒制度意见（试行）》规定的惩戒程序来看，检察机关发现检察官涉嫌违反检察职责的，需要认定是否存在故意或者重大过失的，应先由检察机关纪检监察部门进行调查，查清事实后，提请惩戒委员会审议，在提请审议的同时，向惩戒委员会提供相关事实和证据，并就当事检察官的违法行为和主观过错进行举证。惩戒委员会经过审议后，再对当事检察官是否构成故意违反职责，是否存在重大过失、一般过失或者是否违反职责提出审查意见。检察院收到惩戒委员会的审查意见后，依照相关规定作出惩戒决定，给予检察官相应处理。从上述惩戒程序来看，检察官惩戒委员会的工作是从专业角度帮助检察机关纪检监察部门判断应否追究检察官司法责任。检察官惩戒委员会的成立并未改变现行的纪检监察制度，只不过是在纪检监察制度中增加了一道检察官惩戒委员会进行专业性把关的程序。然而，上述《惩戒制度意见（试行）》并未规定惩戒委员会审查意见的效力，也就是说检察官惩戒委员会的审查意见对是否对检察机关纪检监察部门具有效力，或者具有何种程度的效力尚不明确，这意味着检察官惩戒委员会和检察机关纪检监察部门的关系尚未完全理顺。

3. 惩戒程序的司法化程度不够

采用行政化方式对检察官进行惩戒，难以有效地保证检察官的合法权益，容易对检察官依法独立行使检察权构成潜在威胁。西方国家的司法惩戒制度模式经历了一个由惩戒情境化到惩戒行政化，再到惩戒司法化的演变过程。基于惨痛的历史教训，在设计法官惩戒制度时现代西方法治国家不约而同地走向了司法化道路。[1] 如法国最高司法会议检察官纪律组负责检察官惩戒工作，对检察官进行惩戒一般情况下公开审理，且实行严格的辩论程序，被调查检察官可以看到全部档案，可以让同事或律师参加，惩戒决定则由司法部长听取检察官纪律组的意见后作出，

---

[1] 参见李蓉、邹梅珠：《西方法官惩戒制度的模式演变及我国的改革思路》，载《湘潭大学学报（哲学社会科学版）》2015年第2期。

检察官不服违纪惩戒可向行政法院提起行政诉讼。① 德国检察官援用法官惩戒程序。德国联邦和州都设置职务法庭，分别管辖联邦法官和州法官的惩戒案件，联邦和州职务法庭对法官较为严重的惩戒事项进行审理后，以判决形式作出惩戒。法官对州职务法庭裁判不服的，可以上诉到联邦职务法庭。② 台湾地区等法治发达地区的情况也是如此。台湾地区设置了职务法庭，审理检察官"应付个案评鉴且有惩戒必要的案件"，以确定是否对检察官进行惩戒。③ 我国目前的检察官惩戒程序虽然也有些许司法化的意味，如检察官惩戒委员会是中立的、相对独立的第三方机构，惩戒委员会对惩戒事项进行审议时，有关检察院纪检监察部门需要向惩戒委员会提供相关的事实和证据，并就当事检察官在履职过程中的违法行为和主观过错进行举证，当事检察官在此过程中则有权陈述、举证、辩解。然而，我国对进行检察官惩戒时尚未设立质证、辩论等程序，检察官惩戒委员会审议惩戒事项时缺乏启动惩戒程序者与当事检察官双方的实质对抗，总体来看司法化程度不高，仍呈现行政化的特征，这不利于保障检察官依法独立行使检察权。

4. 组成人员不合理

根据《惩戒制度意见（试行）》第 4 条的规定，惩戒委员会的组成人员包括法学专家、律师、人大代表和政协委员的代表以及法官、检察官的代表。其中法官、检察官代表不少于全体委员的 50%。惩戒委员会主任则由实践经验丰富、德高望重的资深法律界人士担任。从各地成立的检察官惩戒委员会的情况来看，大致由上述人员组成，但也有所不同。如山东省法官、检察官惩戒委员会成员共 15 名，由山东省政法委领导 1 名、山东省检察院领导 2 名、山东省高级人民法院领导 1 名、

---

① 参见邓辉、谢小剑：《责任与独立：检察官纪律惩戒的双重维度》，载《环球法律评论》2010 年第 5 期。
② 参见王葆莳：《德国法官惩戒制度研究》，载《时代法学》2017 年第 3 期。
③ 参见温辉：《台湾地区检察官惩戒制度及其借鉴》，载《行政法学研究》2016 年第 2 期。

德州市中级人民法院领导1名,律师4名、法学院院长6名组成;上海法官、检察官遴选(惩戒)委员会共有15人,包括市委政法委、市委组织部、市纪委、市人大内司委、市公务员局、市高级人民法院、市检察院的分管领导7人,还有资深的业务专家、法学专家、律师代表8人;浙江省法官检察官惩戒委员会由专门委员、专家委员和代表委员共22人组成,专门委员由省委政法委、省委组织部、省人大相关专(工)委、省检察院、省法院等单位代表共5人组成,专家委员由法学专家、律师、人大代表、政协委员代表共5人组成,代表委员由法官代表和检察官代表各6人组成;广东法官检察官惩戒委员会由专门委员7名、专家委员4名和代表委员8名共19人组成。其中专门委员,由省人大常委会、省纪委、省委政法委、省人大内司委、省法院、省检察院、省司法厅负责同志担任;专家委员由法学专家、律师、人大代表和政协委员担任;法官、检察官代表委员则由资深的法官、检察官担任。

表1 部分省份检察官惩戒委员会组成人员情况一览表(单位:人)

省份	组织部	人大	检察院	法院	专家	律师	政法委	其他
天津	0	2(法制委主任、内司委处长)	4(市院和分院副检察长各1人,基层副检察长2人)	4(高院副院长、中院庭长、区法院副院长、庭长)	1	1	1(专职副书记)	0
上海	1(处长)	1(内司委主任委员)	1(市检副检察长)	1(高院副院长)	6	1	1(市政法委副书记)	3(市社科联书记、公务员局副局长、市委政法委纪检组长)
山东	0	0	2(分别为省检党组成员和研究室副主任)	2(分别为高院执行局长、中院院长)	6	4	1(省委政法委政治部主任)	2(省政协提案委副主任)

续表

省份	组织部	人大	检察院	法院	专家	律师	政法委	其他
陕西	1（省委组织部常务副部长）	1（省人大法制委副主任）	13人（全部为副处长以上人员）	13（全部为中院副院长、政治部主任或省法院庭长以上职务）	26	8	1（省委政法委书记）	2（省政协社会和法制委副主任、省纪委第三监察室副主任）
广东	0	2（省人大常委会副主任、省人大内司委副主任）	5（省检副检察长1名、副厅级专委1名、市级院正、副检察长各1名、基层检察长1名）	5人（省高院副院长、专委各1名，中级法院院长2名，区法院院长1名）	2	2	1（省委政法委专职副书记）	2（省纪委常委、省司法厅副厅长）

对上述表格中的检察官惩戒委员会组成人员进行分析，可以发现上述惩戒委员会组成存在以下问题：

第一，很多省份检察官惩戒委员会委员中非专业性人员过多，难以承担对司法过错进行专业性认定的职责。从《惩戒制度意见（试行）》的规定来看，其规定检察官惩戒委员会委员由"政治素质高、专业能力强、职业操守好"的法学专家、律师、人大代表和政协委员代表以及法官、检察官代表组成，而没有对委员的专业背景提出要求。法学专家、律师，法官、检察官无疑都具有相应的法律专业知识，能够对检察官的履职行为是否存在司法过错进行专业性判断，但人大代表和政协委员则不一定有法律专业知识，不具有法律专业知识的人大代表和政协委员难以担负对检察官履职行为是否存在司法过错进行专业判断的重任。从各省检察官惩戒委员会的实际组成人员来看，其中不乏缺乏法律专业知识，难以对检察官的履职行为是否存在司法过错进行专业性认定的人员，如上海、浙江的检察官惩戒委员会委员中有组织部、人大、公务员局等单位领导或人大代表、政协委员,他们大多缺乏法律专业知识,难以对检察官履职行为中是否存在司法过错进行专业认定。

第二,部分省份检察官惩戒委员会中法官、检察官的比例过低。如前文表格列举的省份中,上海检察官惩戒委员会共15人,其中法官、检察官共2人,仅占13.3%;山东省检察官惩戒委员会共17人,其中检察官、法官仅4人,占比仅为23.5%。这说明我国不少省份检察官惩戒委员会可能存在法官、检察官比例过低的问题。域外的检察官惩戒机构之所以法官、检察官占大部分主要是为了更好地保障被惩戒检察官的合法权益。而部分省份检察官惩戒委员会中检察官、法官比例过低不利于保障当事检察官的合法权益。

第三,各省检察官惩戒委员会委员中普通检察官代表太少,不利于对普通检察官惩戒的公平公正进行。从上述表格中天津、上海、山东、陕西、广东五省市检察官惩戒委员会组成情况看,五个省市检察官惩戒委员会组成成员中属于检察系统的惩戒委员会委员的最低职务为副处长级,都没有普通检察官担任委员的情况,这容易导致检察官惩戒委员会不熟悉办案一线实际情况,不利于对检察官惩戒的公平、公正进行。

第四,各省惩戒委员会人数相差很大,组成方式也不够统一,不利于体现惩戒委员会的严肃性和权威性。有的省份检察官惩戒委员会除主任、副主任外,只设常任委员,如吉林、北京、天津、上海、山东、广东均是这种情况。有的省份检察官惩戒委员会则除主任、副主任和常任委员外,还设了大量的非常任委员,如陕西省检察官惩戒委员会有主任1人,副主任4人,常任委员3名,非常任委员达58人;江苏省检察官惩戒委员会则分为若干代表委员库,仅检察官代表委员库就达60人。从各省检察官惩戒委员会委员人数来看,也相差很大。如吉林省检察官惩戒委员会委员为13人,上海、北京、天津检察官惩戒委员会委员人数均为15人,浙江检察官惩戒委员会委员人数为22人,陕西检察官惩戒委员会委员人数为66人。

第五，律师作为与检察官履行职务有利害关系的群体，担任检察官惩戒委员会委员不妥。检察官惩戒委员会成员的确定应实行回避原则，凡是职业与检察官履行职务有直接利害关系的群体不应作为检察官惩戒委员会的成员。律师作为与检察官职业有利害关系的群体不应成为检察官惩戒委员会的成员。因为律师个人或所在的律师事务所可能会牵涉需要惩戒的检察官办理的案件，这可能影响律师作为惩戒委员会委员公正履行职责。另外，在目前司法环境还不够理想的情况下，个别律师可能利用担任惩戒委员会委员的影响力干预或妨碍检察官依法履职。

二、在落实改革部署方面

（一）新型办案组织尚未完全建立

主要表现在：第一，很多检察院公诉、侦监、民行等办案部门检察辅助人员不足，导致新型办案组织难以建立。问卷调查显示，1290名被调查检察人员中，497名被调查人员反映本院多数部门检察官和辅助人员配比不到1：1，占38.5%，478名被调查人员反映本院多数部门检察官和辅助人员配比为1：1，占37.1%；187名被调查人员反映本院检察官和辅助人员配比为1：2，占14.5%，125名被调查人员反映本院检察官和辅助人员配比为1：3以上，占9.7%。据笔者掌握的情况看，G省省检察院绝大部分办案部门检察官和检察辅助人员的配比不到1：1。按照改革要求，各级检察院应当按照1名检察官+若干名检察辅助人员的比例组建办案组织。上述改革要求难以落实的原因在于：根据中央规定，司法行政部门不能配置员额，研究室、案管、控告等部门只能少量配置员额，这就导致绝大部分员额配置到了公诉、侦监、民行、监所、刑申等业务部门。然而，目前检察院各内设机构的人员编制数量是相对固定的，侦监、公诉、民行、监所、刑申等业务部门入额人员较多，意味着司法辅助人员较少，从而造成这些业务部门出现几名入额检察官共用一个司法辅助人员的局面，导致以检察官为核心的办案组织难以组建。各地虽然也在努力解决这个问题，但很多地方的解决情况不够理想。如2016年1月，G省7家单位联合出台了《G省劳动合同制司法辅助人员管理暂行规定》，规定检察官助理、书记员政法专项编制不足的，由合同制人员担任，数量以核定的员额为基数，结合案件量按一定比例配备。然而，总体来看，实践中合同制检察辅助人员的招录因为配置比例难以确定、规定的待遇难以落实等原因进展较为缓慢。

表2 1290名被调查者反映本院检察官与辅助人员配比情况一览表

配比情况	人数	所占百分比
配比不到1∶1	497	38.5%
配比为1∶1	478	37.1%
配比为1∶2	187	14.5%
配比为1∶3以上	125	9.7%

第二，检察官和检察官助理的搭配没有实现最优。根据问卷调查的结果，1290名被调查检察人员中，674名被调查人员反映检察官和检察辅助人员的搭配方式为领导指定，占52.2%；549名被调查人员反映检察官和辅助人员的搭配方式为自由选择和领导指定相结合，占42.6%；67名被调查人员反映检察官和辅助人员的搭配方式为自由选择，占5.2%。客观来看，很多检察院都存在部分检察辅助人员无人愿意要，部分入额检察官无人愿意跟的情况，故单纯的自由选择无疑存在问题。但单纯的领导指定又会造成人员搭配无法实现优化，故最好的检察官和辅助人员搭配方式是以自由选择为主，领导指定为辅。但从问卷调查结果来看，大部分检察官和辅助人员的搭配都由领导指定，这一定程度上影响了检察官和检察官助理搭配的优化。

表3　1290名被调查者反映本院检察官与辅助人员搭配方式一览表

搭配方式	人数	所占百分比
领导指定	674	52.2%
自由选择和指定结合	549	42.6%
自由选择	67	5.2%

(二) 改革的配套机制有待完善

检察官办案责任制改革要求建立一系列配套的机制，如检察官和检察官助理的考核机制、检察官办案的监督制约机制等，实践中各地检察院也都积极探索这些机制。然而，由于这项工作没有经验可以借鉴，而且检察机关业务类别很多，业务类别之间差异很大，不少地方虽然初步建立了相关的配套机制，但建立的很多机制还有待完善。如问卷调查结果显示，1290名被调查检察人员中认为检察官办案责任制改革后监督制约机制健全完备，能够发挥监督制约功效的有228人，占17.7%；认为监督制约机制比较健全，需要进一步完善的有969人，占75.1%；认为监督制约机制不健全，存在较大隐患的有93人，占7.2%。这说明目前与新型办案模式相配套的监督制约机制虽然建立，但总体上还有待健全。

问卷调查结果还显示，1290名被调查检察人员中，认为检察官办案责任制改革后业绩评价办法科学合理，能够真实反映检察官工作绩效的有211人，占16.4%；认为业绩评价办法比较科学合理，但需要进一步完善的有713人，占55.4%；认为业绩评价办法不科学，不能真实反映检察官工作绩效的有178人，占13.8%；认为业绩评价办法本身没有问题，但执行变样的有184人，占14.3%。这说明现行的检察官业绩考核机制总体上合理，但依然存在不少需要完善的问题。就实践中检察机关对检察官和检察辅助人员业绩进行考核的情况看，非办案部门如研究室、职务犯罪预防、案件管理、控告、司法协助等由于没有实际的办案

第二节 检察官办案责任制改革中的主要问题

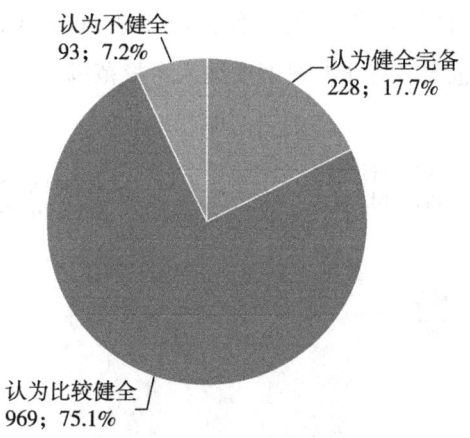

图7 1290名被调查者反映改革后办案监督制约机制情况

业务，入额检察官业绩考核难以操作；办案部门如公诉、侦监、民行、刑申等主要以案件数量和质量为考核内容，考核相对容易，考核机制也相对较为成熟。然而，无论是办案部门还是非办案部门对检察辅助人员的考核机制都不成熟，大多没有建立专门的考核机制。另外，当前各地在对检察官办案业绩进行考评的过程中面临着两难的局面。一方面，检察官办案责任制重在办案，检察官业绩考评必然也应当重在考核办案数量和质量，中央政策也一再强调加强对办案的考核。另一方面，各办案部门的工作不仅包括办案，还包括大量其他工作，如业务指导、起草工作总结、案件分析、领导讲话等综合性材料、上级部门对口接待、参加会议等，完成这些工作也需要耗费大量时间。如果业绩考核只考核办案情况，其他工作不纳入考核，那么将无人愿意承担这些工作，检察机关各办案部门的正常工作将难以正常开展，而将这些工作纳入考核范围似乎又违背了检察官办案责任制改革的初衷。在不得已的情况下，各地制定的检察官业绩考核规定将大量非办案事项纳入了考核范围，如《G省检察机关检察官业绩评价指导意见（试行）》规定："检察官因组织安排、工作需要等参加有关专项行动、联席会议、宣传推介，或者应邀参

199

加法治宣传教育等活动,各级检察机关应当将有关工作成绩纳入检察官业绩评价体系,科学评价有关工作,对于表现突出的,可以适当加分。"其他省份也大多将非办案事项纳入考核范围。

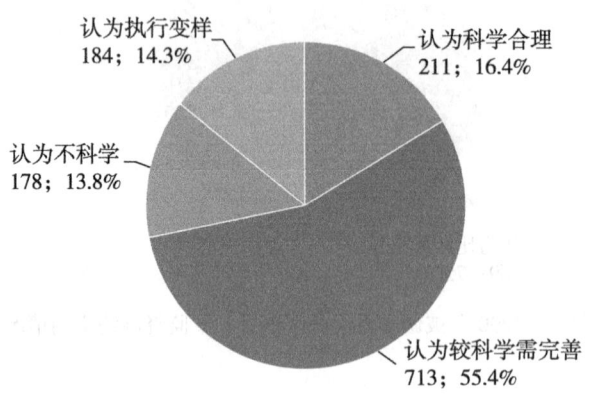

图 8　1290 名被调查者对业绩考评办法的看法饼状图

(三) 入额领导干部直接办案规定未完全落实

检察机关入额领导干部办案问题是检察官办案责任制改革中一个非常重要的问题。中央对于检察院和法院入额领导干部办案问题非常重视,多次的全国司法改革推进会都强调入额检察院和法院领导干部必须办案的问题。2017 年 4 月中央政法委下发的《关于严格执行法官、检察官遴选标准和程序的通知》和 2017 年 11 月中共中央办公厅印发的《关于加强法官检察官正规化专业化职业化建设全面落实司法责任制的意见》也都强调担任领导职务的法官、检察官每年应当办理一定数量的案件,带头办理新类型、重大复杂敏感和在法律适用方面具有普遍指导意义的案件,并明确了入额法院、检察院领导干部办案的数量要求。2019 年 4 月,最高人民检察院印发的《关于检察长、副检察长、检察委员会专职委员办理案件有关问题的意见》明确了检察长、副检察长、检察委员会专职委员办理案件的方式、类型、职责,并规定检察长、副检察长、检察委员会专职委员办理案件的数量，按照中共中央办公厅《关于加强法官检察官正规化专业化职业化建设全面落实司法责任制的意见》的相关规定执行，还规定要建立领导干部直接办理案件通报制度。实践中检察院领导干部占入额检察官的比例较大，如截至2017年9月20日，G省检察机关仅院领导（包括检察长、副检察长、政治部主任、纪检组长、检委会专职委员）入额就有878人，占全省入额检察官总数的16.3%。如果再加上内设机构负责人的数量，G省检察机关中层以上领导干部占全省入额检察官总数的比例势必非常高。这种情况在全国各地检察院普遍存在。当然这种情况的存在具有一定合理性，因为在各级检察院特别是基层检察院和市级检察院，检察长、副检察长和业务部门负责人大多是因为办案能力突出才担任领导职务的，他们的资历也相对较长。这些因素决定了他们在入额竞争中处于优势地位。因此，检察机关领导干部在入额检察官中所占比例较大本身并无不当。问题的关键在于领导干部入额后必须落实领导干部直接办案的要求。检察机关领导干部占据员额、享受相应的入额待遇而不办案，势必影响改革的顺利进行和检察机关内部的和谐稳定。

然而，根据问卷调查的情况来看，检察院入额领导直接办案规定并未完全落实。问卷调查结果显示，1290名被调查检察人员中认为检察官办案责任制改革后领导干部直接办案制度真正落实的有498人，占38.6%；认为领导干部直接办案制度部分落实的有580人，占45.0%；认为领导干部直接办案制度没有落实的有212人，占16.4%。这说明被调查检察人员中有61.4%的人员认为检察院入额领导干部直接办案制度没有真正落实。当然，客观来看，检察机关领导干部直接办案比改革前有了非常大的进步。在传统三级审批制的办案模式下，不仅检察长、副检察长和业务部门正职不直接办案，很多业务部门副职也不直接办案。改革后，业务部门负责人直接办案落实得比较好，实践中问题较大的是院领导直接办案问题。笔者认为，检察院院领导直接办案难以落实主要有三方面原因：一是惯性思维和做法的影响。以往检察院的领导干部基本不办案,导致很多领导干部觉得办案是一线检察人员的事,认为现在要求领导干部办案本身不合理,甚至认为这轮改革让领导干部办案也是走形式,从而不愿意亲自办案;二是确实事务性工作过多。很多领导干部整天开会,应付检查,阅改文字材料,没有精力办案;三是个别入额的检察院领导干部实际上没有办案能力。

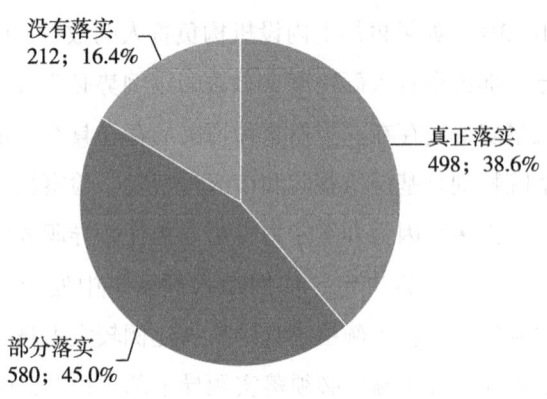

图 9　1290 名被调查者反映领导干部直接办案落实情况饼状图

(四) 检察官单独职务序列对应的待遇未完全到位

建立检察官单独职务序列是检察官办案责任制改革的重要配套措施,建立检察官单独职务序列的目的在于改变以往检察官等级与行政职级挂钩,而行政职数有限,导致检察官尤其是基层检察官职级低、待遇差、发展空间受限、晋升通道狭窄,检察官职业尊荣感不强的局面。中央办公厅和国务院办公厅《关于加强法官检察官正规化专业化职业化建设全面落实司法责任制的意见》也注意到了上述问题,规定综合考虑检察官的任职资历、工作经历等条件,比照相应职务层次,按照法律法规和相关政策,确定享受住房、医疗、车补等福利政策和退休待遇。检察官转任司法辅助人员、司法行政人员或者交流到其他党政机关的,按照有关规定确定职务层次。但上述规定非常不明确,实践中难以操作。2017年6月,"两高"政治部联合下发《关于法官检察官单独职务序列实施后交流适用政策的通知》,明确根据中组部相关文件精神,法官检察官转任司法行政人员、司法辅助人员或者交流到其他党政机关的,根据法官检察官等级晋升审批权限,综合考虑任职资历、工作经历等条件,比照确定职务层次。一至五级法官检察官可确定为乡科级,三至四级高级法官检察官可确定为县处级,一、二级高级检察官可确定为厅局级。关于检察官的医疗待遇问题,"两高"层面经过协调,国家卫生计生委办公厅《关于落实法官检察官单独职务序列等级相应医疗待遇适用政策的复函》(国卫办保健函2017【1288】)明确将一、二级高级检察官纳入司局级干部医疗照顾范畴。2018年3月,最高检察院政治部向各省级检察院政治部下发《关于检察官单独职务序列医疗待遇适用政策的通知》明确了一二级高级检察官的医疗待遇问题。关于检察官的差旅待遇问题,财政部《关于法官检察官单独职务序列差旅待遇适用政策的函》(财办行【2018】17号)明确了一二级高级检察官比照执行司局级相当职务人员差旅费标准,三级高级检察官以下比照执行其他人员差旅费标准。2018年3月,最高检察院政治部以《关于检察官单独职务序列差旅待遇适用政策的通知》形式,发文给各省级检察院政治部,明确了上述内容,并要求各级检察院及时协调相关部门落实差旅待遇。由于国家层面对于检察官单独职务序列的很多待遇没有规定,或者虽然有规定,但较为笼统,这就导致各省、市、区检察院只能各显神通。总体来看,出差、医疗待遇、办公面积、地方绩效奖金等落实情况较好,政治、退休等待遇则基本没有落实。各地基本上还是按照原有行政级别而非检察官等级对检察官进行管理,退休后的待遇依然与行政级别对应,而非与检察官等级对应,这一定程度上影响了检察官尊荣感的实现。如江西省由省委组织部、省委政法委、省法院、省检察院、省财政厅、省人社厅、省卫健委、省医保局、省机关事务局、省车改办等部门联合发文,明确了员额法官、检察官单独职务序列对应的退休年龄、公务交通补贴、住房待遇、医疗待遇、差旅待遇,但对相关政治待遇等并未规定。从笔者与不少检察官进行访谈的情况看,绝大部分接受访谈检察官都对检察官的退休待遇问题较为关注,但大部分人都较为乐观地认为在自己退休前该问题应该能够解决。另外,省级检察院和市级检察院的检察官则相比基层检察院检察官对检察官单独职务序列对应的政治待遇问题更为关注。

(五)检察官从事超出法定职责范围外事务的现象依然存在

根据中央《保护司法人员依法履行法定职责规定》的规定,任何单位和个人不能要求检察官从事超出法定职责范围的事务。出现这种情形的,检察院有权拒绝,检察官有权提出控告。2017年10月,中央办公厅和国务院办公厅联合印发的《关于加强法官检察官正规化专业化职业化建设全面落实司法责任制的意见》再次对该规定予以强调。上述文件下发后,检察机关承担法定职责外事务的现象虽然有所改观,但没有完全杜绝。实践中不少检察院检察官特别是基层检察院检察官仍然承担着征地拆迁、创文、创卫等大量与法定职责无关的事务。实际上其他省份检察机关也有类似问题,如《保护司法人员依法履行法定职责规定》下发后,江苏徐州市创建全国文明城市指挥部依然安排检察官上街协助交警执勤,后经徐州检察院公开拒绝,徐州市检察院检察官才不用上街协助交警执勤。然而,在地方检察院人事、经费保障仍然受制于地方的情况下①,当地方党委、政府安排检察官从事超过法定职责范围的事务时,很少地方检察院有勇气进行抵制。检察官被安排从事超出法定职责范围的事务后,应向哪个部门控告也并不明确。而且在现行的体制下,检察官控告的可能性也不大。实践中,也没有发现安排检察官从事超出法定职责范围事务后,直接责任者和领导责任者被追究责任的先例。

---

① 省级以下检察院人财物统管后,人员管理方面,除基层检察长由省委组织部管理外,其余人员基本没有变化,财物管理方面,地方检察院还有一些地方特色的福利待遇需要地方保障。

三、在改革预期成效方面

(一) 改革后一线办案力量增加不明显

中央政法委和最高人民检察院对检察官办案责任制改革的判断之一是改革大大增加了一线办案力量。如2016年7月在吉林召开的全国司法体制改革推进会认为,改革后一线办案力量增加了20%左右,司法人力资源的85%以上配置到了办案一线。[①] 2017年最高人民检察院工作报告也认为,改革后,"优秀人才向办案一线流动,一线办案力量比改革前普遍增加20%以上"。[②] 然而,本次问卷调查的结果似乎与中央政法委和最高人民检察院当时的判断有所不同。1290名被调查检察人员中,有575名被调查者反映所在检察院一线办案人员有增加,占44.6%;有430名被调查者反映所在检察院一线办案人员没有变化,占33.3%;甚至有285名被调查者反映所在检察院一线办案人员有所减少,占22.1%。根据上述问卷调查的统计结果,大部分被调查检察人员反映所在检察院一线办案人员没有增加。笔者认为,之所以会出现中央对办案人员是否增加的判断与问卷调查结果迥异的局面,主要是由于改革后未入额的检察人员不得办案的要求所致。官方统计时往往将原来不在一线办案的检察长、分管副检察长和业务部门负责人计入一线办案人员,也有部分地方将人员配备向办案部门倾斜,而又认为没有办案资格的辅助人员仍然在参与办案,故得出了一线办案人员增加的结论。而实际上,改革后一些原来办案的检察人员只是单纯从事事务性工作,不再参与办案,故大量被调查人员反映参与办案的人员没有增加,甚至减

---

① 参见《超八成司法人力资源配置到一线》,载《中国青年报》2016年7月20日第3版。

② 参见《2017年最高人民检察院工作报告》,载http://www.spp.gov.cn/gzbg/201703/t20170320_185861.shtml,2017年7月20日22时访问。

少。客观来看,被调查人员反映的情况应当是较为客观的,检察官办案责任制改革后一线办案人员没有明显增加。

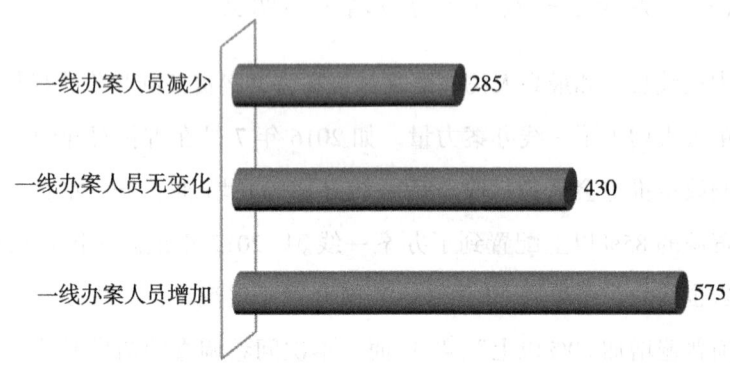

图10　1290名被调查者反映改革后一线办案人员数量变化情况柱状图

(二) 检察官没有从事务性工作中解放出来

问卷调查结果显示,1290名被调查检察人员中,反映检察官办案责任制改革后,检察官不用承担事务性工作的为106人,占8.2%;反映检察官事务性工作有所减少的为603人,占46.7%,反映检察官事务性工作没有变化的为581人,占45.0%。这反映了实践中检察官办案责任制改革后,检察官承担大量事务性工作的情况并未从根本上改变。新型办案模式的应有之意是检察官从事务性工作中解放出来专注于办案,之所以会出现检察官没有从事务性工作中解放出来的问题,主要有三方面的原因:一是检察辅助人员数量不够,部分检察院检察官没有辅助人员或几名检察官共用一名辅助人员。二是部分检察院检察辅助人员虽然不直接承办案件,但只是不以自己的名义办案,实际上仍然相当于承办人的角色,只不过案件由检察官审批。这种情况下,辅助人员由于自己要办案,就没有精力帮检察官完成辅助性事务。三是不少检察辅助人员尤其是原来有检察官资格未入额人员的工作积极性不高,检察官难以指挥,而其他合同制检察辅助人员又没有到位,从而导致不少检察院入额检察官仍然要承担大量事务性工作。

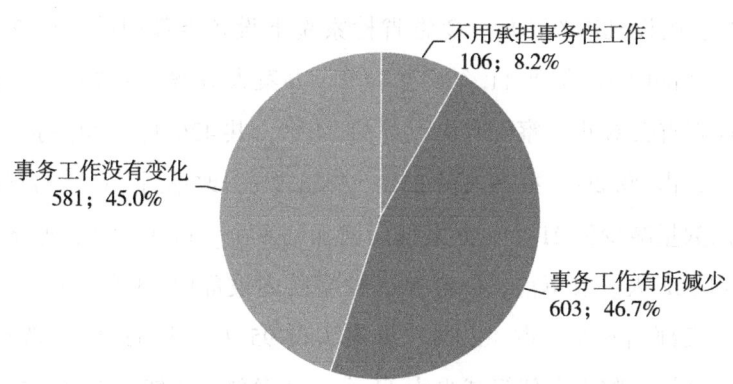

图 11 1290 名被调查者反映改革后检察官承担事务性工作情况饼状图

(三) 司法办案和检察官的核心地位没有完全确立

让执法办案成为检察工作的重心,让检察官成为检察人员的核心,是各国检察机关的通例,也是我国检察官办案责任制改革的应有之义。正如有学者所指出,检察机关的主业是检察业务,检察机关人财物使用的重心和工作部署都应放在检察业务方面,开展其他工作应围绕检察业务进行,而不是检察业务围绕其他工作开展。① 从检察官办案责任制改革后的情况看,执法办案在检察工作中和检察官在检察人员中的地位有所强化,特别是在内设机构改革后,司法办案和检察官的地位进一步得到了强化,但总体来看,司法办案和检察官的核心地位尚未完全确立。办案部门占全院内设部门的比例和办案人员占全院人员的比例一定程度上反映了执法办案和检察官在检察工作和检察人员中的地位。就 G 省

---

① 参见张智辉:《检察权研究》,中国检察出版社 2007 年版,第 354 页。

检察机关内部办案部门和办案人员在内设部门和全体人员中的比例来看①，内设机构改革前，G省省检察院下设各类部门29个，共443人，其中办案部门②仅为10个，占34.5%，办案人员仅为175人，占39.5%，内设机构改革后，G省省检察院下设各类部门减少到25个，其中办案部门③增加到11个，占44%，办案人员增加到206人。改革前，G省省会G市检察院有内设部门24个，共426人，其中办案部门为7个，占29.2%，办案人员251，占58.9%；改革后，G市检察院下设部门数量减少到21个，办案部门增加到8个，占38.1%，办案人员增加到302人。改革前，G市T区检察院内设部门13个，共182人，其中办案部门6个，占46.1%，办案人员95人，占52.2%；改革后，G市T区检察院内设部门减少到11个，办案部门依然为6个，办案人员增加到101人。从上述统计情况来看，改革后，办案部门所占的比例和办案人员占所有检察人员的比例明显提高，说明司法责任制改革后，司法办案和检察官的核心地位明显强化。但客观来看，即使在司法责任制改革后，办案部门占所有部门的比例和办案人员占所有检察人员的比例大依然很低，说明执法办案在检察工作和检察官在检察人员中的核心地位没有完全确立。

另外，由于检察机关的相关资源往往掌握在司法行政和司法辅助部门手中，而且检察机关办案部门的职能是对外的，办公室、政工党务、纪检监察、培训教育、司法技术、司法警察、计划财务装备、后勤服务等司法行政和司法辅助部门的职能则是对内的，在正常工作中办案部门以及办案部门的检察官往往需要司法行政、司法辅助部门及其人员支持

---

① 机构和人员情况根据相关检察院2018年10月内网公布的电话号码表进行统计，可能存在公布电话号码表未及时更新的情况，但上述电话号码表应与2018年10月的实际机构和人员情况差异不大，不影响本书的研究结论。另外，由于院领导不属于各部门，故人员情况统计均不包括院领导。
② 办案部门的范围按照前文中办案部门的标准确定。
③ 办案部门的范围按照前文中办案部门的标准确定。

和配合，司法行政和司法辅助部门则不太不需要办案部门支持和配合。如计划财务装备部门掌握着检察官办公办案设备采购、费用报销等权力，政工党务部门掌握着检察官职务晋升、评先评优等权力，司法技术部门掌握着管理检察官办案信息系统管理、技术鉴定等相关权力。而司法行政部门和司法辅助部门往往和业务部门是平级部门，甚至比办案部门级别高（如政治部级别高于普通办案部门）。司法行政和司法辅助部门掌握检察机关内部资源，一定程度上导致了在检察机关内部司法行政和司法辅助部门较为强势的局面。相应地，办案部门的检察官由于需要找司法行政人员和司法辅助人员办事，相比司法行政和司法辅助人员，检察官反而处于弱势地位。检察官办案责任制改革后，司法行政和辅助部门掌握资源的情况没有改变，这就导致检察机关内部办案部门和行政、辅助部门，检察官和行政、辅助人员的关系没有发生实质变化。

第三节 存在问题的原因剖析

导致检察官办案责任制改革中一系列问题的原因较为复杂，主要有以下几个方面的原因：

一、我国检察制度的复杂性

域外国家和地区关于检察权的性质定位虽然有一定争议，但通说认为检察权具有司法和行政双重属性。检察权的双重属性决定了检察权相对审判权在内容、运作方式等方面的复杂性。而相对于域外国家和地区而言，我国检察制度较为复杂，我国检察权既包括审查逮捕权这种典型的司法审查权，也包括公诉权这种世界各国检察机关普遍享有的权力，还包括诉讼监督权这种我国检察机关独有的权力，在职务犯罪侦查部门转隶前还享有职务犯罪侦查这种典型的行政权。最高人民检察院则还享有司法解释权。组成我国检察权的这些权力在性质和内容上有很大差异,如审查逮捕权在域外是典型的司法权,往往由预审法院行使,而公诉权兼具司法和行政双重属性,是最典型的检察权,诉讼监督权则是我国检察机关独有的一种监督权,诉讼监督权又包括刑事立案监督、侦查活动监督、刑事审判监督、刑罚执行和监管活动监督、民事诉讼监督和行政诉讼监督等权力。因而,可以说我国检察权是多种性质、多种类型的权力结合而成的一种混合型权力。正如有学者所指出的,我国"检察官制度是一个尚未进化完成的制度"。① 检察权包含的不同权力需要的办案组织形式、权力运行模式往往有所差异,如审查逮捕、公诉案件一般适宜由独任检察官承办,公益诉讼案件适宜由检察官办案组承办,普通公诉案件适宜授权检察官独立决定,诉讼监督案件涉及对其他单位提出监督意见,不适宜检察官独立决定,等等。我国检察权构成的复杂性决定了检察官办案责任制改革无论是在制度设计,还是在改革推进方面的难度都很大。客观来看,目前我国检察官办案责任制改革中存在的很多问题,如新型办案组织没有建立,新型办案模式运行不够理想等都与检察权复杂性导致的改革难度大有重要关系。

二、检察机关宪法地位未落实

我国实行的是"议行合一"的宪政体制,检察权、审判权和行政权同属立法权派生出的权力,从宪法地位来看,检察权、审判权和行政权的地位是平等的。这意味着在宪法地位上,检察机关和同级政府的地位是平等的。然而,实践中,检察机关在地位上基本等同于政府部门,甚至不如一些重要的政府部门,很多地方党委政府领导也是将检察院视同政府部门看待。在检察机关被视为政府部门看待的情况下,检察人员也必然被视为普通公务员。实践中,检察官单独职务序列对应的待遇难以落实、检察官承担超过法定职责的事务等问题,都与检察机关的宪法

---

① 参见万毅:《底线正义视野下的检察制度:一个尚未完成的机关》,中国检察出版社2008年版,第18页。

地位没有落实有关。

三、外在制度环境的影响

司法属于社会中的一个子系统，检察官办案责任制改革作为司法改革的一部分，既对社会发展形成一定影响，也受到外在制度环境的影响和制约。司法权的运行效果很大程度上受制于国家的社会环境和政治制度，如果司法改革不关注国家权力系统、司法制度和外部制度环境等关系的调试，那么由此引发的冲突将极大降低改革成效。[①] 如在"文山会海"的根源——"文件政治"与"会议行政"的治理方式未得到改变的情况下[②]，检察机关同样面临"文山会海"问题。检察官办案责任制改革后，检察机关仍然要阅办、回复大量与检察工作关系不大的文件，仍必须参加大量与检察工作本身关系不大的会议。又如在现行的治理模式下，检察机关不得不参加大量的专项活动，检察机关各部门要报送大量的活动材料，承担大量的综合性事务。检察机关不仅承担检察工作任务，还要承担维稳、普法、社会综合治理、扶贫、救灾等任务。这与检察官办案责任制改革中检察官专业化、职业化的目标存在一定冲突。这种状况一定程度上影响了检察官办案责任制改革的推进，导致了检察官办案责任制改革中的很多问题。如在这种状况下检察机关领导干部不得不参加大量会议，处理大量的行政事务和文件，从而导致检察机关领导干部没有太多时间和精力办案，这是检察机关领导干部直接办案制度难以完全落实的重要原因之一。又如相关办案部门不得不承担大量的维稳、扶贫、综合治理等非办案工作，不但大大增加了检察官的工作任务，还导致各办案部门不得不将大量办案之外的事务纳入检察官绩效考核范围，等等。

---

① 参见李拥军：《司法改革中的体制性冲突及其解决路径》，载《法商研究》2017年第2期。

② 参见周庆智：《警惕基层"文山会海"回潮》，载《人民论坛》2017年7月上。

四、普通检察人员在改革中的参与不足

正如有学者指出，在司法改革中，如果改革设计者不全面、系统、深入地厘清利益相关者并且平衡这些利益，特别是如果不能很好地平衡司法人员的核心利益，那么再好的改革方案也会大打折扣。因此，在改革决策及后续的执行过程中，必须把利益相关者尤其是司法人员的诉求纳入改革方案。① 从本次检察官办案责任制改革的决策和实施过程来看，虽然决策者决策过程中进行了广泛调研，主动听取了不少意见建议，但检察官办案责任制改革方案出台之前基本处于保密状态，普通检察人员无法参与，基本处于被动执行状态。改革政策出台前，检察人员无法知道改革方向。改革政策出台后，普通检察人员反映意见的渠道也不够畅通。虽然改革过程中决策者一直较为重视保障一线检察人员的利益，但某种程度上仍存在对司法辅助和司法行政人员的诉求关注不够的问题，这也是导致目前部分检察辅助人员和司法行政人员对改革不满的重要原因之一。另外，也正是因为普通检察人员参与不够，导致部分制度设计过于理想化，设计上存在一定缺陷。如从律师和法学专家中选拔检察官制度就存在一定问题，因为实践中优秀律师和真正的法学专家的收入、地位明显高于普通入额检察官，普通入额检察官职位对优秀律师和法学专家根本没有吸引力，因此，该制度实践中可行性不高。实践中的情况也证实了这一点。G省检察机关曾组织过一次从律师、法学专家中遴选检察官的考试，结果几乎没有优秀的律师和法学专家报名参加选拔。

五、检察官享有较高地位、待遇未获普遍认可

司法改革的投入和收益的平衡是一个长期的过程，司法改革最初的

---

① 参见程金华：《中国司法改革的利益相关者——理论、实证与政策分析》，载《北大法律评论》第15卷，第453页。

投入往往非常巨大,而对这些巨大的投入,不仅改革者短期内难以从中直接获益,而且普通民众短期内也难以见到好处。① 检察官办案责任制改革也面临同样的问题,检察官办案责任制改革需要较大幅提高检察官的工资待遇,需要打通检察官职务晋升通道,这些都意味着检察官办案责任制改革需要大量投入,但检察官办案责任制改革的成效短时间内难以完全显现,这就造成社会各界包括大量相关主管部门如组织、人社、编制、财政等部门对改革后检察官享有较高地位、待遇实际并不认可,甚至检察机关内部的很多司法行政部门、司法辅助部门往往也对检察官享有较高地位和待遇不认可。"在现行政治制度、行政与司法体制之下,司法系统的改革在外部需要很多党政部门的协调与配合,在内部则需要上下级机关以及'条线'的有效决策、配合与执行。"② 检察官办案责任制改革需要的资源(如编制、工资福利、退休待遇、政治待遇等)在外掌握在前述的组织、人社、编制、财政等党委政府部门手中,在内则掌握在检察机关政治部、计财装备等内设机构手中。部分党委政府部门以及检察院内设机构对检察官享有较高的经济待遇和政治地位不认可,导致在部分改革措施如落实检察官单独职务序列对应的政治、福利等待遇方面较为缓慢。

六、改革的理论研究不充分

马克思主义基本原理告诉我们,缺乏理论指导的实践是盲目的实践。检察官办案责任制改革的开展离不开正确理论的指导,但总体来看,本次检察官办案责任制改革进行的略显仓促,对其中的不少问题研究不够深入或论证不够充分,导致不能为检察官办案责任制改革的深入推进提供足够的理论支撑或指导。检察官办案责任制改革中的很

---

① 参见夏立安:《论发展中国家的司法改革——一种国家与社会关系视角下的比较研究》,载《浙江社会科学》2004年第3期。

② 参见程金华:《中国司法改革的利益相关者——理论、实证与政策分析》,载《北大法律评论》第15卷,第457~458页。

多问题，某种程度上都与对检察官办案责任制改革的理论研究不够深入有关。如目前各级检察院领导干部直接办案规定没有完全落实，很大程度上与对领导干部直接办案的相关问题研究不够有一定关系。目前对各级检察院领导干部的主要工作内容、工作量没有进行调研和测算，对领导干部直接办案规定难以落实的原因掌握不够，相关文件规定的各级检察院领导干部办案量只是估计确定，等等。这种状况导致了领导干部直接办案制度不能完全落实到位。又如新型办案组织没有建立，新型办案模式的运行状况不够理想也与对新型办案组织和新型办案模式的相关问题研究、论证不够充分有关。再如，虽然目前全国各地检察院基本上按照39%的员额比例选拔入额检察官，但确定39%的员额比例的依据何在，39%员额比例是否具有合理性，为何是39%而不是38%、36%或其他。全国各省份案件数量、人员状况差异很大，员额比例统一确定为39%是否科学。目前对这些问题的研究论证都不够充分。这是不少地方仍然对检察官员额比例有异议的重要原因。另外，前文中已论及的检察指令权的界限问题，检察官行使决定权的范围问题等理论问题的研究不够深入，也一定程度上影响了检察官办案责任制改革的深化。

七、部分改革制度执行不到位

好的政策在执行过程中出现走形变样，也是检察官办案责任制改革中出现一些问题的重要原因。客观来看，本次检察官办案责任制改革的绝大部分政策都较为科学合理，实践中不少问题是执行不到位所致。如改革政策明确要求进入员额的检察官必须是业务水平高、办案能力强的检察官，但实践中依然有不少办案能力不足或缺乏办案能力的人员进入员额。这就导致其他办案能力强而未入额人员的不满，影响了新型办案模式的运行。又如改革政策明确要求推进聘用制书记员管理制度改革，解决司法辅助人员不足问题，然而，实践中很多地方聘用制检察辅助人员招录工作遇到不少阻力，推进缓慢。如中央改革政策要求细化检察官和检察官助理的职责分工,赋予检察官对检察辅助人员考核奖惩建议权,实践中检察官和检察官助理的职责分工仍然不够明确,检察官也基本不享有对检察辅助人员的考核奖惩建议权。

第六章　深化检察官办案责任制改革的应有进路

第一节　外部良好条件之创造

检察官办案责任制改革中的很多困难和问题单靠检察机关自身难以解决，需要社会各界特别是党委政府相关部门的支持，一些问题甚至需要中央层面予以解决。因此，创造良好的外部条件对深化检察官办案责任制改革意义重大。

一、改变社会各界对检察官责任制改革的错误认识

（一）澄清对检察官办案责任制改革的错误认识

目前社会各界对检察官办案责任制改革存在错误认识，这种错误认识主要体现在两个方面：一方面，是对检察官办案责任制改革本身的错误认识，即对检察官办案责任制改革的必要性、性质定位、改革路径、方式方法等方面存在认识错误，如少数人否认前一阶段推行检察官办案责任制改革的必要性，或从根本上否定改革的成效，不认同检察官享有较高的福利待遇，以及彻底否定检察官员额制，等等；另一方面，是对目前检察官办案责任制改革所处阶段的错误认识，这种错误认识主要表现为认为目前检察官办案责任制改革已经基本完成。这两方面错误认识严重影响了检察官办案责任制改革的继续深化，有可能导致检察官办案

责任制改革陷入停滞,甚至走"回头路"。在当前阶段,改革主导者应注意总结检察官办案责任制改革成果,在深化改革的必要性、深化改革的路径、方式方法等方面进一步凝聚共识,让社会各界坚定对检察官办案责任制改革的信心,认清不断深化检察官办案责任制改革的重要意义,同时,还要让社会各界人员清楚地认识到,目前检察官办案责任制改革只是完成了面上的改革任务,很多改革措施还流于表面而没有落到实处,离达到改革的预期目的还相差甚远,改革任务还非常艰巨,下一步深化改革的难度甚至要远超过前一阶段面上的改革。

(二) 正确认识和把握检察官办案责任制改革规律

当前应当加强检察官办案责任制改革理论研究,充分研究检察官办案责任制改革的原理和规律,为检察官办案责任制改革的深化提供理论支撑。一是在研究主体方面,应当充分发挥各类研究主体的作用,一方面,应发挥高校和科研院所的作用。可以考虑采取由检察院设立若干重大课题定向外包给科研院所或高校、检察人员与专家学者联合组成课题组开展研究、检察院在高校设立司法改革研究中心等形式,发动、组织和引导广大专家学者加强对检察官办案责任制改革研究,充分利用科研院所和高校的智力资源。另一方面,应发挥广大检察人员的聪明才智。广大检察人员是检察官办案责任制改革的亲历者,掌握了大量检察官办案责任制改革的实践素材,检察人员研究检察官办案责任制改革具有天然优势,检察人员中也不乏具有较强研究能力的人员,因此,应广泛组织、发动和鼓励检察人员针对检察官办案责任制改革问题开展研究。二是在研究内容方面,应把握以下重点:(1)检察官办案责任制改革中的重大理论和基础理论研究,重点研究对检察官办案责任制改革的发展方向、制度设计、机制运行有重要影响的理论问题;(2)检察官办案责任制改革具体制度设计研究,重点研究目前我国检察官办案责任制改革的制度设计方面存在的问题,提出相应的完善建议或新的制度设计;(3)域外检察官承担办案责任相关制度研究,通过加强对域外相关制度的梳理和分析，为我国开展检察官办案责任制改革提供参考和借鉴；（4）检察官办案责任制改革中遇到的具体问题的研究，分析这些具体问题的产生原因，提出解决的办法和思路，切实帮助解决我国检察官办案责任制改革中面临的困难和问题。三是在研究方法方面，应广泛运用调查研究、实证研究、比较研究、跨学科研究等方法，增加研究的广度和深度，为我国检察官办案责任制改革提供支撑。

二、中央层面继续加大改革支持和投入

在我国现行体制下，中央的支持对检察官办案责任制改革的深化至关重要。在深化检察官办案责任制改革的过程中，中央应加大对深化改革的支持力度，继续加大改革投入，协调解决检察机关在改革中遇到的自身难以解决的困难和问题。

（一）落实检察机关在国家机构体系中的宪法地位

有学者认为，司法公正需要三种力量的支持，其中物质力量是基础，人的力量是动力，制度力量是保障。[1] 对于落实检察机关宪法地位而言，同样也需要这三种力量。当前我国在开展司法责任制改革的同时，也开展了省级以下法院、检察院人财物统一管理改革。遗憾的是，由于种种原因，省级以下法院、检察院人财物统一管理改革并未真正实现省级以下法院、检察院人财物统一管理的目标，目前中央对该项改革也似乎不再强调。当前不少省份省级以下"两院"财、物的省级统一管理基本实现，但在人员的统一管理方面则与以往相比变化不大。在人员统一管理方面，除基层检察院检察长改由省级管理外，其余的干部管理基本没有变化。笔者认为，落实检察机关宪法定位，应当让检察院的人财物真正的不再受制于地方。正如有学者提出，可以考虑重新建立检

---

[1] 参见董茂云等：《宪政视野下的司法公正》，吉林人民出版社2003年版，第342页。

察机关的垂直领导体制,① 建议在目前省级以下检察院人财物统一管理改革的基础上,实现国家层面对检察机关人财物的统一管理②,真正解决地方检察院人财物受制于地方的问题,避免地方检察院在实质上沦为地方政府的部门。

(二) 明确检察官单独职务序列享有对应行政级别应有的待遇

正如有学者指出,中央相关部门必须认识司法职业的特殊性,真正对司法人员与一般国家工作人员予以区别,以宽容的心态看待司法职业与其他职业的差异。③ 考虑目前检察官单独职务序列对应行政职级设立,之前检察官等级套改时,也是按照行政职级进行套改,而建立检察官单独职务序列的目的是拓宽检察官职业发展空间,故建议由中组部联合最高人民检察院发文明确检察官单独职务序列享有对应行政职级的一切待遇,包括推荐干部、审阅文件等政治待遇,办公面积等工作待遇,住房、医疗、车补、退休金等生活待遇。如一级检察官享有正科级的一切待遇,四级高级检察官享有副处级的一切待遇,三级高级检察院享有正处级的一切待遇,二级高级检察官享有副厅级的一切待遇,等等。检察官转任司法辅助人员、司法行政人员或者交流到其他党政机关的,按照检察官等级对应的行政职级确定职务层次。或许有人会提出,这样检察院职务晋升太快,对其他单位不公平。然而,首先,建立检察官单独职务序列的目的是为了拓宽检察官的职业发展空间,让检察官具有职业尊荣感,如果检察官单独职务序列对应的检察官等级只能落实工资待

---

① 参见田夫:《依法独立行使检察权制度的宪法涵义——兼论重建检察机关垂直领导制》,载《法制与社会发展》2015年第2期。

② 当前省级以下人财物统一管理改革中遇到的诸如经济发达地区检察人员收入下降等问题实际上是技术问题,是可以解决的。

③ 参见李拥军:《司法改革中的体制性冲突及其解决路径》,载《法商研究》2017年第2期。

遇，其他待遇都不能落实，那么就违背了建立检察官单独职务序列的初衷。其次，检察官是检察院的精英力量，其员额只有39%，允许这部分精英力量晋升速度快一些是可以接受的。而且，就同级党委政府的情况来看，党委政府优秀人员的晋升速度往往比入额检察官的晋升速度更快。再次，各级检察院实际上也设定了晋升的"天花板"，如省级检察院三级高级检察官（相当于正处级）以下才是自动晋升，市级检察院到四级高级检察官（相当于副处级）才是自动晋升，与同级党委政府相比，各级检察院检察官晋升速度并不具有明显优势，如省委省政府相关部门的人员晋升正处级，市委市政府相关部门人员晋升副处级的难度并不大。最后，检察官交流到党政机关的数量也是很少的，即使检察官的晋升速度快于党政机关，也不会对党政机关形成冲击。

（三）真正解决检察官承担超出法定职责范围事务的问题

严格落实不得要求检察官从事超出法定职责范围的事务应当采取以下措施：第一，让政府的相关部门真正了解《保护司法人员依法履行法定职责规定》和《关于加强法官检察官正规化专业化职业化建设全面落实司法责任制的意见》的内容，让他们认识到让检察官从事超出职责范围的事务是违反中央规定的，可能会被追究责任，让他们不敢将检察官职责范围以外的事务分配给检察官办理。第二，建立检察官被安排从事超出法定职责范围事务的投诉、举报机制。可以考虑明确检察官被安排从事超出法定职责范围事务的，由上级党委政法委负责处理，上级检察院予以协助。各级党委政法委向社会公布投诉、举报电话，方便社会各界和检察官举报投诉。各级党委政法委接到投诉、举报后，应当在2个工作日内进行核实，并责令相关部门纠正错误的工作安排。第三，追究安排检察官从事超出职责范围事务人员的纪律责任，党委政法委查清相关事实后，认为需要追究相关人员纪律责任的，移送同级纪检监察部门处理。

三、优化检察官助理制度的顶层设计

（一）对检察官助理进行重新定位

笔者认为，我国检察官助理的定位应当是检察官行使法律监督权的参谋和业务助手，是检察辅助人员中地位和待遇相对较高的人员，但不应成为检察官的后备力量。在此意义上说，应当建立区别于检察官助理的预备检察官制度，在基层检察院设置预备检察官职位，在检察官员额出现空额时，预备检察官可以递补为检察官，预备检察官没有单独的职务序列，发展的方向是成为检察官。检察官助理则不能转任为检察官，只能在检察官助理职务序列内进行晋升。鉴于预备检察官和检察官助理的定位不同，其入职的门槛和要求也不同，预备检察官的入职门槛应当明显高于检察官助理的入职门槛。在此意义上说，现在的检察官助理的门槛太高，其地位实际上相当于将来的预备检察官。

（二）进一步明确检察官与检察官助理的办案职责界限

1. 划分两者办案职责的标准——检察官办案亲历性要求

由于只有检察官享有办案决定权，故决定性事项均应由检察官负责，这一点基本没有争议。划分检察官与检察官助理职责真正需要明确的是非决定性事项的归属。而非决定性事项中，有些事项必须由有权代表检察院的主体实施，如出庭支持公诉、代表检察院宣布相关处理决定等，由于检察官助理不能代表检察院实施相关行为，因此，对出庭支持公诉等这些必须由有权主体实施的事项应由检察官亲自承担。那么，对于其他非决定性事项应由检察官还是检察官助理负责应当如何区分呢？笔者认为，由于我国检察官的性质定位是兼有行政官和司法官特性，且以司法官特性为主的法律监督官，检察官具有很强的司法官特性决定了检察官办案也应遵循司法亲历性的要求。故划分检察官和检察官助理的职责范围应以检察官办案的司法亲历性要求为标准，即按照落实检察官办案司法亲历性的要求，具有司法亲历性的事项由检察官负责，其他事项由检察官助理负责。

司法亲历性是司法工作的基本规律和要求。本次检察官办案责任制改革的核心是实现"让办案者决定，由决定者负责"。"让办案者决定"就是司法亲历性的必然要求。纠正以往"三级审批制"的办案模式等违背司法规律的做法，落实司法亲历性原则的要求，是本次检察官办案责任制改革的重要目的。因此，对检察官与检察官助理职权进行划分时，既要充分发挥检察官助理辅助办案的作用，也要贯彻司法亲历性要求，避免检察官不亲自办案，只是审批和决定检察官助理办理的案件。

值得注意的是，由于检察官兼有司法官和行政官的特性，且检察环节的法律事实和证据尚在变动，以及检察机关作出的处理决定大多不具有终局性等原因，检察机关虽有司法亲历性的要求，但司法亲历性要求没有法院那么严格。① 无论对检察官与检察官助理的职责如何区分，在检察官办案责任制改革的背景下，只有检察官享有案件决定权，检察官助理只能辅助办案是确定无疑的。在办案工作中，有些事项对于检察官作出正确处理决定可能产生重要影响。这些对办案可能产生重大影响的办案事项属于有司法亲历性要求的事项，检察官应当亲自参与或完成。

就《检察院司法责任制意见》第17条和第20条规定的事项来看，这些事项是否应当检察官承担，关键在于是否可能对检察官作出案件处理决定产生重要影响。下面分别对这些事项进行分析：（1）讯问犯罪嫌疑人。检察官对犯罪嫌疑人进行讯问有助于帮助检察官形成内心确信，对于检察官作出办案决定可能产生重大影响，故应检察官亲自承担。但讯问犯罪嫌疑人笔录的制作，讯问犯罪嫌疑人相关手续的办理，则可以由检察官助理承担。（2）询问证人和其他诉讼参与人。职务犯罪侦查部门转隶后，检察院办案部门询问证人和其他诉讼参与人的情况并不多，需要询问证人和其他诉讼参与人则意味着他们的证言或陈述对

---

① 参见朱孝清：《司法的亲历性》，载《中外法学》2015年第4期。

案件处理可能产生重要影响。因此，对证人和其他诉讼参与人的询问，检察官也应当亲自进行。同样，询问证人和其他诉讼参与人笔录的制作，相关手续的办理以及通知证人和其他诉讼参与人等事项可以由检察官助理办理。（3）组织和实施现场勘验、检查、搜查、查封、扣押物证、书证。这些事项的组织和实施过程并不会对检察官作出办案决定产生重要影响，只要检察官决定组织和实施这些活动即可，强调由检察官组织这些事项并无多大意义，因而，这些事项的组织和实施都可以由检察官助理承担。（4）组织和实施收集、调取、审核证据。证据本身对检察官作出案件处理决定会产生重要影响，但收集和调取证据只是获取证据的方式，检察官是否亲自参与或组织不会对其作出案件处理决定产生多大影响。因此，组织和实施收集、调取证据可以由检察官助理承担。审核证据，特别是审核判断是否属于非法证据，是否需要排除，可能会对检察官作出案件处理决定产生重要影响，需要由检察官亲自承担。日常办案活动中，检察机关审核证据主要是通过审阅案卷方式进行，因此，检察官必须亲自审阅案卷。但起草阅卷笔录等辅助性事项可以由检察官助理承担。（5）宣布处理决定，主持公开审查，代表检察机关当面提出监督意见。这些事项不影响检察官作出办案决定，实际上与司法亲历性无关，但涉及到身份的要求，由于检察官办案责任制改革后，只有检察官（包括检察长、副检察长等）可以代表检察院，检察官助理不能代表检察院，故这些事项应当由检察官亲自承担，检察官助理只能予以协助。（6）出席法庭。如前所述，应当由检察官承担。（7）接待律师及案件相关人员。该项事项不影响检察官作出案件处理决定，应当由检察官助理承担。（8）草拟法律文书和审查报告。在法律文书和审查报告由检察官审定的情况下，草拟审查报告、法律文书属于辅助性事项，不影响案件的处理决定，可以由检察官助理承担。需要注意的是，由于检察官助理的职责是辅助检察官办案，因此，上述检察官助理承担的事项完成后都必须经过检察官审核确认。

2. 检察官助理与检察官办案职责的区分

根据上述分析，笔者认为，检察官应当亲自承担以下办案职责：（1）依授权对案件或事项作出处理决定，并签发相应的法律文书；（2）对检察辅助人员承担的事项进行审核确认；（3）讯问犯罪嫌疑人；（4）询问证人和其他诉讼参与人；（5）审核证据；（6）主持公开审查、宣布处理决定；（7）代表检察机关当面提出监督意见；（8）出席法庭。（9）其他应当由检察官亲自承担的事项。

检察官助理应当承担以下办案职责：（1）检察官讯问犯罪嫌疑人时的相关辅助性事项，如制作讯问犯罪嫌疑人笔录，办理讯问犯罪嫌疑人相关手续等；（2）检察官询问证人和其他诉讼参与人时的相关辅助性事项，如制作询问证人和其他诉讼参与人笔录，办理询问证人和其他诉讼参与人的相关手续；（3）组织和实施现场勘验、检查、搜查、查封、扣押物证、书证；（4）组织和实施收集、调取证据。（5）接待律师及案件相关人员。（6）草拟法律文书和审查报告。（7）检察官交办的其他辅助性办案工作。

（三）进一步明确检察官助理的任职条件

笔者认为，根据上文中关于检察官助理的定位、职责等内容的分析，检察官助理应当具备以下基本条件：（1）具有大学本科以上学历。鉴于检察官助理承担着辅助检察官办案的重任，而目前大学本科的录取率相对较高，因此，检察官助理应具有大学本科以上学历。（2）具有法律、金融、知识产权、环保等专业背景。检察官助理的职责是辅助办案，实践中专业性较强的案件越来越多，而检察官往往学习的是法律专业，缺乏其他相关领域的专业知识，故检察官助理的专业背景应不限于法律，除应招录法律专业背景的检察官助理辅助检察官办理法律类辅助事务外，也应招录部分其他专业背景，如金融、知识产权、环境保护等专业背景的检察官助理辅助检察官办理相关专业性事务。（3）担任检察官助理需要具备的其他条件，如身体健康，品行端正等。检察官助理需要协助检察官办案，容易受到各种利益的诱惑，故对于检察官助理的品行也应有一定要求。需要注意的是,检察官助理不需要通过法律资格统一考试或司法考试。如前所述,由于检察官助理的发展方向并非检察官,只有预备检察官的发展方向才是检察官,故检察官助理不需要通过法律资格统一考试(或司法考试)。

(四) 明确检察官助理的配置模式

检察官助理可能有两种配置模式,一种是在每个检察官办案组配备检察官助理,为每名检察官配备若干检察官助理,由检察官对检察官助理进行管理。目前我国检察机关基本上都采用这种模式。国外也有不少国家采用这种模式,如美国独立检察官甚至有组织人事权,可以任命自己的工作人员、诉讼人员以及兼职咨询人员。① 另一种是检察官助理由检察院统一管理,检察官承担相关辅助事务时再由检察院统一安排。如台湾地区的检察事务官就是由检察院集中统一管理,不直接对应特定的检察官,往往根据事务类型的不同,由各地检署统一、集中调配。②德国书记员在工作中受检察官领导,但书记员统一为检察官服务,而不是某个书记员专门为某个检察官服务。③ 笔者认为,在我国目前的情况下,采取将检察官助理配置到各检察官办案组的方式是较为妥当的,其原因在于:一是集中管理意味着还要成立专门的机构,管理成本过高;二是检察机关业务部门特别是基层检察院的业务部门如侦监、公诉等案件非常多,如果集中管理检察官助理再根据案件进行分配,操作起来非常麻烦。三是对检察官助理进行集中管理,容易产生分配不公,导致矛盾。四是集中管理不利于检察官与检察官助理之间形成工作默契,不利

---

① 参见樊崇义、吴宏耀、种松志:《域外检察制度研究》,中国人民公安大学出版社 2008 年版,第 93 页。

② 参见万毅:《台湾地区检察事务官制度改革的经验及启示》,载《中国检察官》2013 年第 1 期。

③ 参见樊崇义、吴宏耀、种松志:《域外检察制度研究》,中国人民公安大学出版社 2008 年版,第 179 页。

于保证办案质量和效率。

(五) 完善对检察官助理的考核机制

1. 考核内容及分值设定。关于对检察官助理的考核内容，各地有所不同，如《北京市检察机关检察官、检察辅助人员业绩考评办法（试行）》规定考核检察官助理的业务工作、司法作风、司法技能和职业操守，分别占60分、20分、10分、10分；《福建省检察机关检察辅助人员、司法行政人员绩效考核及奖金分配办法（试行）》规定考核检察官助理工作实绩和综合表现，其中工作实绩占80分，综合表现占20分，工作实绩考核主要包括协助参与的办案数量、办案质效、办案程序，履行辅助职务的工作量和实际效果等内容；综合表现考核主要包括司法能力、职业操守、外部评价等内容。其他省份对检察官助理的考核内容也基本上大同小异。实际上，各地对检察官助理的考核内容虽然在具体分类或表述上有所差异，但基本上都可以分为工作实绩、司法技能和职业操守三个方面。北京市考核的司法作风实际上可以为职业操守所涵盖，因为良好的司法作风是良好职业操守的应有之意。福建省考核的司法能力实际上就是司法技能，外部评价实际上就是外部对检察官助理职业操守的评价。故对检察官助理应考核工作实绩、司法技能、职业操守三个方面，其中工作实绩主要考评检察官助理参与办案的数量、质量、效率和效果等情况；司法技能主要考评检察官助理的业务技能的熟练程度；职业操守主要考评检察官助理对职业道德、遵章守纪、廉洁自律、工作作风等方面的情况。分值设置方面，可以考虑工作实绩分值70分，司法技能15分，职业操守15分。

2. 考核主体。应成立专门的检察官助理考评委员会，由检察长、副检察长、政治部主任、纪检组长等3~5人组成，另外，检察官助理考评委员会可以考虑设立两名临时委员，考评检察官助理时，该检察官助理所辅助的检察官和该检察官助理所在的业务部门主要负责人均担任临时委员。在政治部设立检察官助理考评委员会办公室，负责考评委员会日常事务。

3. 考核程序。对检察官助理的考核程序如下：检察官助理自评——检察官对检察官助理工作实绩评分、部门负责人对检察官助理司法技能评分、纪检监察部门对检察官助理的职业操作进行评分——考评委员会办公室提出检察辅助人员业绩考评等次建议——考评委员会评审。

4. 考核结果运用。对检察官助理的考核结果作为检察官助理绩效奖金发放、等级晋升、奖惩等的依据。

四、完善我国检察官惩戒委员会制度

（一）调整检察官惩戒委员会的组成人员

1. 域外惩戒机构组成情况

英美法系和大陆法系国家在检察官惩戒模式上有较大差异，英美法系国家检察官性质上属于行政官，对检察官进行惩戒时不需要特别注意检察官的相对独立性，故基本上没有设立专门的惩戒机构。如美国检察官具有较为浓厚的行政官色彩，和我国检察官一样在法律上没有独立地位，其权力受到司法审查、政治选举和大陪审团制度的约束，惩戒并非防止检察官权力滥用的主要制度。鉴于美国检察官也是职业律师，对其适用律师的惩戒方式，由律师业诉冤委员会或法院进行制裁。对检察官的违纪行为，法院可以藐视法庭为由予以制裁。① 另外，律师业诉冤委员会也可以监督检察官遵守行业道德的情况。②

大陆法系国家和地区在对检察官进行惩戒时则既要注意防止检察官

---

① 参见邓辉、谢小剑：《责任与独立：检察官纪律惩戒的双重维度》，载《环球法律评论》2010年第5期。

② Melissa K. Atwood, Who Has the Last Word: An Examination of the Authority of State Bar Grievance Committees to Investigate and Discipline Prosecutors for Breaches of Ethics, 22 J. Legal Prof. 201, 1997/1998.

权力的滥用，也要注意保障检察官独立行使职权，故往往建立完善的惩戒程序、设立专门的惩戒机构对检察官进行惩戒。在德国，轻微的不正当行为，由检察长决定警告或训诫。职务法庭适用正式纪律惩戒程序负责处理重大的不正当行为。警告或训诫外的其他措施只能由职务法庭决定。检察官对检察长决定的警告或训诫不服，也可以向职务法庭提出异议。州职务法庭由1名庭长和其他成员组成，其他成员中常任和非常任成员各占一半。所有成员均为终身法官，非常任成员必须是涉案法官所属法院的法官。职务法庭的成员由设立职务法庭的法院院长确定。法院院长和其常任代理不能成为职务法庭的成员。担任律师的前法官可以作为常任成员，但只有一名律师可以被任命为职务法庭成员，且该律师应具有能当选律协会长的资格。① 联邦职务法庭设在联邦最高法院，由主审法官1名，常任陪审法官2名以及非常任陪审法官2名组成合议庭进行审判。常任陪审法官和主审法官是联邦最高法院法官，由终身检察官担任非常任陪审法官。②

在法国，在最高司法官委员会内部设有专门负责检察官惩戒的机构。根据法国宪法第65条的规定，最高司法官委员会由总统主持，司法部长为法律上的副主席，可以代理总统为主席。负责对检察官惩戒提出意见的机构除总统和司法部长外，还包括五名检察官和一名法官、一名最高行政法院法官，以及分别由总统、国民议会主席和参议院主席任命的三名既不属于议会也不属于司法界的人员。当最高司法委员会审议检察官惩戒事项时，由驻最高法院检察长任主席。③ 对于检察官来说，最高司法官委员会不是裁决机构，其作用仅仅是将相关意见提交司法

---

① 参见魏武：《法德检察制度》，中国检察出版社2008年版，第272页。
② 参见邓辉、谢小剑：《责任与独立：检察官纪律惩戒的双重维度》，载《环球法律评论》2010年第5期。
③ 参见魏武：《法德检察制度》，中国检察出版社2008年版，第291~292页。

部，最终由司法部作出裁决。①

在日本，对检察官的非违纪处分的处理决定，由设置在总理府的检察官资格审查会负责。对检察官的纪律惩戒则适用公务员法的相关规定，对各检事长、次长检事和检事总长的惩戒由内阁负责，法务大臣负责对检事和副检事的惩戒。检察官不服惩戒处分和行政处分，可以申请人事院审查。由人事院"公平委员会"调查处分是否正当，审议后作出裁决。②

韩国《检事惩戒法》规定了对检察官的惩戒事宜，根据该法规定，法务部内设的检事惩戒委员会专门负责对检察官的惩戒工作。该委员会由1名委员长和6名委员组成。委员长由法务部长官担任，任期为三年。③ 委员长的职责是统理会务，召集和主持会议。委员会设立干事1人、书记若干人。干事和书记的职责主要是按照委员长的指示，负责制作和保管有关惩戒工作记录和文件。④

在我国台湾地区，对检察官惩戒适用法官惩戒程序。对检察官违法违纪行为进行惩戒前，应先进行个案评鉴，个案评鉴由评鉴委员会负责，评鉴委员会评鉴后认为应予惩戒的，则由台湾"法务部"移交"监察院"进行审查，最后由职务法庭进行审判，也可以由"监察院"直接移送职务法庭审判。职务法庭由公务员惩戒委员会委员长和4名陪席法官组成合议庭进行审理，陪席法官应担任法官10年以上。合议庭由"公务员惩戒委员会委员长"担任审判长。陪席法官由12人组成，这12人每审级4人，由"司法院法官遴选委员会"遴选、"司法

---

① 参见刘林呐：《法国检察制度研究》，中国检察出版社2015年版，第146页。

② 参见邓辉、谢小剑：《责任与独立：检察官纪律惩戒的双重维度》，载《环球法律评论》2010年第5期。

③ 参见樊崇义、刘文化：《惩戒与保障：域外检察官办案责任的双面镜像》，载《检察日报》2016年5月17日第3版。

④ 参见孙智慧：《韩国〈检事惩戒法〉简介》，载《人民检察》1998年第2期。

院长"任命，任期为3年。陪席法官至少一人（但不能全部）与被惩戒检察官同一审级。职务法庭陪席法官遴选前，先由"司法院"发函请相关机关、团体推荐人选。"公务员惩戒委员会委员长"因故不能担任审判长时，由职务法庭合议庭资深法官担任，合议庭法官资历相同时，由年长者担任，但各法院院长不得担任职务法庭成员。①

2. 域外检察官惩戒机构组成的启示

通过域外检察官惩戒机构的介绍，我们可以得到以下启示：

（1）检察官惩戒机构组成人员中法官、检察官应占很大比例。基本上凡是设立专门性惩戒机构的国家或地区，其检察官惩戒机构成员中法官、检察官都占了很大比例。如德国以及台湾地区的职务法庭全部由法官组成，法国的最高司法官委员会大部分由法官、检察官组成。

（2）检察官惩戒机构组成人员的选拔程序应非常严格。如德国、台湾的职务法庭法官都有较为严格的选拔程序，台湾遴选职务法庭陪席法官前，要先由"司法院"发函给相关机关、团体，请它们推荐陪席法官人选。德国和台湾都明确规定法院院长不得担任职务法庭法官。法国限定由驻最高法院检察长任主席，其他法官检察官由法官检察官组成的共同团体选举产生。②

（3）律师作为惩戒机构组成人员应受到严格限制。除德国允许一名律师作为职务法庭成员外，其余国家和地区均没有律师作为惩戒机构组成人员。而且德国实际上对律师担任职务法庭组成人员也进行了严格限制，限定只能有一名律师，不仅要求该律师之前担任过法官，而且要求该律师具有能当选律协会长的资格。

（4）检察官惩戒机构中应注意司法官的层级搭配。如德国联邦职务法庭的审判长和常任陪审法官由联邦普通法院法官担任，非常任陪审

---

① 参见温辉：《台湾地区检察官惩戒制度及其借鉴》，载《行政法学研究》2016年第2期。

② 参见刘林呐：《法国检察制度研究》，中国检察出版社2015年版，第152页。

法官由涉案法官所属法院系统和涉案法官不同法院的终身法官担任。法国检察官惩戒机构中的检察官除最高法院检察长外，还包括最高法院代理检察长以及普通检察官。台湾职务法庭陪席法官由"司法院法官遴选委员会"遴选 12 人组成，其中每个审级各 4 人。

3. 关于我国检察官惩戒委员会人员组成的建议

（1）限定检察官惩戒委员会委员必须具有法律专业背景，熟悉检察工作，有能力对检察官的履职行为是否应受惩戒进行专业判断。由于域外检察官惩戒机构基本上只对检察官违反职业操守和道德有关的事项进行惩戒，原则上对检察官的司法行为本身不予惩戒。如德国职务法庭的惩戒事由只能是司法官核心领域之外的司法行为，如生活不检点、不当言论等，但核心领域之内的司法行为，如判决行为，以及为判决作准备的行为不在惩戒之列。① 台湾职务法庭惩戒的事由除故意或重大过失导致不起诉和缓起诉错误的外，其余的主要也是程序性违法或违反职业伦理规范的行为。② 故域外国家或地区允许少量非专业性人员作为检察官惩戒委员会成员具有合理性。而我国检察官惩戒的事由不涉及检察官违反职业操守或道德的事项，涉及的都是司法行为本身，而对司法行为本身是否需要惩戒进行判断需要专业知识，非专业人士难以胜任。因此，我国检察官惩戒委员会成员都应当具有法律专业背景。在此意义上说，由于大部分人大代表和政协委员不具有法律专业背景，难以对检察官履职行为的正当性、合法性、合理性作出专业判断，故应当修改《惩戒制度意见（试行）》第 4 条关于惩戒委员会由人大代表、政协委员、法学专家等组成的规定，规定惩戒委员会由政治素质高、具有法律专业知识、职业操守好、熟悉检察工作的人员组成。

（2）限定惩戒委员会中法官、检察官的比例不低于 50%，且未担任领导职务的普通检察官的比例不低于 10%，不少于 1 个。为保证检察

---

① 参见王葆莳：《德国法官惩戒制度研究》，载《时代法学》2017 年第 3 期。
② 参见温辉：《台湾地区检察官惩戒制度及其借鉴》，载《行政法学研究》2016 年第 2 期。

官惩戒委员会熟悉各级检察工作的实际情况,借鉴域外台湾等地区从不同层级的法院、检察院遴选惩戒机构成员的经验,应规定惩戒委员会中的法官、检察官委员从辖区内不同层级人民法院、人民检察院选任。另外,未担任领导职务的普通检察官应界定为未担任各级检察院内设机构负责人(包括正职和副职)以上职务。

(3)分类建立惩戒委员会委员库,同时明确检察官惩戒委员会审议惩戒事项时的人数要求。可以推广陕西等省份设立检察官惩戒委员会常任委员和非常任委员的做法,检察官惩戒委员会设立少量常任委员,每次惩戒委员会审议惩戒事项常任委员都应当参加,还应建立非常任委员库,每次惩戒委员会审议惩戒检察官事项时,随机抽取若干名非常任委员参加审议,以防止滋生腐败或不公。虽然非常任委员库的人数各省可以不统一,但检察官惩戒委员会审议惩戒事项时的人数应当全国统一。

(4)暂时避免律师担任检察官惩戒委员会的委员。鉴于域外发达国家或地区在司法环境明显好于我国的情况下还对律师担任检察官惩戒委员会成员予以严格限制,而我国目前法官、检察官和律师之间存在利益输送关系的情况还比较常见。避免律师担任检察官惩戒委员会委员既可以防止律师利用担任检察官惩戒委员会委员的职务干预检察官办案,也可以防止律师因检察官以往办案中的交情或过节而在审议检察官惩戒事项时发表不公正的意见。故我国应暂时禁止律师担任检察官惩戒委员会委员。

(二)明确我国检察官惩戒委员会的功能定位

目前,我国包括《惩戒制度意见(试行)》在内的官方文件中似乎都没有关于检察官惩戒委员会功能定位的明确表述。根据《惩戒制度意见(试行)》的规定,惩戒委员会的职责主要是根据人民检察院调查的情况,审查认定检察官是否违反检察职责,并提出当事检察官存在故意、重大或一般过失以及是否违反职责的意见,但对当事检察官的最终惩戒决定及处理则由人民检察院作出。根据《惩戒制度意见（试行）》关于惩戒委员会组成的规定来看，检察官惩戒委员会是相对中立的第三方机构。因此，检察官惩戒委员会的定位应是对检察官是否应承担司法责任进行专业性认定的第三方机构。其在检察工作中承担两方面的功能：一是加强对检察官履职行为的监督，防止对检察官惩戒的行政化、内部化，将检察官办案责任制落到实处。以往对检察官的惩戒完全由检察机关纪检监察部门负责，由于人情因素、社会影响等方面的考虑，对检察官的违法违纪行为容易"大事化小、小事化了"，不能达到以儆效尤的效果。而且检察机关在系统内部对检察官进行惩戒，相关程序和过程不公开，也容易被社会公众认为是"暗箱操作"。检察官惩戒委员会这个独立第三方机构的介入，则改变了对检察官的惩戒由检察机关一家负责的做法，对检察机关惩戒检察官起到监督制约作用，有利于防止对检察官惩戒的"暗箱操作"。二是保护检察官依法履职，防止检察官受到不当惩戒。根据2016年7月中共印发的《保护司法人员依法履行法定职责规定》第14条的规定，法官、检察官的履职行为，必须经法官、检察官惩戒委员会审议才能启动错案责任追究程序。这实际上是将经过检察官惩戒委员会的审议作为了追究检察官错案责任的前置程序。而检察官惩戒委员会通过对检察官履职行为的主观过错进行认定，区分是否应当追究检察官的司法责任，从而防止检察官被错误追责，达到保障检察官依法履职的目的。

（三）改进我国检察官惩戒委员会的设立模式

1. 设立层级方面。保留各省检察官惩戒委员会和最高人民检察院检察官惩戒委员会的同时，值得研究的是，地级以上市和县（区）有无必要设立检察官惩戒委员会的问题。之所以只在省一级设检察官惩戒委员会，主要是考虑每个省份平均每年因违反办案规定被查处的检察人员违法违纪案件数量仅为3.5件，从惩戒成本和均衡认定责任角度考量,在省一级设立检察官惩戒委员会较为合理。① 笔者认为,上述考虑是较为合理的:第一,原来每个省份每年查处的检察人员违法违纪案件仅为3.5件,即使设立检察官惩戒委员会以后,由于对检察官惩戒的公开、透明,可能导致此类案件数量有所上升,但也不至于数量太大,省一级检察官惩戒委员会应当可以消化,没有必要浪费资源在市、县再设立检察官惩戒委员会。第二,目前省级以下检察院人员实行统一管理,由省一级设立的检察官惩戒委员会统一对全省检察官惩戒问题进行审议,也是省级以下检察院人员统一管理的应有之义。第三,在同一省份内检察官惩戒委员会层级过多会导致对检察官惩戒尺度把握不一,影响对检察官惩戒的统一性。而且只在省一级设立检察官惩戒委员会还有利于减少人情等因素的干扰,有利于保证对检察官惩戒的公正进行。

2. 分别设立检察官惩戒委员会和检察官遴选委员会

采取惩戒委员会和遴选委员会合一模式的好处在于成立和运行成本较低,避免需要两套人马,两套机构,但其缺点也较为明显:一是遴选与惩戒属于性质完全不同的工作,对委员的要求也明显不同,"一套人马"实际上难以同时满足遴选和惩戒的需要。如检察官遴选委员会一般要求组织人事部门人员参加,但组织人事部门的人员往往不具有法律专业背景,不熟悉检察工作,难以对检察官的履职行为是否应当受到惩戒进行专业判断。二是遴选委员会和惩戒委员会在制度功能、职责定位、议事规则方面存在显著差异,将两者予以捆绑,由同一个机构既负责检察官选任,又负责检察官惩戒,容易导致遴选与惩戒工作的交错混乱,容易干扰惩戒工作的独立性和中立性。② 故分别设立检察官惩戒委员会和遴选委员会更为合理。

3. 合并设立检察官惩戒委员会和法官惩戒委员会

---

① 参见最高人民检察院监察局课题组:《检察官惩戒委员会制度研究》,载《人民检察》2017年第1期。

② 参见郑红:《构建检察官惩戒委员会制度应厘清五个问题》,载《人民检察》2017年第1期。

有观点认为,《惩戒制度意见（试行）》虽然由最高人民法院和最高人民检察院共同印发,但明确规定由两家根据该意见分别制定法官、检察官惩戒工作办法,因此,法官和检察官惩戒委员会应当分别设立。① 笔者认为,法院和检察院同属司法机关,法官的履职行为和检察官的履职行为同属司法行为,虽然二者在具体方式上有所差异,但共性远大于个性,在履职行为是否存在故意、重大或一般过失以及是否违反职责的认定方面,法官与检察官并无本质差异。因而,法官惩戒委员会和检察官惩戒委员会分开设立的意义不大。而且,法官惩戒委员会和检察官惩戒委员会分开设立还会增加成立和运行成本。故法官、检察官惩戒委员会采用合一的模式更加合理。

4. 进一步理顺检察官惩戒委员会与检察机关纪检监察部门的关系

理顺检察官惩戒委员会和检察机关纪检监察部门的关系,关键是对检察官惩戒委员会审议意见的效力予以合理确定。而确定惩戒委员会意见的效力则必须厘清我国建立检察官惩戒制度的根本原因。在检察官的违法违纪问题上,之所以设立检察官惩戒委员会审议的前置程序,主要原因在于检察官违法违纪问题的特殊性：一方面,检察官属于司法官,对司法官的惩罚容易影响社会对司法公正的信赖,因此对司法官的惩罚应当慎重。由检察官惩戒委员会进行审议,可以采取公开听证等形式,能够较好地保障检察官辩解、举证、申请复议和申诉的权利,可以更为慎重地处理检察官的违法违纪问题；另一方面,检察工作属于技术性较强的工作,检察官的司法行为是否正当、合法,需要由较为专业的人员进行判断,惩戒委员会由资深法官、检察官、法学学者代表等专业性人士组成,能够较好地判断检察司法行为的正当性和合法性。考虑建立检察官惩戒制度的上述原因,实践中应避免检察官惩戒委员会审议意见流于形式,故应赋予检察官惩戒委员会意见一定效力。考虑检察官惩戒

---

① 参见最高人民检察院监察局课题组：《检察官惩戒委员会制度研究》,载《人民检察》2017年第1期。

制度不能与现行的纪检监察制度相冲突，建议检察机关仍享有对当事检察官的惩戒决定权，但应在检察官惩戒委员会所提意见的前提下决定如何惩戒，如检察官惩戒委员会认为该检察官不存在故意违反检察职责的行为或履职行为不存在重大过失的情况下，则检察机关不能对检察官进行惩戒；如检察官惩戒委员会认为案件错误是由该检察官故意或重大过失导致的，则检察机关应当对该检察官予以惩戒，但可以根据相关规定和具体情形，决定对检察官处以何种惩戒。

5. 对我国检察官惩戒程序进行司法化改造

鉴于由法院审理检察官惩戒事项并作出处理决定不符合我国党管干部体制和纪检监察体制，因此，不能借鉴国外设立职务法院的做法。考虑我国现行体制和其他实际情况，可以对现有检察官惩戒程序进行如下改造：当检察院发现检察官可能存在需要惩戒的行为时，先由省检察院纪检监察部门进行调查核实，查清事实后认为需要惩戒的，提交检察官惩戒委员会审议。被指控的检察官有权申请惩戒委员会委员回避。检察官惩戒委员会进行审议时，省检察院纪检监察部门应出席并进行举证，当事检察官也应出席进行陈述和答辩。检察官惩戒委员会应在双方辩论的基础上，认定该检察官履职行为是否存在故意或重大过失，最后提出是否应对该检察官进行惩戒的意见。根据检察官惩戒委员会意见，由省检察院党组按照相关规定作出处理决定。最高人民检察院检察官惩戒委员会负责审议最高人民检察院检察官履职行为是否存在故意或重大过失，同时还担负审议省以下检察院检察官不服各省检察官惩戒委员会意见申诉的职责。也就是说，各省级检察院以下检察官不服本省检察官惩戒委员会惩戒意见，在一定期限内可以向最高人民检察院检察官惩戒委员会申请重新审议，由最高人民检察院检察官惩戒委员会予以重新审议。只有上述期限届满，检察官未向最高人民检察院检察官惩戒委员会申请重新审议的，省检察院党组才能作出相关处理决定。

第二节　内部主观能动性之发挥

内因是事物变化发展的根本原因。深化检察官办案责任制改革的关键在于检察机关自身。在深化检察官办案责任制改革的过程中，检察机关应充分发挥主观能动性，针对改革中存在的问题，采取措施予以解决。

一、完善检察官权力清单制度

（一）制定分级分类的全国统一检察官权力清单

如前文所述，由于各省分别制定本省检察官权力清单会导致一系列问题，建议由最高人民检察院制定分级分类的全国统一检察官权力清单。其中"分级"是指根据检察院的四个层级分别制定基层、市级、省级和最高人民检察院检察官权力清单。"分类"是指将全国各级检察院分为几类地区，不同地区类型的检察官的决定权范围有所差异。由于省级检察院的案件数量和人员素质状况相对而言差异较小，故省级检察院检察官的决定权范围全国统一，而全国市级检察院和基层检察院的案件数量和人员素质差异巨大，可以考虑将市级和基层检察院检察官的决定权范围分为大、中、小三个档次，案件数量越多、检察官素质越高的市级检察院和基层检察院检察官办案决定权越大，反之越小。这样既可以做到全国范围内检察官权力清单的相对统一，确保检察官权力清单的权威性和执法标准的相对统一，又可以兼顾不同地区检察院的实际情况。另外，制定全国统一而又分地区类型的检察官权力清单还可以较好地解决目前各地检察官权力清单名称、形式、结构不一致的问题。

最高人民检察院认为目前不适宜制定全国统一检察官权力清单的理由是：一方面，由各省级检察院制定辖区各级检察官权力清单，可以兼顾不同地区检察机关办案数量、人员素质等不平衡的实际情况。另一方面，制定检察官权力清单是过渡性措施，今后检察委员会、检察长和检察官的办案职责权限，最终要通过修改法律和检察机关诉讼（监督）规则予以明确。① 然而，如前所述，很多省市区各级检察院的情况同样差异巨大，由省级检察院制定辖区各级检察官权力清单同样不能兼顾辖区各级检察院办案数量、人员素质等不平衡的实际情况。相反，由最高人民检察院制定分级分类的全国统一的检察官权力清单能兼顾全国各地检察院办案数量和人员素质不均衡的实际情况。另外，毫无疑问，制定检察官权力清单只是过渡性措施，将来势必要通过立法或制定检察机关内部司法解释性文件的方式对检察官权力予以固定。通过法律或司法解释性文件对检察官权力予以固定，意味着统一全国范围内各级检察官的办案决定权（至少是统一全国范围内同级检察院检察官的办案决定权）。相对根据各省市区分别制定的检察官权力清单来统一检察官办案决定权而言，无疑根据最高人民检察院统一制定的分级分类检察官权力清单来统一检察官办案决定权更加容易。因此，最终需要通过制定法律或司法解释性文件明确检察官办案权限不应成为反对由最高人民检察院统一制定检察官权力清单的理由。

（二）规范检察官权力清单的授权范围

有学者认为，对入额检察官的权力配置应把握以下几项原则：一是大小原则。即检察委员会或检察长决定重大事项；检察官决定一般和较小事项。二是上下原则。案件正常按程序运行由检察官决定，案件程序发生逆转或者终止，由检察长或检察委员会决定。三是书状原则。对书面决定予以严格审核，对于口头意见，如法庭支持公诉，则检察官自行决定。四是有无争议判断原则。案件没有争议或争议事项比较容易判断的，由检察官决定，案件争议较大，则由检察委员会或检察长决定。五

---

① 参见最高人民检察院司法体制改革领导小组办公室：《〈关于完善检察官权力清单的指导意见〉的理解与适用（上）》，载《检察日报》2017年5月24日第3版。

是强制性判断原则。即对人和物采取强制性措施，原则上要经过审批。对于查询财产状况、非强制性证据调查等轻微的强制侦查行为，则由检察官决定。① 上述观点无疑对实践中检察机关制定检察官权力清单有一定指导意义。然而，上述原则也存在一些问题，如"大小原则"中何为重大事项，何为较小或一般事项不够明确，不同的人可能有不同的认识。"书状原则"要求对书面决定严格审核，但实践中检察机关的办案决定基本上都以书面形式作出，如果对书面决定都严格把关，要求由检察长审批，则会导致检察官决定权范围过窄。而"有无争议判断原则"可能导致很多小案件由于有较大争议也提交检察长或检察委员会决定，同样违背了放权给检察官的初衷，也不利于检察官业务能力的提高。

最高人民检察院《关于完善检察官权力清单的指导意见》第5条②对检察官的授权问题作出了规定。该条第1款主要是原则性地规定了授予检察官办案决定权应考虑各级检察院职责、不同业务特点、对当事人和其他执法司法机关的影响等因素。第2款则确立了对市级和基层检察院检察官充分放权原则。第3款规定对提出（提请）抗诉、提出纠正违法意见、检察建议等影响其他执法司法机关的决定权由检察委员会或检察长（副检察长）行使，这实际上确立了影响与其他执法司法机关

---

① 参见陈卫东、龙宗智、谢鹏程、曾国东、夏阳：《抓住改革的"牛鼻子"——检察院司法责任制改革的理论与实践》，载《中国法律评论》2016年第4期。

② 最高人民检察院《关于完善检察官权力清单的指导意见》第五条规定：检察官权力清单中检察官决定事项范围要根据不同层级人民检察院办案职责、不同业务类别的性质和特点，综合考虑对当事人权利、其他执法司法机关的影响程度、承办案件的重大、复杂、疑难程度等因素予以确定。基层人民检察院和地（市）级人民检察院的一般刑事诉讼案件中多数办案事项决定权应当委托检察官行使，重大、疑难、复杂案件中办案事项决定权可以由检察长（副检察长）或检察委员会行使。诉讼监督案件中以人民检察院名义提出（提请）抗诉、提出纠正违法意见、检察建议的决定权由检察长（副检察长）或检察委员会行使；以人民检察院名义提出终结审查、不支持监督申请的决定权，可以由检察长（副检察长）或检察委员会行使，也可以委托检察官行使。

关系的事项决定权不宜下放的授权原则。这三条规定对各省确定和修改检察官决定权的范围起到了一定指导作用,但该指导意见关于检察官授权问题的规定存在不够全面、指导性不够强的问题。

笔者认为,在目前的形势下,确定检察官权力清单的授权范围应把握以下几项原则:

第一,总体上应当充分授权,特别是有亲历性要求的事项应尽量授权。总体上充分授权是本次检察官办案责任制改革的基本要求,也是深化检察官办案责任制改革的重要条件。因此,总体上充分授权是确定检察官授权范围的一项基本原则。亲历性较高的案件决定事项,检察官作为直接承办人,能够通过对事实和证据的审查形成内心确信,从而作出正确决定,而检察长由于没有进行亲历性审查,不容易形成内心确信,难以作出正确决定。因而,对亲历性要求高的事项应尽量授权。

第二,法律明确规定由检察长或检察委员会行使的权力不能授权给检察官行使。如前所述,只有法律明确规定由检察院行使的权力,检察长可以委托检察官行使,而法律明确规定由检察长或检察委员会行使的权力,不能委托给检察官行使,否则就有违法之嫌。

第三,导致程序逆转或终止的权力暂不宜授权给检察官行使。在目前我国司法环境还有待改善,单靠检察官个人难以抵御办案干预,需要通过检察长或检察委员会决定来抵御外界干预或外来压力的情况下,将不起诉、不批准逮捕等导致程序逆转或终止的权力下放给检察官容易导致司法腐败。另外,不批准逮捕、不起诉案件大部分是疑难、复杂案件,目前虽然各地进行了员额制改革,入额检察官基本上为业务骨干,但检察官的整体素质有待提高的整体状况没有根本改变。在这种情况下,将不起诉、不批准逮捕决定权等导致程序逆转或终止的权力下放给检察官也不利于保障案件质量。在此意义上说,部分地区将不起诉、不批准逮捕、附条件不起诉等权力下放给检察官的做法值得商榷。

第四,对其他执法司法机关的行为进行监督或纠正的决定权暂不宜授权给检察官行使。对其他执法司法机关的行为进行监督或纠正,如提出抗诉、检察建议，发出纠正违法通知书等，不仅直接影响其他执法司法机关的正常活动，而且影响到司法实践中执法司法机关之间的协作配合，故对此应慎重，对于此类决定权目前以暂不下放为宜。

第五，重大、疑难、复杂案件决定权暂不宜下放给检察官行使。如前所述，我国检察官的整体素质还有待提高，不少检察官办理重大、疑难、复杂案件的能力尚有待增强。正如有学者所指出，由资深检察长或检察官审核疑难复杂案件，对弥补检察官个人素质和经验不足、保证案件正确处理具有积极作用。① 另外，我国目前所处的特殊历史阶段，决定了很多案件的办理不仅需要较强的专业能力，还需要较为丰富的社会经验，甚至还需要调动一定社会资源的能力。因此，在目前的形势和条件下，将重大、疑难、复杂案件决定权下放给检察官，不利于这类案件的处理。从实践中的做法看，各省检察官权力清单基本上都规定重大、疑难、复杂案件由检察长或检察委员会决定。这说明重大、疑难、复杂案件决定权暂不宜下放给检察官行使这一原则在实践中也得到了广泛认可。值得注意的是，实践中一定要严格限定并明确规定重大、疑难、复杂案件范围，避免部分检察院过于扩大重大、疑难、复杂案件范围，从而影响检察官独立行使办案决定权，也避免有些检察官因不愿承担司法责任，以案件属于重大、疑难、复杂案件为由，逃避行使办案决定权。

（三）改变检察官权力清单的授权方式

采用正面清单，对于决定权不明的事项由检察长或检察委员会决定，无疑有利于检察权合法规范行使。然而，办案责任制改革后需要由检察长或检察委员会决定的事项往往是非常重要的事项，这些重要事项被遗漏的可能性极小，因而实践中决定权限不明的事项基本上都是不重要的、偶发事项的决定权，这些事项决定权完全可以由检察官行使。因

---

① 参见邓思清：《检察权研究》，北京大学出版社2007年版，第110页。

此，笔者认为，检察官权力清单采用负面清单的形式更符合检察官办案责任制改革和检察工作的实际需要。

(四) 规范检察官权力清单的结构和内容

由于程序性和事务性工作不是一种权利，不需要经过授权，而且在办案责任制改革前，这些程序性和事务性工作本身也由检察官承担，故检察官权力清单不应规定检察官承担的程序性或事务性工作内容。对于检察官权力清单是否应规定检察官职责的问题，正如上文中最高人民检察院司改办解读《关于完善检察官权力清单的指导意见》时所指出，办案责任制改革前，检察官也同样履行相关办案职责，这些职责无需另行授权。另外，目前我国建立检察官权力清单制度的目的在于明确检察官的决定权，如果将职责与职权一同规定，不利于突出检察官的权力，故检察官权力清单也不宜规定检察官的职责。因此，制定检察官权力清单时应避免将办案职责、非办案业务、操作性及事务性工作以及司法责任等内容列入权力清单。

在检察官权力清单的内部分类问题上，有以下几个问题值得注意。一是控告检察、案件管理、法律政策研究、检察委员会等业务类型不需要制定检察官权力清单。因为这些部门没有真正意义上的办案业务，不适宜配备检察官，故也无需制定检察官权力清单（具体内容下文再述）。二是未成年检察业务检察官权力清单不适宜单列。由于未成年检察业务并非一项独立的检察业务，其只是将涉及未成年人的各项检察业务抽取出来合并而成的一项检察业务，故未成年检察业务的检察官权力清单完全可以被侦监、公诉等部门的权力清单所涵盖，无需单独制定检察官权力清单。三是没有必要对检察官权力清单分类过细。分类过细会导致检察官权力清单过于复杂，而且会导致检察官权力清单中重复的内容过多，实际上按照侦监、公诉、民行、刑执、刑申等大的业务门类进行分类是较为妥当的。

二、明确可配备员额的检察院内设机构标准

(一) 明确可配备员额的检察院内设机构的标准——承担办案职能

从检察官办案责任制改革的目的来看,该项改革的目的是解决检察权运行过度行政化的问题,或者说主要是解决"办案者不决定者,决定者不负责"的问题。或者说,检察官办案责任制改革的目的是为了让办案者决定,由决定者负责。而选出员额检察官的目的是为了让选出的检察官办案,中央也要求进入员额的检察官必须办案。因此,检察院的内设机构能否配备员额的标准应该是这个机构是否承担办案职能。

检察院内设机构中有的承担办案职能,有的承担辅助办案职能,有的承担服务和管理办案人员职能,其中只有承担办案职能部门才能配备检察官员额。实际上,也只有承担办案职能的部门才能落实组建检察官办案组织,并按照新的检察权运行机制运行,也才能实现对检察官办案活动的考核。

界定某个内设机构是否承担办案职能,首先要界定何谓检察官办案责任制改革中的"办案"。有论者认为,办案就是作为诉讼主体的一方参与诉讼活动的过程。① 也有论者认为,办案就是依照法律依照程序行使检察权。办案有三个特征:行使对案件的处理、裁判等权能;涉及对案件当事人人身、财产利益的调整;行使办案权能需要依据既定的法律程序。② 就第一种观点来看,其对办案所作的定义无疑是不准确的,因为普通民事诉讼的原告、被告和第三人也是作为诉讼主体参与诉讼活动的过程,他们的行为无疑不是办案。实际上,除提起公诉时检察官可以

---

① 参见李勇:《办案责任制的办案与责任》,载《法制日报》2015年6月3日第10版。
② 参见张和林、余响铃:《论检察机关对员额制改革关键问题的应对》,载《法治社会》2016年第3期。

视为诉讼主体的一方外，履行批准逮捕、进行诉讼监督等职能时检察官根本不是诉讼主体。就第二种观点来看，其对办案的界定不够清晰，其概括的办案特征有一定的借鉴意义，但也存在不够准确的问题。如检察机关不具有裁判权，检察机关的办案不可能行使对案件的裁判权能；办案不仅可能影响当事人的人身权利和财产权利，还可能影响当事人的民主权利。另外，办案所依照的法律程序是诉讼法的规定，而不是其他法律或司法解释。因为检察机关的办案指的是诉讼活动中的办案，而不是其他如行政执法办案，而诉讼活动中的办案必须有诉讼法上的依据，按照诉讼法规定的条件和程序进行。因此，笔者认为，检察官办案责任制改革中的"办案"是指检察人员依照诉讼法的规定通过行使对刑事、民事、行政案件的司法审查、处理职能，进行的直接涉及案件当事人人身、财产或民主权利调整，并产生相应法律效力的活动。对于检察机关内设机构而言，只有依照诉讼法的规定有权通过行使对刑事、民事、行政案件的司法审查、处理职能，进行直接涉及案件当事人人身、财产或民主权利调整，并产生相应法律效力的活动的部门才是承担办案职能的部门。

(二) 确定可配备员额的检察院内设机构

就前文所论及三类部门来看，第一类部门如承担审查逮捕、审查起诉、诉讼监督等职能的部门都依照诉讼法规定的条件和程序承担通过行使对刑事、民事、行政案件的司法审查、处理职能，进行直接涉及案件当事人人身、财产或民主权利调整，并且产生了相应法律效力，因而第一类部门承担了办案职能，应当为这些部门配备检察官员额是毫无疑问的，实践中对此也没有异议。第三类部门如承担文秘、政工党务、纪检监察等职能的部门是纯粹的行政、后勤或辅助部门，无权依照诉讼法的规定通过行使对刑事、民事、行政案件的司法审查、处理职能，进行直接涉及案件当事人人身、财产或民主权利调整的活动，这些部门不应配备检察官员额在实践中也基本没有争议。中央政法委员会《关于严格执行法官、检察官遴选标准和程序的通知》（中政委〔2017〕9号）也明确规定："员额应当向一线办案部门倾斜，办公室、政工党务、纪检监察、培训教育、司法技术等部门不得设置员额岗位。"实践中争议较大的是第二类部门，即承担法律政策研究、控告检察、案件管理、检察委员会办公室等职能的部门是否应当配备检察官员额的问题。

笔者认为，虽然最高人民检察院明确承担法律政策研究、案件管理、控告检察等职能的部门可以少量配置检察官员额，实践中各地检察院也大多在这些部门配置少量的检察官员额，但是实际上这些部门是不是办案部门，能不能配备员额仍然值得研究。为判断这些部门能否配备员额，让我们来考察这些部门是否承担了办案职能。根据检察院刑事诉讼规则第664条的规定，案件管理部门的职责是对检察机关办理案件的受理、期限、程序、质量等进行管理、监督、预警。从案件管理部门的职责来看，其职责没有诉讼法上的直接依据，其行使的也不是司法审查和处理职能，不直接涉及案件当事人人身、财产和民主权利调整，案件管理部门行使职能的行为对外也没有相应的法律效力。因此，案件管理部门不具有办案职能。根据《人民检察院法律政策研究室工作条例（试行）》的规定，法律政策研究部门可能与办案有关的职能是：对本地检察工作适用法律问题进行研究，适时提出立法建议，对下级院提出的法律适用问题负责提出咨询意见；对疑难案件和其他地区性重要问题进行调查研究，提供意见和建议；或最高人民检察院研究室制定司法解释。然而，这几项职能都不属于依照诉讼法规定行使对刑事、民事、行政案件的司法审查、处理职能，也不直接涉及案件当事人人身、财产或民主权利调整，不具有相应的法律效力，故这些职能都不是办案。因而，法律政策研究部门没有办案职能。内设机构改革后，各级检察院基本没有单设检察委员会办公室，但该项业务依然存在，那么该业务是否包括办案呢？《人民检察院法律政策研究室工作条例（试行）》也规定了检察委员会办公室业务，即程序性审查提交检委会讨论的事项和案件材料；实体性审查提交讨论的案件，提出相关法律参考意见；督办检察委员会决定事项等。检察委员会办公室的这几项业务，没有诉讼法上的依据，只有检察委员会讨论决定有关事项有诉讼法依据。检察委员会办公室作为检察委员会的办事机构，其职能的依据是相关司法解释性文件，而非诉讼法。检察委员会办公室对案件进行审查时提出法律参考意见，只是供检察委员会成员参考，不是司法活动，因而不是司法审查和处理，也不直接涉及当事人人身、财产和民主权利，没有相应的法律效力。因此，检察委员会办公室相关业务不是办案。内设机构改革后，控告和申诉检察部门合而为一，相关职能也发生了变化。按照新的刑事诉讼规则的规定，对当事人及其近亲属不服生效刑事裁判或检察机关处理决定的申诉，先有负责控告申诉工作的检察部门进行审查，认为可能存在错误的，再由负责捕诉工作的部门进行立案复查。按照上述规定，控告申诉检察部门无疑具有办案职能，应当配备检察官员额。值得注意的是，对于纯粹的控告检察职能，如受理相关案件并进行分流；对妨碍刑事诉讼权利和本院办理刑事案件中的违法行为的控告申诉案件进行调查后提出纠正建议等，控告检察部门在履行这些职能时不直接涉及当事人人身、财产和民主权利调整，不是办案职能。实际上，承担案件管理、法律政策研究、检委会办公室等职能的部门也难以真正落实制定检察官权力清单、组建办案组织、入额检察官办案、对检察官办案进行考核等检察官办案责任制改革的要求。而且，根据中央政法委和最高人民检察院的要求，领导干部入额后必须办案。如果这些部门的入额检察官办理本部门的相关业务也符合检察官办案责任制改革要求，那么意味着分管这些部门的院领导也可以办理这些部门的业务，而不用到办案部门办案，这显然违背中央和最高人民检察院要求。根据上述分析可知，如果仅从办案的角度分析，这些部门无疑都不具有办案职能，不适宜配备检察官员额。

然而，不可否认的是，法律政策研究、案件管理、控告检察、检察委员会办公室等部门与办案有非常紧密的联系，都需要熟悉办案业务的人才，这些部门的部分业务甚至对办案水平的要求比普通办案部门更高。这些部门如果不配置一定的检察官员额,势必难以留住懂办案业务的人才。鉴于这种情况,笔者认为,可以考虑建立研修检察官制度,在这些部门设置研修检察官岗位,定期安排办案部门的检察官到这些部门进行为期半年或一年的研修,这些部门的负责人也是研修岗位,由其他业务部门负责人轮流到这些部门进行研修,考虑工作的连续性,部门负责人研修期限为三年,检察官或业务部门负责人研修期满回归原业务部门,研修期间保留检察官一切待遇,但不对这些检察官进行检察官业绩考核,这样既可以解决这些部门因无法配置检察官员额而导致懂办案业务的人才缺乏的问题,也能让办案部门的检察人员得到更多学习与办案有关的其他业务的机会。

综上所述,建议由最高人民检察院下发文件,根据全国各级检察院业务部门的设置情况,明确承担侦查监督、审查起诉、未成年检察、民事行政检察、刑事执行检察、刑事申诉检察、职务犯罪检察等职能的部门属于办案部门,可以配备检察官;承担法律政策研究、案件管理、检察委员会办公室等职能的部门配备少量检察官员额作为检察官研修岗位;承担综合文秘、政工党务、纪检监察、培训教育、司法技术、司法警察、计划财务装备、后勤服务等职能的部门不能配置检察官员额。

三、破解领导干部直接办案难题

(一) 明确领导干部办理案件的范围

如前文所述,法律政策研究、控告检察、案件管理、检察委员会办公室等职能并非办案,只有侦查监督、公诉、未成年检察、民事行政检察、刑事申诉检察、刑事执行检察等职能才是办案。故检察官办案责任制改革中领导干部直接办理案件的范围应包括:审查逮捕;审查起诉;立案监督、侦查活动监督、刑事审判监督、刑事执行检察等刑事诉讼监督类案件、事项;民事检察类案件、事项;行政检察类案件、事项;刑事申诉、国家赔偿、司法救助类案件、事项;请示、督办、(书面)指导、复查类案件；其他司法案件和检察监督案件、事项。

(二) 明确领导干部办理案件时亲自承担的事项范围

领导干部直接办理案件时，亲自承担的事项范围应当与普通入额检察官承担的事项范围完全一致，即领导干部对承办的每一宗案件都应当亲自承担以下事项：(1) 依授权对案件或事项作出处理决定，并签发相应的法律文书；(2) 对检察辅助人员承担的事项进行审核确认；(3) 讯问犯罪嫌疑人；(4) 询问证人和其他诉讼参与人；(5) 审核证据；(6) 主持公开审查、宣布处理决定；(7) 代表检察机关当面提出监督意见；(8) 出席法庭。(9) 其他应当由检察官亲自承担的事项。

(三) 进一步明确领导干部直接办理案件的数量要求

明确检察院领导干部办案数量是落实检察院领导干部办案要求的重要保障。中共中央办公厅印发的《关于加强法官检察官正规化专业化职业化建设全面落实司法责任制的意见》明确规定，庭（处、科）长办案量应当不低于本部门法官、检察官平均办案量的50%；基层法院院长、检察院检察长办案量应当不低于本院法官、检察官平均办案量的5%，其他院领导办案量应当不低于分管部门法官、检察官平均办案量的30%；市地级法院院长、检察院检察长办案量应当不低于本院法官、检察官平均办案量的5%，其他院领导办案量应当不低于分管部门法官、检察官平均办案量的20%。

目前各地检察机关基本上也都出台了领导干部办案的相关规定，对检察机关领导干部的办案数量、类型等予以了规定，如《河北省检察机关入额领导干部直接办理案件规定（试行）》分三级对省市县三级检察院领导干部的办案数量予以了明确，规定省级院检察长每年办案不少于1件，副检察长、反贪局局长和反渎局局长每年办案不少于1件，检察委员会专职委员每年办案不少于2件，业务部门负责人每年办案不少于本部门入额检察官年度人均办案数的50%。市（分）院检察长每年办案量不应少于其办理案件部门入额检察官年度人均办案数的5%，副检察长、反贪局局长和反渎局局长每年办案不少于其办理案件部门入额检察官年度人均办案数的20%，检察委员会专职委员每年办案不少于其办理案件部门入额检察官年度人均办案数的30%，业务部门负责人每年办案不少于本部门入额检察官年度人均办案数的60%。基层院检察长每年办案不少于其办理案件部门入额检察官年度人均办案数的10%，副检察长、反贪局局长、反渎局局长每年办案不少于其办理案件部门入额检察官年度人均办案数的30%，检察委员会专职委员每年办案不少于其办理案件部门入额检察官年度人均办案数的40%，业务部门负责人每年办案不少于本部门入额检察官年均办案量的70%。①《广东省检察机关院领导、检察委员会专职委员和部门负责人直接办理案件的指导意见（试行）》则规定：省级院检察长每年办案量不少于1件；市、分院和基层院检察长、省级院副检察长每年办案量不少于本年度所选业务类别人均办案数的5%；市、分院副检察长、基层院副检察长、检察委员会专职委员每年办案量分别不少于本年度所选业务类别人均办案数的20%、30%、30%；业务部门正职和副职每年办案量分别不少于本年度本部门人均办案数的50%和60%。上海市闵行区检察院建立了检委会委员办案制度，规定分管刑检部门的副检察长办案量为不少于分管部门检察官年度人均办案数的15%；其他入额的院领导每年的办案量不少于10件；业务部门负责人办案量为不少于所在部门检察官年度人均办案数的30%。②

上述中央和地方关于检察机关领导干部入额办案规定具有以下两方

---

① 参见《河北省检察机关入额领导干部直接办理案件规定（试行）》，载http://www.scxsls.com/a/20170916/121558.html，2017年10月7日20时41分访问。

② 参见《领导干部直接入额办案情况不理想怎么办?》，载http://www.chinapeace.gov.cn/2016-07/19/content_11358294.htm，2017年10月7日21时26分访问。

面的特点：（1）考虑各级检察院领导干部行政管理性工作较多的实际情况，相对普通检察官大幅减少了领导干部的办案数量。（2）根据不同级别检察院行政管理事务的多少，以及同一检察院内部不同层级领导干部行政管理事务的多少确定办案量。客观来看，这种规定是合理的。如果要求各级检察院检察长和普通检察官的办案量完全一样，这不合理也不可能落实，因为检察长、副检察长等领导干部有大量的行政性事务，大量的时间需要用于参加会议、批阅文件或参加各种公务活动，能用于办案的时间相对较少，相对而言，普通检察官的行政事务要少得多，用于办案的时间较多。

上述规定中各地基本上都对中央关于领导干部办案的规定予以了细化，总体上地方规定的操作性更强。如就其中关于检察长和其他院领导办案量的规定而言，中央的规定显然难以操作。中央意见规定基层和市地级检察长办案量是本院检察官平均办案量的5%，然而，检察机关业务非常庞杂，各类案件很多，办理每一类案件的难度和工作量也相差甚远，笼统规定按照本院检察官平均办案量的5%确定办案量并不科学。如假设某检察院侦监部门15人，人均办案量为40件，公诉部门20人，人均办案量为30件，监所部门10人，人均办理减刑假释开庭案件为300件，假设全院只有三个部门，按照5%计算则检察长的办案量为4.7件。而4.7件则相当于公诉部门检察官人均办案量的15.7%，相当于侦监部门检察官人均办案量的11.8%，相当于监所部门人均办案量的1.6%。检察长如果全部办理公诉案件，可能工作量过大难以完成，全部办理减刑假释案件，可能又工作量过小，违背了设置办案量指标的初衷。上述意见关于其他院领导办案量的规定也存在同样的问题，因为其他院领导往往也同时分管几个业务部门，而不同业务部门之间案件数量和难度不同。各地的规定则注意到了上述问题，基本都明确按照所办理业务类别或所办理案件所在部门检察官办案数的一定比例来确定领导干部的办案数。综合中央和地方的上述规定，建议关于院领导办案量的规定修改为：基层和市地级检察院检察长可以选择办理某一部门的案件，办案量不低于该部门检察官人均办案量的5%；基层和市地级检察院其他院领导可以选择办理其分管的某一部门的案件，基层检察院其他院领导办案量不低于其选择部门检察官人均办案量的30%；市地级检察院其他院领导办案量不低于其选择部门检察官人均办案量的20%。

中央的上述规定还存在不够全面的问题，如没有明确最高人民检察院和省级检察院检察长和其他院领导的办案量，没有明确最高人民检察院各业务部门负责人的办案量，没有明确各级检察院检察委员会专职委员的办案量，也没有对业务部门负责人正职和副职的办案量进行区分。各地检察院关于领导干部办案数量的规定一定程度上避免了中央规定存在的问题，但也存在一些疏漏之处，如河北的规定没有区分业务部门负责人正副职的办案数量。笔者建议，考虑最高人民检察院和省级检察院院领导相对行政事务较多，可以明确最高人民检察院和省级检察院检察长可以选择办理某一部门案件，办案量不低于该部门检察官人均办案量的1%，最少不少于1件，最高人民检察院和省级检察院其他院领导可以选择办理其分管的某一部门的案件，办案量不低于其选择部门检察官人均办案量的5%。最高人民检察院部门正职办案量应当不低于本部门检察官平均办案量的30%。考虑检察官办案责任制改革后，各级检察院办案部门副职的工作任务大大减少，不再需要审核其他检察官办理的案件，但还承担了一些部门行政管理职责，故可以考虑各级检察院办案部门副职办案量按照比部门正职多20%确定，即最高人民检察院业务部门副职办案量应当不低于本部门检察官平均办案量的50%，基层和市地级办案部门副职办案量应当不低于本部门检察官平均办案量的70%。考虑检察委员会专职委员一般只是协助院领导分管工作，其工作量较副检察长等院领导要少，故可以考虑规定各级检察院检察委员会专职委员办案量按照比本级检察院其他院领导办案量多10%确定。

（四）建立落实领导干部直接办案要求的工作机制

为确保检察机关入额领导干部直接办案要求得到落实，可以考虑采取以下措施防止领导干部办案流于形式。

1. 落实检察机关领导干部办案情况通报制度。中央政法委《关于严格执行法官、检察官遴选标准和程序的通知》对建立该项制度提出了明确要求，要求定期通报领导干部办案数量、案件类型、开庭数量等情况，保证办案情况全程留痕，接受干警监督。值得注意的是，还应畅通对通报情况的投诉举报机制，明确广大干警认为通报的检察机关领导干部办案情况不实的，可以向上级检察机关纪检监察部门反映。通过落实检察机关入额领导干部办案情况通报制度，既防止领导干部不办案、办挂名案等情况，也防止领导干部办简单案件，不落实担任领导职务的检察官带头办理重大复杂敏感、新类型和在法律适用方面具有普遍指导意义的案件的规定等情况。

2. 健全对入额领导干部的业绩考核机制。实行院领导办案情况由上级检察院考核，检察委员会专职委员和业务部门领导办案情况由本院考核的分级考核制度。对于连续两年考核不合格的，应责令退出员额。

3. 建立将领导干部办案情况记入司法档案工作机制。将检察机关入额领导干部直接办理案件的数量、质量、效率、效果、风险等情况，记入其司法档案，以确保检察机关入额领导干部直接办案制度的落实。

四、将检察资源向办案部门和业务倾斜

解决检察资源的配置问题需要解决几个层面的问题：第一，解决检察院的院领导层面的问题，这是解决检察资源配置问题的关键。在我国现行的制度和传统下，检察院的资源分配的决定权掌握在检察院的院领导手中。检察院院领导的态度决定了业务部门的地位和可能分配的资源。各级检察院的领导班子应树立业务至上的理念，认识到检察业务才是检察院生存和发展的核心，防止分管部门本位主义的思想和做法，在研究和决定检察资源分配问题时，坚持检察资源向办案部门和办案业务分配的原则。第二，解决非办案部门和人员层面的问题，这是解决检察资源分配问题的重要环节。由于检察资源分配的具体方案的制定和落实

都由非办案部门负责,检察院院领导不可能事事都注意到,因此,在解决检察资源分配问题时,非法办案部门和人员也非常重要。对于综合部门的人员而言,首先要解决的是自身的定位问题。

五、解决检察官办案组织组建和运行中的问题

一是加快合同制检察辅助人员的招录。按照检察官办案组织组建的需要,核算合同制检察辅助人员缺口,尽快将所需的合同制检察辅助人员招录到位,切实解决检察官办案组织因辅助人员不到位难以组建的问题。二是优化检察官和检察辅助人员的搭配。在检察官和检察辅助人员搭配方面,坚持以自由选择为主,以领导指定为辅的方式,真正优化检察官和检察辅助人员的配置,提高检察官办案组织的战斗力。三是实现检察官和检察辅助人员各尽其责。检察官和检察辅助人员都严格按照职责分工履行职责,既防止检察官将应承担的工作交给检察辅助人员完成,也防止检察官履行办案职责的同时还承担大量的事务性工作。四是赋予检察官对组内检察辅助人员的考核话语权。检察官办案组织是以检察官为核心组建的办案团队,检察官对办案团队的管理和指挥能够有效运行的重要前提,是检察官能够直接决定或影响团队检察辅助人员的利益,如职务晋升、工资待遇等。因此,为确保检察官办案组织的有效运行,必须赋予检察官对包括检察官助理在内的检察辅助人员的考核话语权。建议在考评委员会对检察官助理进行考评时,由该检察官助理所辅助的检察官担任考评委员会临时委员,考核过程中,设立由检察官对检察官助理工作实绩进行评分的程序,真正让检察官对检察官助理的考核权落到实处。

六、严格追究检察官办案责任的条件和程序

严格落实《检察院司法责任制意见》的规定,进一步明确检察官办案责任是主客观相统一的责任,即检察官主观上必须具有过错,且这种过错仅限于故意或重大过失,客观上必须造成危害后果,即必须造成

严重后果或恶劣影响才追究检察官的办案责任。对于不能同时具备上述主客观条件的，不能追究检察官的办案责任。在司法实践中，首先，要注意避免信访责任，即不符合追究检察官办案责任的条件，但因案件当事人不断上访，有关机关迫于压力而追究检察官的办案责任；其次，要注意避免结果责任，即避免将案件处理结果是否正确作为追究检察官办案责任的标准，避免只要处理结果错误造成了严重后果或恶劣影响，即使办案检察官不存在主观过错，也追究检察官的办案责任。最后，特别要注意的是，当案件处理结果错误造成了严重后果或恶劣影响，检察官也有过错，但只是轻微过错或一般过失时，不宜追究检察官的办案责任。以往实践中这种情况经常会追究检察官的办案责任，甚至考虑危害结果的严重性，会直接将轻微过失或一般过失认定为重大过失，这是实践中特别需要避免的。另外，还应进一步细化责任追究程序，赋予被追责检察官申请救济的权利。如前所述，应充分发挥检察官惩戒委员会在追究检察官办案责任过程中的作用，通过推动检察官惩戒程序的司法化，以及建立我国的检察官司法豁免制度，达到既严格追责，又保障检察官合法权利的目的。

七、完善检察官办案责任制改革的配套机制

一是健全对检察官办案的监督制约机制。进一步完善案件评查、法律文书报备、办案组织内部监督制约、业务部门之间监督制约、司法公开等内部监督制约机制，畅通公安机关、法院、人大等监督检察官办案活动的渠道。二是健全检察官办案的业绩考核机制。对各地制定的检察官业绩评价办法进行修正，在设定检察官业绩考核指标时，只将办案指标纳入考核体系。考虑检察辅助人员主要是从事辅助性工作，与办案无关的工作可以纳入检察辅助人员考核范围。实践中对本院检察官包括入额院领导的考核都由本院检察官考评委员会负责，这容易使考核流于形式。为保证考核的公正进行，可以考虑建立分级考核制度，本院普通检察官以及具有内设机构负责人、检察委员会专职委员身份的检察官由本

院设立的检察官考评委员会进行考评,副检察长、检察长等入额的院领导由上级检察院检察官考评委员会进行考评。最高人民检察院的所有入额检察官均由本院检察官考评委员会进行考评。考评的过程和结果均应公开,接受检察干警监督。加强考核结果的运用,考核结果不仅作为检察官绩效奖金的发放依据,还要记入检察官业绩档案,检察官连续两年考评不合格的,责令退出员额。三是建立对检察官办案责任制改革中相关问题的举报、投诉、调查、处理、反馈机制,通过广大干警的举报、投诉及时掌握检察官办案责任制改革中存在的问题,通过对这些问题及时进行调查和处理,确保改革的深入推进。四是建立检察官办案责任制改革政策落实情况的考核机制。将落实检察官办案责任制改革政策情况作为检察机关领导干部考核问责的重要内容,通过强化问责,倒逼各级检察院领导严格落实中央和最高人民检察院改革政策和要求,避免改革政策和要求落实不到位。

参考文献

一、著作类

(一) 中文著作

[1] 林钰雄. 检察官论 [M]. 北京：法律出版社，2008.

[2] 张卫平等. 司法改革：分析与展开 [M]. 北京：法律出版社，2003.

[3] 洪浩. 检察权论 [M]. 武汉：武汉大学出版社，2001.

[4] 孙谦主编. 中国检察制度论纲 [M]. 北京：人民出版社，2004.

[5] 陈国庆. 检察制度原理 [M]. 北京：法律出版社，2009.

[6] 王桂五. 中华人民共和国检察制度研究 [M]. 北京：中国检察出版社，2008.

[7] 龙宗智. 检察制度教程 [M]. 北京：中国检察出版社，2006.

[8] 万毅. 台湾地区检察制度 [M]. 北京：中国检察出版社，2011.

[9] 樊崇义，吴宏耀，种松志. 域外检察制度研究 [M]. 北京：中国人民公安大学出版社，2008.

[10] 魏武. 法德检察制度 [M]. 北京：中国检察出版社，2008.

[11] 刘昌强. 检察委员会制度研究 [M]. 北京：中国检察出版社，2013.

[12] 邓思清. 检察权研究 [M]. 北京：北京大学出版社，2007.

[13] 张智辉. 检察权研究 [M]. 北京：中国检察出版社，2007.

［14］贾志鸿等．检察院检察权检察官研究［M］．北京：中国检察出版社，2008．

［15］龙宗智．检察官客观义务论［M］．北京：法律出版社，2014．

［16］崔永东．司法改革与司法公正［M］．上海：上海人民出版社，2016．

［17］孙谦．检察：理念、制度与改革［M］．北京：法律出版社，2004．

［18］石少侠．检察权要论［M］．北京：中国检察出版社，2006．

［19］孙谦、刘立宪．检察理论研究综述 1989-1999［M］．北京：中国检察出版社，2000．

［20］郑永年．保卫社会［M］．杭州：浙江人民出版社，2011．

［21］马克思，恩格斯．马克思恩格斯全集（第 2 卷）［M］．北京：人民出版社，2009．

［22］高丽蓉．我国刑事司法改革研究［M］．北京：中国检察出版社，2015．

［23］李建明．刑事司法改革研究［M］．北京：中国检察出版社，2003．

［24］陈灿平．司法改革及相关热点探索［M］．北京：中国检察出版社，2004．

［25］缪蒂生．当代中国司法文明与司法改革———一种实证方法的研究［M］．中央编译出版社，2007．

［26］王利明．司法改革研究［M］．北京：法律出版社，2000．

［27］顾培东．从经济改革到司法改革［M］．北京：法律出版社，2003．

［28］苏力．也许正在发生 转型中国的法学［M］．北京：法律出版社，2004．

［29］苏力．道路通向城市 转型中国的法治［M］．北京：法律出版社，2004．

[30]（唐）房玄龄注，（明）刘绩补注，刘晓艺校点．管子［Z］．上海：上海古籍出版社，2015．

[31] 刘进田、李少伟．法律文化导论［M］．北京：中国政法大学出版社，2005．

[32] 何家弘．毒树之果［M］．北京：中国人民公安大学出版社，1996．

[33] 何家弘．检察制度比较研究［M］．北京：中国检察出版社，2008．

[34] 裘索．日本国检察制度［M］．北京：商务印书馆，2003．

[35] 刘林呐．法国检察制度研究［M］．北京：中国检察出版社，2015．

[36] 万毅．底线正义视野下的检察制度：一个尚未完成的机关［M］．北京：中国检察出版社，2008．

[37] 罗堂庆．检察工作规律与检察管理研究［M］．北京：中国检察出版社，2013．

[38] 董茂云等．宪政视野下的司法公正［M］．长春：吉林人民出版社，2003．

[39] 宋远升．检察官论［M］．北京：法律出版社，2014．

（二）中文译著

[1]［日］法务省刑事局．日本检察讲义［M］．杨磊等译，中国检察出版社，1990．

[2]［日］伊藤荣树：《日本检察厅法逐条解释》，徐益初，林青译．北京：中国检察出版社，1990．

[3]［美］罗尔斯．正义论［M］．何怀宏等译．北京：中国社会科学出版社，2001．

[4]［美］博登海默．法理学——法哲学和方法［M］．张智仁译．上海：上海人民出版社，1992．

［5］［英］亚当．斯密．道德情操论［M］．谢宗林译．北京：中央编译出版社，2008.

［6］［英］泰勒．原始文化［M］．蔡江浓编译．杭州：浙江人民出版社，1988.

［7］［法］莫里斯·迪韦尔热．政治社会学——政治学要素［M］．杨祖功，王大东译．北京：东方出版社，2007.

［8］［美］波斯纳．法律的经济分析（上）［M］．蒋兆康译．北京：中国大百科全书出版社，1997.

［9］［美］罗伯特·考特，托马斯·尤伦．法和经济学［M］．张军等译．上海：三联书店上海分店，1991.

［10］［美］埃尔曼．比较法律文化［M］．高鸿钧，贺卫方译．上海：三联书店，1990.

［11］［美］安吉娜·J·戴维斯．专横的正义：美国检察官的权力［M］．李昌林，陈川陵译．北京：中国法制出版社，2012.

二、工具书类

［1］中国社会科学院语言研究所词典编辑室．现代汉语词典［Z］．北京：商务印书馆，2005.

［2］孙国华．中华法学大词典：法理学卷［Z］．北京：中国检察出版社，1997.

［3］邹瑜，顾明总．法学大辞典［Z］．北京：中国政法大学出版社，1991.

［4］［英］沃克著，李双元等译．牛津法律大词典［Z］．北京：法律出版社，2003.

［5］汉语大词典编辑委员会，汉语大词典编纂处．汉语大词典［Z］．北京：汉语大词典出版社，1997.

［6］辞海编辑委员．辞海［Z］．上海：上海辞书出版社，2009.

三、论文类

(一) 期刊论文

[1] 龙宗智. 检察官办案责任制相关问题研究 [J]. 中国法学, 2015 (1).

[2] 龙宗智. 论依法独立行使检察权 [J]. 中国刑事法杂志, 2002 (1).

[3] 龙宗智. 检察机关办案方式的适度司法化改革 [J]. 法学研究, 2013 (1).

[4] 陈卫东, 龙宗智, 谢鹏程, 曾国东, 夏阳. 抓住改革的"牛鼻子"——检察院司法责任制改革的理论与实践 [J]. 中国法律评论, 2016 (4).

[5] 樊崇义, 龙宗智, 万春. 主任检察官办案责任制三人谈 [J]. 国家检察官学院学报. 2014 (6).

[6] 朱孝清. 错案责任追究的是致错的故意或重大过失行为——再论错案责任 [J]. 人民检察, 015 (21).

[7] 朱孝清. 检察官相对独立论 [J]. 中国法学, 2015 (1).

[8] 朱孝清. 司法改革中几个问题之我见 [J]. 人民检察, 2016 (6).

[9] 朱孝清. 司法的亲历性 [J]. 中外法学, 2015 (4).

[10] 朱孝清. 试论"监督管理责任" [J]. 人民检察, 2016 (12).

[11] 谢鹏程. 论检察官主体地位 [J]. 国家检察官学院学报, 2017 (4).

[12] 谢鹏程. 论检察官独立与检察一体 [J]. 法学杂志, 2003 (3).

[13] 谢鹏程. 关于检察官办案责任制的综合研究报告 [A]. 中国检察学研究会检察基础理论专业委员会编. 诉讼法修改与检察制度的发展完善——第三届中国检察基础理论论坛文集 [C]. 北京: 中国检察出版社, 2014.

[14] 杜磊. 论检察指令权的实体规制 [J]. 中国法学, 2016 (1).

[15] 杜磊. 检察指令权的程序性规制 [J]. 国家检察官学院学报, 2016 (4).

[16] 万毅. 主任检察官制度改革质评 [J]. 甘肃社会科学, 2014 (4).

[17] 万毅. 检察改革"三忌" [J]. 政法论坛, 2015 (1).

[18] 万毅. 台湾地区检察事务官制度改革的经验及启示 [J]. 中国检察官, 2013 (1).

[19] 张永进. 日本检察官办案责任制及对中国的启示 [J]. 日本问题研究, 2015 (6).

[20] 姜小川. 中国司法改革动因检视 [J]. 法学杂志, 2005 (5).

[21] 徐益初. 司法公正与检察官 [J]. 法学研究, 2000 (6).

[22] 程德文. 德国检察官在刑事诉讼中的作用 [J]. 国家检察官学院学报, 2006 (4).

[23] 邓辉, 谢小剑. 责任与独立：检察官纪律惩戒的双重维度 [J]. 环球法律评论, 2010 (5).

[24] 高保京. 北京市检一分院主任检察官办案责任制及其运行 [J]. 国家检察官学院学报, 2014 (2).

[25] 陈卫东, 李训虎. 检察一体与检察官独立 [J]. 法学研究, 2006 (1).

[26] 陈光中, 王迎龙. 司法责任制若干问题之探讨 [J]. 中国政法大学学报, 2016 (2).

[27] 蔚闵, 邵骅. 司法体制改革的构想和建议 [J]. 现代法学, 1988 (1).

[28] 郝银钟. 完善公诉程序结构制约机制刍议 [J]. 法学, 1994 (7).

[29] 郝银钟. 检察权质疑 [J]. 中国人民大学学报, 1999 (3).

[30] 刘后务. 论司法责任 [J]. 广西社会科学, 2001 (3).

[31] 王迎龙. 司法责任制理论问题探析——基于"两高"关于完善司法责任制的两份意见 [J]. 社会科学家, 2016 (6).

[32] 金泽刚. 司法改革背景下的司法责任制 [J]. 东方法学, 2015 (6).

[33] 傅郁林. 司法责任制的重心是职责界分 [J]. 中国法律评论, 2015 (6).

[34] 刘斌. 从法官"离职"现象看法官员额制改革的制度逻辑 [J]. 法学, 2015 (10).

[35] 郑青. 论司法责任制改革背景下检察指令的法治化 [J]. 法商研究, 2015 (4).

[36] 陈卫东. 我国检察权的反思与重构——以公诉权为核心分析 [J]. 法学研究, 2002 (2).

[37] 田先纲. 我国检察官的性质、职业特点及职权配置的再思考 [J]. 上海大学学报（社会科学版）, 2007 (2).

[38] 李玲, 王新环, 苗生明. 海淀区检察院关于主诉检察官制度改革的探索与实践 [J]. 政法论坛, 1999 (4).

[39] 最高人民检察院 2013 年重点课题组. 主任检察官制度研究 [J]. 中国法学, 2015 (1).

[40] 张慧民, 闫振国. 试论案件主办检察官责任制度 [J]. 河北法学, 1999 年第 1 期。

[41] 施庆堂, 林丽莹. 台湾地区的主任检察官制度 [J]. 国家检察官学院学报, 2014 (6).

[42] 谢佑平, 潘祖全. 主任检察官制度的探索与展望——以上海闵行区人民检察院试点探索为例 [J]. 法学评论, 2014 (2).

[43] 彭真军, 黄鹏. 当前主诉检察官制度改革中存在的问题和对策 [J]. 当代法学, 2002 (8).

[44] 左卫民, 谢小剑. 检察院内部权力结构转型: 问题与方向 [J]. 现代法学, 2016 (6).

[45] 姜涛. 论"上命下从"与检察官的客观义务 [J]. 北京理工大学学报（社会科学版）, 2012 (6).

[46] 王葆蒔. 德国法官惩戒制度研究 [J]. 时代法学, 2017 (3).

[47] 温辉. 台湾地区检察官惩戒制度及其借鉴 [J]. 行政法学研究, 2011 (2).

[48] 李蓉, 邹梅珠. 西方法官惩戒制度的模式演变及我国的改革思路 [J]. 湘潭大学学报 (哲学社会科学版), 2015 (2).

[49] 谢小剑. 检察一体中"上命下从"的限度 [J]. 行政法学研究, 2009 (4).

[50] 程金华. 中国司法改革的利益相关者——理论、实证与政策分析 [J]. 北大法律评论, 2014 (14).

[51] 何卓文. 加快推进政治体制改革——当前党政领导干部关注的重大思想现实问题 [J]. 科学社会主义, 2004 (2).

[52] 章武生. 我国政治体制改革的最佳突破口: 司法体制改革 [J]. 复旦学报 (社会科学版), 2009 (1).

[53] 公丕祥. 全球化背景下的中国司法改革 [J]. 法律科学, 2004 (1).

[54] 谭世贵, 周丽娜. 司法改革的文化思考 [J]. 海南大学学报 (人文社会科学版), 2002 (4).

[55] 吴建雄. 检察权运行机制研究 [J]. 法学评论, 2009 (2).

[56] 陈光中. 比较法视野下的中国特色司法独立原则 [J]. 比较法研究, 2013 (2).

[57] 陈卫东. 司法独立的本质是依法办案 [J]. 环球法律评论, 2013 (2).

[58] 钱弘道. 论司法效率 [J]. 中国法学, 2002 (2).

[59] 刘练军. 司法效率的性质 [J]. 浙江社会科学, 2011 (11).

[60] 陈贵民. 论司法效率 [J]. 法律科学, 1999 (1).

[61] 邓辉, 谢小剑. 责任与独立: 检察官纪律惩戒的双重维度 [J]. 环球法律评论, 2010 (5).

[62] 夏立安. 论发展中国家的司法改革——一种国家与社会关系视角

下的比较研究［J］．浙江社会科学，2004（3）．

［63］顾培东．中国司法改革的宏观思考［J］．法学研究，2000（3）．

［64］李拥军．司法改革中的体制性冲突及其解决路径［J］．法商研究，2017（2）．

［65］田夫．依法独立行使检察权制度的宪法涵义——兼论重建检察机关垂直领导制［J］．法制与社会发展，2015（2）．

［66］胡税根，徐靖芮．我国政府权力清单制度的建设与完善［J］．中共天津市委党校学报，2015（1）．

［67］张和林，余响铃．论检察机关对员额制改革关键问题的应对［J］．法治社会，2016（3）．

［68］天津市人民检察院第一分院课题组．检察官办案责任制改革研究［A］．胡卫列、韩大元主编．主任检察官办案责任制——第十届国家高级检察官论坛论文集［C］．北京：中国检察出版社，2014．

［69］杨春磊，王斌．司法改革背景下入额检察官与检察官助理关系探析［J］．江汉大学学报（社会科学版），2017（2）．

［70］陈治军，马燕．大陆法系国家和地区检察官办案责任制比较研究［J］．人民检察，2015（3）．

［71］最高人民检察院监察局课题组．检察官惩戒委员会制度研究［J］．人民检察，2017（1）．

［72］郑红．构建检察官惩戒委员会制度应厘清五个问题［J］．人民检察，2017（1）．

［73］江苏省人民检察院审查起诉处．江苏省主诉检察官制试点情况综述［J］．检察实践，1999（1）．

［74］柯宾．美国检察官的权限［J］．人民检察，1994（11）．

［75］胡淑萍．检察官办案责任制度比较研究——以法国、德国检察官办案责任制为视点［A］．胡卫列，韩大元主编．主任检察官办案责任制：第十届国家高级检察官论坛论文集［C］．北京：中国检

察出版社，2014.

[76] 周理松. 法国、德国检察制度的主要特点及其借鉴[J]. 人民检察，2003（4）.

[77] 麻宝斌，郭蕊. 权责一致与权责背离：在理论与现实之间[J]. 政治学研究，2010（1）.

[78] 张晨. 主任检察官制度的体系构建[J]. 人民检察，2013（22）.

[79] 王琰，肖玮. 实践中完善 探索中发展——主诉检察官办案责任制试点情况综述[J]. 人民检察，1999（11）.

[80] 蔡雅奇. 主任检察官制改革探索调查[J]. 人民检察，2013（14）.

[81] 孙智慧. 韩国〈检事惩戒法〉简介[J]. 人民检察，1998（2）.

[82] 向泽选. 检察权内部行使的模式选择[J]. 人民检察，2014（10）

[83] 蔡巍. 检察官办案责任制比较研究[J]. 人民检察，2013（14）.

[84] 项谷，张菁. 检察官办案责任制改革实践的理性认识——以上海市检察改革为视角》[J]. 上海政法学院学报，2016（2）.

[85] 唐学军. 实行主办检察官负责制存在的问题及措施[J]. 检察实践，1999（6）.

[86] 莫丽华. 美国检察官豁免制度与启示[J]. 人民检察，2016（1）.

[87] 孙琴，刘俊. 法国司法官考评制度及其适用[J]. 人民检察，2013（7）.

[88] 王欣，黄永茂. 国外检察官考核考评制度之比较及启示[J]. 江苏大学学报（社会科学版），2013（2）.

[89] 周庆智. 警惕基层"文山会海"回潮[J]. 人民论坛，2017（7）上。

[90] 程竹汝. 论现代司法的政治制度化功能[J]. 政治学研究，2002（2）.

（二）报纸和网络资料

［1］汤瑜. 全国产生入额法官 10.44 万名检察官 7.26 万名［N］. 民主与法制时报，2017-1-12（1）.

［2］葛琳. 追究意义上的司法责任有三个特点［N］. 检察日报，2016-3-30（3）.

［3］陈希国. 司法责任制中的"责任"应如何理解［N］. 人民法院报，2017-3-31（2）.

［4］最高人民检察院司法体制改革领导小组办公室.《关于完善检察官权力清单的指导意见》的理解与适用（上）［N］. 检察日报，2017-5-24（3）.

［5］周斌. 全国 778 个检察院试点四项改革首批试点单位完成员额内检察官入额 检察精英初现向办案一线流动趋势［N］. 法制日报，2016-7-19（3）.

［6］孙光骏. 司法责任制改革中如何完善检察官权力清单［N］. 检察日报，2016-11-13（3）.

［7］李勇. 办案责任制的办案与责任［N］. 法制日报，2015-6-3（10）.

［8］林中明，徐蕾蕾，蔡顺国. 上海：主任检察官制度提升办案质效［N］. 检察日报，2013-4-9（1）.

［9］潘祖全. 主任检察官制度值得进一步探索［N］. 检察日报，2013-6-28（3）.

［10］超八成司法人力资源配置到一线［N］. 中国青年报，2016-7-20（3）.

［11］2017 年最高人民检察院工作报告［EB/OL］. http：//www.spp.gov.cn/gzbg/201703/t20170320_185861.shtml，2017-7-20.

［12］重庆制定检察官"权力清单"205 项权力授予一线检察官［EB/OL］. http：//news.xinhuanet.com/legal/2016-07/19/c_1119244996.

htm，2017-10-2.

[13] 李昊.我省检察机关全面推进司法体制改革成效明显 2121 名员额制检察官上任［N］.贵州都市报,2016-12-14（A02）.

[14] 海南省人民检察院研究室.多措并举牵住司法责任制改革牛鼻子［EB/OL］.http：//www.qstheory.cn/laigao/2016-08/24/c_1119449186.htm，2017-10-2.

[15] 蔡长春.试点法院检察院推进司法责任制落实 权责统一实现放权不放任［EB/OL］.法制日报,2016-7-23（3）.

[16] 王治国.检察机关司法责任制改革试点初见成效［N］.检察日报,2016-3-13（1）.

[17] 胡泽君.检察机关司法责任制改革取得四方面成效［EB/OL］.http：//legal.people.com.cn/n1/2017/0311/c42510-29138309.html，2017-10-9.

[18] 林丽丽.广东检察机关推进司法责任制改革 提升办案质量效率［EB/OL］.http：//news.ifeng.com/a/20170407/50902549_0.shtml，2017-10-2.

[19] 河北省检察机关入额领导干部直接办理案件规定（试行）［EB/OL］.http：//www.scxsls.com/a/20170916/121558.html，2017-10-7.

[20] 领导干部直接入额办案情况不理想怎么办？［EB/OL］.http：//www.chinapeace.gov.cn/2016-07/19/content_11358294.htm，2017-10-7.

[21] 董治良.司法责任制的建立与实践［N］.人民法院报,2015-5-6（3）.

[22] 云付平.公平正义是人类的共同价值［N］.学习时报,2016-5-16（7）.

[23] 徐盈雁,许一航.检察机关将试点开展检察官办案责任制改革.检察日报,2013-12-27（1）.

［24］李娜.460名主任检察官走马上任［N］.法制日报，2015-1-20（1）.

［25］栾吟之.上海250名主任检察官上任：分工办案 任期4年最多2任［N］.解放日报，2014-10-21（1）.

［26］上海首批313名员额制检察官产生［N］.法制日报，2015-3-9（5）.

［27］关于印发《关于开展主办检察官办案责任制试点工作的实施方案》的通知［EB/OL］.http：//www.hbjc.gov.cn/ejwj/2013/201312/t20131203_513996.shtml，2017-9-3.

［28］林玥、苏晓龙.海南检察司法体制改革向纵深推进 检察官权限配套制度相继出台［EB/OL］.http：//hi.jcrb.com/qwfb/201707/t20170718_2029840.shtml，2017-10-25.

［29］樊崇义、刘文化.惩戒与保障：域外检察官办案责任的双面镜像［N］.检察日报，2016-5-17（3）.

［30］张智辉.检察制度的起源与发展［N］.检察日报，2004-2-10（3）.

［31］徐显明.中国司法体制改革的特点和目标［N］.法制日报，2017-8-23（9）.

四、外文资料

［1］Samuel J. Levine, Taking Prosecutorial Ethics Seriously：A Consideration of the Prosecutor's Ethical Obligation to "Seek Justice" in a Comparative Analytical Framework, 41 Hous. L. Rev 2004.

［2］Bruce A. Green, Why should Prosecutors Seek Justice, 26 Fordham Urb. L. J. 1999.

［3］John Rawls, A Theory of Justice, Harvard Univerity Press 1997.

［4］Melissa K. Atwood, Who Has the Last Word：An Examination of the Authority of State Bar Grievance Committees to Investigate and Discipline Prosecutors for Breaches of Ethics, 22 J. Legal Prof. 201, 1997 / 1998.

[5] Julia Fionda, Public Prosecutors and Discretion: A comparative Study, Clarendon Press Oxford 1995.

[6] Jacqueline Hodgson, Guilty Pleas and the Changing Role of the Prosecution in French Criminal Justice, Oxford University Press 2012.

[7] Peter J. P. Tak, The Dutch Prosecutor: A Prosecuting and Sentencing Officer, in The Prosecutor in Transnational Perspective, ed. Erik Luna and Marianne Wade, Oxford University Press 2012.